JN421561

영미 범죄소설의 형성과 전개

영미 범죄소설의 형성과 전개

초판1쇄 인쇄　2025년 1월 21일
초판1쇄 발행　2025년 1월 31일

지 은 이　계정민
펴 낸 이　신일희
펴 낸 곳　계명대학교 출판부
출판등록　제347-1998-1호(1970. 9. 1)
주　　소　대구광역시 달서구 달구벌대로 1095
대표전화　053-580-6233
팩　　스　053-580-6235
홈페이지　www.kmupress.com

ISBN 979-11-6516-245-0　93840　정가 26,000원

• 잘못된 책은 교환하여 드립니다.
• 이 책은 저작권법에 따라 보호받는 저작물이므로 책의 내용 및 이미지에 대하여 전부 또는 일부를 무단으로 복사, 복제, 배포하거나 전산 장치에 저장할 수 없습니다.

불법복사는 지적재산을 훔치는 범죄행위입니다.
저작권법 제136조(권리의 침해죄)에 따라 위반자는 5년 이하의 징역 또는 천만 원 이하의 벌금에 처하거나 이를 병과할 수 있습니다.

영미 범죄소설의 형성과 전개

계정민

계명대학교 출판부

차례 Contents

2부
추리소설의 형성과 장르적 변용

3부
추리소설의 장르적 탈주와 하드보일드 추리소설의 탄생

머리말 Preface

범죄소설은 어떻게 장르적 승인에 이르는가?

영미 범죄소설은 1830년대 영국의 뉴게이트(Newgate) 소설의 탄생으로 출발해서 19세기 후반 추리소설(Detective Fiction)로 전환되고, 1920년대 미국에서 하드보일드 추리소설(Hard-Boiled Detective Fiction)로 변모하는 양상을 드러낸다. 나는 이 책에서 영미 범죄소설의 형성과 전개는 계급, 인종/민족, 젠더 이데올로기를 둘러싼 충돌과 타협, 경합과 협상의 과정인 동시에 그 결과라고 주장한다. 범죄소설이 장르적 안착에 성공하고 장르적 변용과 장르 내 분화를 이루기 위해서는 지배 이데올로기의 적극적 승인이나 소극적 묵인이 필수적이라고 판단하기 때문이다.

내가 이 책에서 영미 범죄소설의 시원(始原)으로 판정한 뉴게이트 소설은 초기 자본주의 시대 영국의 계급 이데올로기와 거칠게 충돌했다. 뉴게이트 소설은 하류계급을 예비 범죄자집단으로 규정하고 이들의 사소한 범죄행위에 대해서도 가혹하게 처벌하던 공권력을 비판하고 형법 개혁의 긴요성을 주장했다. 뉴게이트 소설은 당대 영국 변혁 운동의 주요 동력이자 그 문학적 성과물이었다.

영미 범죄소설의 장르 내 변용과 분화가 언제나 진화를 의미하지는 않는다는 사실은, 저항으로 시작해서 상업화로 끝맺은 뉴게이트 소설의 전개 과정이 잘 드러낸다. 영국 형법 개혁 운동의 선봉에서 계급적 야만성을 공격하고 사법적 잔인성을 고발하던 뉴게이트 소설은 대중적 인기의 중심에 선 문화상품으로 전이 혹은 퇴행했다. 범죄가 유쾌한 모험으로 소비되면서 뉴게이트 소설의 정치적 급진성도 소거된 것이다. 전복성을 표출하던 시기가 아니라 상업적인 고려와 대중성을 추구하던 시점에 뉴게이트 소설이 몰락했다는 역설은 범죄소설의 대중화에 대한 국가 권력의 두려움을 숨김없이 보여준다.

뉴게이트 소설이 몰락한 이후 영국 사회에 등장한 추리소설은 권력이 적극적으로 승인한 범죄소설의 특성을 잘 보여준다. 계급이나 법률과 관련된 지배 이데올로기와 대립하고 충돌한 뉴게이트 소설과는 극명하게 대조적으로, 추리소설은 당대의 지배적 계급 담론과 법 담론을 지지하고 옹호했다. 추리소설은 '상류계급' 탐정의 지적 수월성을 통해 '하류계급' 범죄자를 체포하는 과정을 양식화함으로써 계급적 지향성을 분명히 했다. 또한 추리소설은 영국 백인 탐정의 유색 인종 범죄자에 대한 추적과 처벌을 통해 백인종의 우월성을 부각하고 영국의 식민지 지배를 정당화하는 기능을 수행했다.

추리소설은 장르적 변용이 가장 활발하게 일어난 영미 범죄소설이라고 할 수 있다. 추리소설 내에서는 특히 젠더적 변용이 빈번하게 목격되는데, 1880년대 이후 1910년대에 이르기까지 영국과 미국에서 등장한 여성 탐정 추리소설(Woman Detective Fiction)과 1890년대에서 1930년대 사이 영국과 미국에서 출판된 노처녀탐정 추리소설(Spinster Detective Fiction)은 그 대표적인 사례가 된다. 남성적인 장르로 평가되는 추리소설에서 탐정의 성별을 여성으로 전환하는 행위는 그것만으로도 젠더 이데올로기에 대한 저항과 도전이 된다. 범죄의 피해자와 남성 탐정의 보호 대상으로만 머물던 여성이 범죄 수사의 주체가 된다는 설정은 추리소설의 젠더 규범을 교란할 수 있기 때문이다. 그러나 여성 탐정 추리소설과 노처녀탐정 추리소설에 잠재된 젠더적 급진성은 결코 실현되지 않는다. 여성 탐정 추리소설과 노처녀탐정 추리소설은 자기검열과 협상을 통해 젠더적 전복성을 스스로 봉쇄하기 때문이다.

여성 탐정 추리소설과 노처녀탐정 추리소설이 추리소설 장르에서 차지하는 위상의 현격한 차이는 추리소설의 젠더 이데올로기가 얼마나 강고한지를 분명하게 보여준다. 여성 탐정 추리소설은 추리 서사 내에서의 타협과 협상—여성 탐정에 대한 비하적 재현과 결혼과 가정으로의 재배치—을 통해 장르적 승인을 추구했다. 하지만 여성에게 탐정의 지위가 부여되기 위해서는 여성 탐정 추리소설에서의 젠더적 타협과 순응을 넘어서는 몇 겹의 장치가 더 필요했다. 여성 탐정 추리소설이 추리소설의 주변부로 사라진 것과는 극명하게 대조적으로, 노처녀탐정 추리소설은 가장 대중적인 추리소설 장르의 하나로 자리 잡았다는 사실은 이를 입증한다. 노처녀탐정 추리소설은 젠더적 협상 항목에 나이 든 비혼여성이 드러내는 무성성(asexuality)과 그녀가 공개적으로 표출하는 전통적인 젠더 규범에 대한 지지와 옹호를 추가했는데, 노처녀탐정 추리소설은 새롭게 더해진 협상 항목을 통해 '안전한' 추리소설 장르로 승인되었다.

영미 범죄소설에서 시도된 것은 장르적 변용만은 아니었다. 장르적 탈주와 위반을 통한 탈장르나 반장르의 시도와, 장르적 계승과 거부도 함께 존재했다. 콘래드(Joseph Conrad)는 장르적 승인을 위한 범죄소설의 협상과 타협에 대한 혐오를 『비밀요원』(*Secret Agent*)을 통해 표출했다. 콘래드의 『비밀요원』은 장르적 이탈과 해제의 열망으로 가득하고, 추리소설 문법에 대한 악의적 훼손으로 점철된다. 하드보일드 추리소설은 뉴게이트 소설의 계급적 지향과 정동을 충실하게 이어받은 반면, 추리소설의 계급적 관점은 거부했다. 하드보일드 추리소설에는 금융자본주의의 지배 속에서 경제 대공황을 향해 질주하던 시기 미국 사회에 만연했던 자본가들을 향한 계급적 적개심이 생생하게 드러난다. 하드보일드 추리소설은 추리소설의 상류계급 탐정이 보여주던 과학적이고 합리적인 수사방식과는 극단적으로 다른, 완력과 뚝심을 통해 범죄를 해결하는 노동계급 출신 탐정을 전면에 배치했다.

하드보일드 추리소설은 영미 범죄소설 중에서 장르적 자존감이 가장 낮은 범죄소설이었고, 낮은 자존감은 저열한 방식의 협상과 타협으로 이어졌다. 하드보일드 추리소설은 계급적 분노와 적개심을 거의 날것 그대로의 폭력으로 그려냈기 때문에 정통 문예지가 아닌 펄프 잡지를 통해 등장할 수밖에 없었다. 태생적으로 비천한, 선정적이고 부도덕한 소설 장르라는 낙인에서 벗어나기 위해 하드보일드 추리소설은 여성 혐오를 동원하는 저열한 방식을 선택했다. 하드보일드 추리소설은 자본가와 그들과 결탁한 언론과 공권력을 범죄성의 근원으로 규정하였음에도 불구하고, 처벌은 이들을 벗어나 팜므 파탈(femme fatale)을 향하게 했다.

이 책의 1부에서는 최초의 영미 범죄소설인 뉴게이트 소설의 등장과 뉴게이트 소설의 불온성을 봉쇄하기 위해 시도된 다양한 문학적 기획에 관해 검토한다. 1장은 뉴게이트 소설의 부상과 몰락 과정을 중심으로 범죄소설을 둘러싼 계급 담론의 경합 양상을 다룬다. 불워-리튼(Edward Bulwer-Lytton)의 소설이 뉴게이트 소설의 변혁성을 드러내는 텍스트로, 에인즈워드(William Harrison Ainsworth)의 소설이 뉴게이트 소설의 퇴행적 상품화를 보여주는 텍스트로 논의된다. 2장에서는 뉴게이트 소설이 전파하는 문학적 질병을 치유하기 위한 대커리(William

Makepeace Thackeray)와 디킨즈(Charles Dickens)의 시도와 그 성패에 관해 고찰한다. 대커리의 『캐더린』(*Catherine*)과 디킨즈의 『올리버 트위스트』(*Oliver Twist*)는 뉴게이트 소설의 전복성을 무화시키기 위한, 문학적 질병에 대한 담론적 치유 행위라는 공통점을 지니지만, 대커리의 치유 행위는 분명한 한계를 드러낸 반면 디킨즈는 치유 효과를 극대화한다. 대커리는 『캐더린』에서 범죄자를 텍스트의 중심에 위치시키고 범죄자의 목소리로 범죄 담론을 생산하는 뉴게이트 소설의 서술구조를 반복하는 실책을 저질렀지만, 디킨즈는 『올리버 트위스트』에서 추리소설적 기법을 사용함으로써 뉴게이트 소설의 불온성을 성공적으로 소거시켰기 때문이다. 『올리버 트위스트』는 『캐더린』보다 더욱 강력한 담론적 치유력을 지녔을 뿐 아니라, 추리소설의 서막을 알리는 문학사적인 의미를 지닌 소설로 평가할 수 있다.

3장에서는 버킷(Bucket)에 대한 재현을 중심으로 디킨즈의 『황폐한 집』(*Bleak House*)이 영미 범죄소설의 전개 과정에서 위치한 지점에 대해 살펴본다. 『황폐한 집』에서의 계급 재현은 귀족적이고 품위 있는 상류계급 출신 아마추어 탐정 대 무능하고 천박한 하위계급 출신 경찰이라는 추리소설에서의 계급 구도에서 벗어난다. 『황폐한 집』에서는 상류계급이 범죄성을 구현하고 중하류 계급 출신 경찰인 버킷이 수사 능력의 탁월성과 계급적 공정성을 드러내는 것으로 재현된다. 『황폐한 집』은 뉴게이트 소설에서 추리소설로의 이행기에 나타난 과도기적 형태의 범죄소설로 규정될 수 있다.

이 책의 2부에서는 추리소설의 장르적 특성과 추리소설 내에서 발생한 장르적 변용에 관해 논의한다. 추리소설 연구는 많은 경우 계급이나 인종이라는 단일한 관점에 집착하는 경향을 보인다. 추리소설 연구가 계급과 민족, 인종이라는 협소한 의제를 넘어서지 못하는 이유는 상류계급 출신의 백인 '남성' 탐정을 논의의 중심에 놓아온 관행적인 연구 방식에 있다고 할 수 있다. 2부에서도 추리소설의 남성 탐정이 수행하는 역할—지배계급의 규범에 도전하는 범죄자의 체포와 식민지 출신 유색인 범죄자들로 인한 위협의 제거—과 이를 통해 생산되는 계급, 민족, 인종 이데올로기의 강화 효과에 대해 고찰한다. 2부에는 또한 남성 탐정에서 여성 탐정으로 연구 대상을 전환하여 추리소설을 사유하려는 시도가 다수 포함된다. 추리소설 연구가 계급, 민족, 인종으로 환원되는 폐쇄적인 궤적을 탈피하기 위해서는 젠더적 관점을 통해 추리소설을 논의하는 작업이 필요하다고 판단하기 때문이다.

4장에서는 빅토리아 시대 영국에서 모습을 드러낸 추리소설을 뉴게이트 소설의 전복적인 에너지를 감시하고 처벌하려는 지배계급의 움직임과 함께한, 태생적으로 보수성을 지닌 범죄소설로 규정한다. 뉴게이트 소설이 하류계급 출신의 범죄자를 영웅적인 인물로 재현한다면, 추리소설은 상류계급 출신 탐정을 새로운 영웅으로 등극시킨다. 추리소설은 지배계급의 규범을 위반한 자는 체포되어 처벌받는다는 사실을 보여줌으로써 범죄는 패배가 예정된 계급적 환상에 불과함을 폭로한다. 또한 상류계급 출신의 탐정이 발휘하는 고도의 추리 능력과 수사에서의 합리성과 전문성은 탐정이 대변하는 계급의 수월성을 입증하여 기존의 계급 지배체제를 정당화한다.

5장에서는 콜린스의 『흰옷 입은 여인』을 선구적인 추리소설인 동시에 선구적인 여성 탐정 추리소설로 판정한다. 5장의 논의는 『흰옷 입은 여인』이 선구적인 추리소설 또는 선구적인 여성 탐정 추리소설로 규정될 수 있다는 점을 밝히는 데 머물지 않고, 탐정 역할을 수행하는 여성에 대한 재현 방식을 검토함으로써 태동기 추리소설에서부터 분명하게 드러나는 추리소설에서의 젠더 규범과 그 협상과 타협의 방식에 대한 고찰까지 나아간다. 확장된 논의를 통해 『흰옷 입은 여인』이 여성 탐정 추리소설에서 진행될 젠더 이데올로기의 승인과 수용의 방식을 예고했다는 점에서도 선구적이었다는 사실을 밝힌다.

이 책의 6장과 7장은 여성 탐정이 등장하는 추리소설에 대해 새롭게 주목하고, 추리소설 내 여성 탐정의 출현으로 형성된 전복적 가능성에 대해 검토한다. 6장에서는 여성 탐정 추리소설에 잠재된 전복성을 봉쇄하는 방식에 대해 중점적으로 살펴본다. 여성 탐정 추리소설의 급진적 가능성은 여성 탐정에 대한 차별적 재현과 추리 서사 내에서의 타협과 협상을 통해 제거된다. 여성 탐정은 여성의 정상적 범주에 포함되기 힘든 여성으로 재현되거나, 사랑하는 남성과의 결합 또는 재결합 이후 가정 내에 자신의 활동을 제한함으로써 당대의 젠더 이데올로기에 기꺼이 투항하는 여성으로 그려진다.

7장은 노처녀탐정 추리소설에서의 분열적이고 모순적인 노처녀탐정의 재현 양상과 노처녀탐정 추리소설의 장르적 보상에 대해 고찰한다. 노처녀탐정은 독립적이고 주체적인 여성인 동시에 지배적 젠더 이데올로기를 적극적으로 옹호하는 보수적인 여성으로 재현된다. 이 같은 이중적인 재현은 노처녀탐정 추리소설이 선택한 타협의 방식이라 할 수 있다. 노처녀탐정에게 부여된 주체성으로 인해 발생하는 젠더 규범에 대한 위협은, 노처녀탐정의 입을 통해 흘러나오는 가부장제를 지지하는 발언 속에서 봉쇄된다. 노처녀탐정 추리소설에서 시도된 젠더적 봉쇄에 대한 장르적 보상은 노처녀탐정 추리소설이 추리소설 내에서 차지한 확고한 입지로 확인할 수 있다.

이 책의 3부는 『비밀요원』과 하드보일드 추리소설을 중심으로 20세기 초반 영국과 미국에서 목격된 장르적 관습의 해체와 이탈에 관해 논의한다. 나는 이 시기에 목격된 과격한 장르적 변용과 위반의 움직임이 세계를 바라보는 시각의 급격한 변화에서 온 것으로 해석한다. 추리소설은 과학과 이성을 통해 인류와 문명은 진보한다는 낙관적이고 긍정적인 세계관을 지닌다. 추리소설에서 사회는 합리성에 의해 작동되는 구조물로, 범죄는 이러한 합리적인 구조에 균열을 일으키는 요인으로 재현된다. 추리소설은 범죄자의 체포를 통해 무질서와 비합리성을 질서와 합리성으로 대체하는 과정을 양식화함으로써 기존의 지배체제를 안정시킨다. 이와는 극명하게 대조적으로, 1907년에 발표된 『비밀요원』과 1920년대에 등장한 하드보일드 추리소설에서 세계는 무질서와 불확실, 부패와 혼돈으로 가득한 임의적인 공간으로 재현된다. 인간의 이성과 역사의 진보에 대한 근대적 신뢰는 붕괴되고, 세계는 합리성이 아닌 우연성이 지배하는 공간으로 재현된다. 전지적이고 오류를 범하지 않는 탐정에 의한 범죄의 논리적인 해결이라는 추리소설의 편리한 공식은 적용할 수 없게 된 것이다.

8장은 『비밀요원』에서 목격된 콘래드의 장르적 탈주가 장르적 관습을 해체하는 데 머물지 않고 추리소설의 세계관을 전복시키는 데까지 나아간다는 사실을 밝힌다. 세기말 런던을 배경으로 그리니치 천문대 폭파 미수사건을 다루는 『비밀요원』에서는, 질서와 합리성, 근대성의 상징인 그리니치 천문대에 대한 위협의 제거가 질서와 합리성의 회복으로 귀결되지 않는다. 범죄 해결이 남녀주인공의 살해와 자살이라는 파국으로 종결된다는 점에서 『비밀요원』은 추리소설의 세계관을 전복시킨다. 『비밀요원』이 드러내는 이성과 합리성에 대한 불신과 염세적인 세계관은 하드보일드 추리소설의 비극적 세계관과 겹친다. 『비밀요원』의 비관적인 세계인식은 콘래드가 추리소설을 대상으로 탈장르적 실험에만 몰두한 작가만은 아니었음을 보여준다. 하드보일드 추리소설 작가들이 1차 대전의 상흔 속에서 깨닫게 될 비극적인 세계관을 묵시론적으로 보여준다는 점에서, 『비밀요원』은 콘래드의 예지력이 음울하게 빛나는 반추리소설이라 할 수 있다.

9장에서는 추리소설의 저급한 아류—추리소설에 폭력적 요소와 성적 자극을 추가하여 상업성을 극대화한—로 평가된 하드보일드 추리소설을 재평가한다. 하드보일드 추리소설은 추리소설에 대한 저속한 모방이 아니라, 이 시기 미국 사회의 해체 현상과 세계를 인식하는 방식의 전환을 반영한 '새로운' 형태의 추리소설로 규정된다. 1920년대 미국 사회에서 발생한 정치적 부패와 타락, 독점자본주의의 등장과 노동 통제의 강화로 인해 계급적, 법률적, 정치적 권위와 정당성은 사라졌고, 추리소설의 인식론은 효력을 상실했다. 하드보일드 추리소설의 탐정 재현은 세계를 인식하는 방식의 전환을 반영하는 방식으로 이루어진다. 하드보일드 추리소설의 탐정은 돌발적이고 직접적인 폭력을 통해 범죄에 반응하고 수사에서의 주도권과 독립성을 쟁취하기 위해 분투한다. 하지만 과학적 합리성으로 범죄와 관련된 미스터리를 풀어내는 추리소설의 탐정과는 달리, 하드보일드 추리소설의 탐정은 범죄의 근원에 도달하는 데 실패한다. 하드보일드 추리소설에서는 범죄의 해결을 통한 사회적 통합과 화해의 가능성은 존재하지 않고, 개인은 범죄성의 근원에 가닿기에는 극도로 무력한 존재로 재현된다. 하드보일드 추리소설은 이제 회복해야 할 사회적, 정치적, 계급적 이상과 질서는 더 이상 존재하지 않는다는 사실을 차갑고 건조하게 보여준다.

10장에서는 계급과 자본을 팜므 파탈 연구의 중심 의제로 설정하고 팜므 파탈에 대한 처벌을 하드보일드 추리소설이 시도한 타협으로 규정함으로써 하드보일드 추리소설 연구의 새로운 방향을 제시한다. 하드보일드 추리소설 연구에서 팜므 파탈은 젠더 이데올로기에 저항하는 여성이나 위협적인 섹슈얼리티를 구현하는 여성으로 규정되는 경향이 있다.

하드보일드 추리소설이 자본가계급의 부당한 자본 축적과 권력의 사유화 등이 극심했던 대공황기 전후를 주된 시대적 배경으로 한다는 사실을 고려할 때, 젠더나 섹슈얼리티라는 관점을 통해서만 팜므 파탈을 논의하는 것은 명백한 한계를 지닌다. 하드보일드 추리소설에서 팜므 파탈의 욕망은 여권신장이나 성적 쾌락이 아니라 자본 증식을 향하고, 팜므 파탈의 재현은 자본가계급과의 유사성을 강조하는 방식으로 이루어지기 때문이다. 하드보일드 추리소설은 자본가와 치환 가능하도록 재현된 팜므 파탈을 처벌함으로써 대중의 계급적 적개심을 해소하려 했고, 팜므 파탈은 장르적 승인을 위해 바쳐진 희생제물이었다.

이 책의 원고는 모두 1990년대 말에서 2010년대 중반 사이에 내가 발표했던 논문들을 기반으로 하지만, 한 권의 책으로 엮는 과정에서 논문의 내용과 형식을 수정하고 보완하는 작업을 거쳤다. 논문의 재수록에 동의해준 학회 관계자들께 감사드린다. 2000년대 초반까지만 하더라도 이 책에서 다룬 여성 탐정 추리소설의 상당수가 절판된 상태였고, 나는 연구년이던 2003년에야 미국 노스웨스턴대학 디어링 도서관의 도움을 받아 본격적인 연구를 진행할 수 있었다. 그곳의 희귀본 열람실과 도서관 상호대차 사무실에 근무하시던 분들께 감사드린다. 논문을 쓰면서 계명대학교 동산도서관 직원 선생님들의 도움을 받았고, 지금도 받고 있다. 정년을 맞이해 도서관에서 뵐 수 없는 분들도 적지 않다. 그분들께 감사의 말씀을 드린다.

계정민

이 책에 실린 논문의 출처는 다음과 같다.

1장, 「초기 빅토리아 시대 소설에서의 범죄 담론: 불워-리튼과 에인즈워드의 범죄 소설을 중심으로」, 『영어영문학』 45.1 (1999), 157-76; 2장, 「범죄라는 질병과 추리소설의 치유—대커리의 『캐더린』과 디킨즈의 『올리버 트위스트』」, 『영어영문학』 52.4 (2006): 785-806; 3장, 「『황폐한 집』에서의 과도기적 추리 서사—버킷의 재현을 중심으로」, 『영어영문학21』 28.2 (2015): 27-43; 4장, 「계급, 인종, 범죄—빅토리아 시대 영국 추리소설」, 『근대영미소설』 16.3 (2009): 5-22; 5장, 「『흰옷 입은 여인』에서의 젠더적 협상—여성 탐정 재현을 중심으로」, 『영미문화』 12.2 (2012): 1-18; 6장, 「젠더, 범죄, (여성)탐정—초기 영미추리소설의 성정치학」, 『영어영문학』 56.5 (2010): 931-46; 7장, 「"거슬리는 늙은 고양이들"—노처녀탐정 추리소설의 성정치학」, 『영어영문학』 59.4 (2013): 511-26; 8장, 「반-스파이소설과 반-추리소설로서의 『비밀요원』」, 『근대영미소설』 24.1 (2017): 5-21; 9장, 「계급, 남성성, 범죄—하드보일드 추리소설의 사회학」, 『영어영문학』 58.1 (2012): 3-19; 10장, 「"위험한 동결자본"—하드보일드 추리소설에서의 팜므 파탈의 경제학」, 『근대영미소설』 22.1 (2015): 5-22.

1부

뉴게이트 소설의 부상과 몰락

1장 Chapter 01

불온한 범죄소설의 등장

1. 뉴게이트 소설의 탄생

푸코(Michel Foucault)가 『감시와 처벌』(*Discipline and Punish*)에서 지적하고 있듯이 범죄 문학은 본질적으로 지배 이데올로기적인 기능을 수행한다. 18세기에서 19세기 초반에 이르는 기간 영국의 범죄 문학을 대표했던 범죄자 전기물[01]과 1840년대 이후 등장한 추리소설은 범죄에 대한 국가 권력의 우위를 보여준다는 점에서 푸코의 주장을 뒷받침하는 좋은 사례가 된다. 범죄자 전기 문학에 예외 없이 삽입되는 처형당하기 직전에 범죄자가 남기는 참회의 말과 그에 대한 사형집행 장면은, 국가 권력이 행사하는 처벌의 정당성을 입증하고 권력에 대한 두려움을 대중에게 심어줌으로써 법률의 권위를 담보하는 역할을 담당하는 것이다.

---

01 이 시기 가장 대표적인 범죄자 전기물로는 런던의 뉴게이트 감옥에서 처형당한 18세기 영국 범죄자들의 일대기를 기록한 『뉴게이트 캘린더』(*Newgate Calendar*)를 들 수 있다.

1830년대 이후 영국에 등장한 뉴게이트 소설[02]은 푸코가 지적한 일반적인 범죄 문학의 특성을 뒤집는 극히 예외적인 경우라는 이유만으로도 주목할 만한 가치를 지닌다. 뉴게이트 소설은 지배 이데올로기를 유포하는 기능을 담당하는 여타 범죄 문학과는 달리 이 시기의 대표적인 이데올로기 국가 장치의 하나인 법률 제도를 하위계급에 대한 지배계급의 억압 장치로 공격하는 전복적인 성격을 드러낸다. 뉴게이트 소설의 전복성은 참회의 진술을 제외하고는 지워졌던 범죄자의 목소리를 텍스트의 중심에 복원시키고, 범죄자의 입을 통해 처벌의 정당성에 대한 전면적인 부정을 시도한 데서 극명하게 표출된다. 또한 뉴게이트 소설은 범죄자의 개인사를 복원하는 방식을 통해 범죄자의 범죄행위만을 강조함으로써 타자로서의 범죄자상을 선전한 지배 권력의 전략을 뒤집는다. 뉴게이트 소설은 범죄자가 처한 사회 환경과 그 속에서의 성장 과정에 주목하여 불평등한 계급 제도의 희생자인 범죄자를 처벌하는 국가 권력이야말로 최악의 범죄 집단임을 선전한다.

뉴게이트 소설의 전복성은 범죄자와 선량한 시민, 처벌의 대상과 보상의 대상 사이의 경계를 허물고 종종 양자의 위치를 전도시키거나 범죄자의 범죄성을 신비화하는 극단까지 진행되었다. 체제 수호의 차원에서 범죄의 예방과 처벌이 강조되던 시대에 위협적인 존재로 부각된 뉴게이트

---

02 초기 빅토리아 시대 범죄소설은 중심인물을 주로 범죄자 전기물인 『뉴게이트 캘린더』로부터 차용했기 때문에 뉴게이트 소설이란 이름으로 불리게 되었다. 이번 장에서 중점적으로 다룰 불워-리튼과 에인즈워드의 뉴게이트 소설 외에도 셰리단(Frances Sheridan)의 『카웰』(*Carwell*)(1830), 훅(Theodore Hook)의 『맥스웰』(*Maxwell*)(1830), 스미스(Horace Smith)의 『게일 미들톤』(*Gale Middleton*)(1833), 화이트헤드(Charles Whitehead)의 『잭 케치』(*Jack Ketch*)(1833), 디킨즈의 『올리버 트위스트』(1838)와 『바나비 루지』(*Barnaby Rudge*)(1841), 대커리의 『캐더린』(1839-1840), 머드포드(William Mudford)의 『스티븐 두가드』(*Stephen Dugard*)(1841), 크로우(Catherine Crowe)의 『수잔 호플리』(*Susan Hopley*)(1841) 등이 널리 알려진 뉴게이트 소설이었다.

소설에 대한 권력의 통제는 예정된 귀결이라고 할 수 있다. 뉴게이트 소설은 1840년대에 들어와 국가 권력의 개입과 탄압이 시작되면서 급속히 몰락했다.

뉴게이트 소설의 몰락 이후 영국 사회에 등장한 추리소설은 지배계급에 의해 '안전하다'는 판단이 내려진 범죄 문학의 본질을 극명하게 보여준다. 뉴게이트 소설이 범죄자를 텍스트의 중심에 놓고 그에게 발언하게 한다면, 추리소설은 범죄자의 정체를 마지막까지 은폐시킴으로써 그가 침묵하게 만든다. 추리소설에서 범죄는 결코 직접적으로 서술되지 않는다. 다만 탐정에 의해서 간접적으로 다시 서술될 뿐이다. 추리소설은 텍스트 내에서 범죄자의 목소리를 침묵시키고, 독자로 하여금 무방비 상태로 법률과 법률의 문학적 대리자인 탐정 혹은 경찰과 자신을 동일시하게 함으로써 뉴게이트 소설이 지녔던 전복성의 흔적을 성공적으로 제거한다.

이번 장에서는 십여 년이라는 짧은 기간에 발생한 뉴게이트 소설의 부상과 몰락을 통해 초기 빅토리아 시대 영국에서 문학과 지배 권력 사이에 형성된 전선의 양상을 살핀다. 이를 위해 뉴게이트 소설이 지배 이데올로기를 공격하는 급진적인 저항 담론으로만 전개되었는지, 아니면 대중성을 겨냥한 문학 상품으로 전환되었는지에 대해 검토한다. 또한 국가 권력이 개입하게 된 시점에서 뉴게이트 소설에 대한 수용이 계급적 양상을 보였는지, 그리고 그러한 수용 양상이 뉴게이트 소설에 대한 지배계급의 대응을 가져온 직접적인 원인으로 작용했는지에 관해 고찰한다. 이번 장은 문학이 지배계급의 헤게모니를 유지하기 위한 수단으로 이용되는 것을 거부한 뉴게이트 소설의 전복적인 성격을 규명하는 작업인 동시에 뉴게이트 소설의 전복성이 국가 권력에 의해 조심스럽게 용인되던 한계 지점을 탐색하는 작업이라 할 수 있다.

2. 형법 개혁 운동과 『폴 클리포드』

필딩(Henry Fielding)이 1751년도에 출판한 「성장하고 있는 악의 치유를 위한 몇 가지 제안을 포함한, 최근 강도 등 범죄행위의 증가 원인에 대한 연구」("An Enquiry into the Causes of the Late Increase of Robbers, &c,. with Some Proposals for Remedying the Growing Evil")는 이 시기 영국에서 형성된 범죄 담론의 핵심을 극명하게 보여주는 문건이다. 필딩은 범죄는 인체에 유해한 병원균과 같으며 "몸의 한 부분이 병들면 결과적으로 몸 전체에 치명적인 영향을 미치는 것처럼"(327) 개인의 범죄행위는 국가 체제의 근간을 위협한다고 보았다. 그는 범죄의 예방은 취약한 도덕성과 경제적 궁핍으로 인해 범죄라는 질병에 쉽게 감염되는 하류계급에 대한 제재와 규율의 주입을 통해 가장 효율적으로 이루어질 수 있다고 주장했다. 이를 위해 필딩은 예비 범죄자인 하류계급이 자신이 속한 행정 교구를 무단으로 이탈하는 것을 금지하고, 그들의 거주 지역에 유혹의 요소를 제공하는 향락 시설물을 폐쇄하고 노름과 음주를 처벌할 것을 제안했다. 또 그는 하류계급의 강제 노동을 의무화하되 그들에게 임금에 대해 협상할 권리를 부여하지 말 것을 요구했다(330-31). 범죄가 특정 계급에서 발생하는 전염성 강한 질병으로 정의된 시대 상황 속에서 범죄행위에 대한 가혹한 대응은 질병의 초기 박멸과 예비 범죄자 계급에 대한 경고의 차원에서 정당화되었다.

1829년 3월 13일 영국의 한 일간지에는 다음과 같은 기사가 실렸다.

> 1828년 12월 6일 미망인인 E. B. 불워-리튼(E. B. Bulwer-Lytton)의 말 한 필을 훔친 혐의로 할스테드(Leigh Dombille Halstead)가 기소되

었다. 증언을 들은 배심원들은 유죄 판결을 내렸고 판사는 피고에 대해 사형이 기록되어야 한다고 명했다. (Sadleir 170)

말 한 필을 훔쳤다는 이유로 사형이 언도된 위의 재판 기록이 상징적으로 보여주고 있는 것처럼, 교수형의 남발로 인해 "피의 법규"(Bloody Code)로 불린 영국 형법[03]은 이 시기 범죄 담론의 법률적 수용 결과였다. 또한 당시 영국의 감옥은 정부와 계약을 맺은 개인에 의해 운영되고 있었으므로 수감자에 대한 고려란 이윤 추구 외에는 존재하지 않았다. 난방이나 하수 시설이 갖추어지지 않은 어둡고 더러운 감방 안에 많은 인원의 죄수들이 수용되었고, 수감된 범죄자에 대한 가혹 행위가 규율이라는 명목으로 공공연하게 자행되었다.

1820년대와 1830년대 일어난 영국 형법의 개혁과 감옥 제도의 개선을 위한 사회운동은 범죄와 범죄자에 대한 시각의 변화에서 기인한다. 범죄자는 더 이상 도덕적, 법률적, 사회적인 규칙을 위반하고도 참회의 빛을 보이지 않는 교화가 불가능한 위험한 일탈자가 아니라 사회경제적 불평등과 정치적 억압의 희생자로 인식되기 시작했다. 1830년대에 등장한 뉴게이트 소설은 영국 형법 개혁 운동의 문학적 성과물이었다. 동시에 뉴게이트 소설은 지배적 범죄 담론에 대항하는 역담론을 대중에게 유포하는 강력한 선전 매체로서의 역할을 수행한 형법 개혁 운동의 거대한 원동력이었다.

---

03 사형 선고는 살인이나 반역 행위 같은 범죄뿐 아니라 강도, 주거 침입, 방화, 심지어는 상점에서 5실링 이상의 상품을 훔치거나 개인 주택에서 40실링 이상을 훔쳤을 때 또는 5실링 이상을 소매치기한 경우에도 내려질 수 있었다. 1837년의 형법 개정으로 사형 선고가 반역 행위, 살인, 강간, 남색, 살인의 의도를 지닌 방화 등에 제한되어 적용될 때까지 이러한 사형 언도의 남발은 근본적인 변화 없이 계속되었다. 당시 영국 형법과 그 적용 사례에 대한 상세한 기록은 Peter J. Radzinowicz, *A History of English Criminal Law* (London: Stevens, 1968), Vol. 3을 참조할 것.

1830년대 등장한 최초의 뉴게이트 소설인 『폴 클리포드』(*Paul Clifford*)의 서문에서 불워-리튼은 자신의 소설이 영국 형법 제도의 두 가지 근본적인 야만성—수감자를 교화시키기보다는 타락하도록 만드는 "잘못된 감옥 징벌"과 초범자마저 교수형에 처함으로써 범죄자가 건전한 시민으로 사회에 복귀할 수 있는 기회를 박탈하는 "피에 굶주린 형법전"(vii)—을 교화하기 위해 쓰인 것임을 밝히고 있다. 범죄자는 불평등한 사회적 환경의 피해자이기 때문에 범죄자의 처벌보다는 범죄를 양산하는 환경을 개선하는 일이 시급하며 이러한 노력 없이 행해지는 징벌은 또 다른 범죄행위임을 명백히 한 것이다.

> 비천한 요람 속에서 자라난 어린이에게는 악인이 그의 선생이 되고 교도소가 그의 학교가 된다. 미덕이 살아 숨 쉴 수 없고 종교도 틈입할 수 없는 독기를 호흡하고 자라난 그는 이성적이고 책임감 있는 인간이 아니라 황야의 짐승처럼 살게 된다. 이 짐승이 우리의 집 근처로 기어오면 우리는 그를 살해하고 자기방어라 한다. 『폴 클리포드』라는 소설은 환경을 개선하자는 그래서 희생자를 구원하자는 사회에 대한 커다란 외침인 것이다. (ix)

폴 클리포드는 어린 나이에 거리에 버려져 범죄자들이 모여드는 먹(Mug)이라는 술집에서 소매치기의 정부인 롭킨스(Lobkins)의 보살핌 속에서 자란다. 클리포드는 "자신을 집어삼키려는 환경 속에서도" "강도질이나 사기와는 다른 직업을 소망"(87)하며 존경받을 수 있는 사람이 되기 위해 노력한다. 그러나 그는 열여섯이 되던 해에 소매치기라는 누명을 쓰고 감옥에 갇힌다. 그는 자신의 결백이 받아들여지지 않자 절망하며 법률이 자신과 같은 "돈도 또 한 사람의 친구도 없이 이 세상 속으로 들어 온"(200) 사람은 보호하지 않으며 오히려 범죄자로 예단하는 적의를 드러낼 뿐이라는 사실을 깨닫는다. 이제 법률의 희생자가 된 클리포드는 법률에 대한 적개심을 드러내며 그가 속한 사회체제에 전쟁을 선포한다.

> 태어나서 이 시간까지 나는 사회의 관습이나 법률로부터 단 한 번의 혜택도 받지 못했다. 나는 공개적으로 사회와의 전쟁을 선포하며 어떤 복수도 참을성 있게 맞이하겠다. … 내게 적대적인 법에 이제는 내가 증오를 보일 차례다. 우리 둘 사이엔 전쟁 상태가 있을 뿐이다. (199-200)

감옥을 탈출한 클리포드는 노상강도 단의 두목이 되어 범죄자로 살아간다. 귀족의 집을 털다 체포되어 다시 법정에 섰을 때 클리포드는 판사에게 자신의 행위는 범죄가 아니라고 강변한다. "법률에 복종하라고 말하며 법 제도를 찬미하는, 그리고 누구보다도 자신만만하게 법을 거역한 자들을 공격하는, 그러면서도 거짓말하고 속이고 사기 치고 횡령하는, 공적으로 모든 안락함을 거둬가면서도 사적으로도 모든 이득을 훔치는"(324) 자들의 재산을 훔치는 일은 범죄라기보다는 차라리 부당하게 빼앗긴 것을 다시 찾아오는 정당한 행위가 될 수 있다는 것이다. 클리포드는 어떤 참회의 진술도 거부한다. 대신 그는 부유한 자들의 부가 가난한 자들을 착취함으로써 축적된 것임을 지적하며 법률이 지배계급이 하층계급을 억압하는 수단으로 이용되는 사회 현실을 공격한다.

> 당신들의 법은 단지 두 계급을 위한 것이다. 범죄자를 만드는 계급과 범죄자를 처벌하는 계급. 나는 한 계급 속에서 고통스럽게 살았고 다른 계급에 의해 죽임당하려 한다. … 7년 전 나는 짓지도 않은 죄로 감옥에 보내졌다. 나는 한 번도 법을 어긴 적이 없는 소년인 채로 감옥에 갔고 모든 법을 깨뜨릴 준비가 되어 있는 남자로 그곳을 나왔다. 당신

> 들의 법이 나를 지금의 나로 만들고 이제는 나를 죽이려 한다니! 다른 수천의 사람들에게 그런 것처럼! … 법이 보호해준 자들로 하여금 그것을 보호자라 부르게 하라. 언제 법이 나를 보호해주었는가? 법이 가난한 자를 보호해준 적이 있는가? 한 국가의 정부와 법률 기관은 복종하는 자에게는 모든 것을 제공한다고 말한다. 웃기지 말라. 누군가 굶주릴 때 먹여주었는가? 누군가 헐벗을 때 입혀주었는가? 만일 그러지 않았다면 당신들은 약속을 깨뜨린 것이고 그를 자연의 제일 법칙으로 몰아버린 것이다. 그런데도 당신들은 그를 목매달아버린다. 그가 죄가 있기 때문이 아니라 당신들이 그를 헐벗고 굶주리게 내버려 두었기 때문인데도! (392-93)

법률이란 계급 통제를 위한 장치에 불과하며 범죄자는 잘못된 계급 제도의 희생자일 따름이므로 범죄자를 교수대에 보내는 일이야말로 최악의 범죄라는 『폴 클리포드』의 기존 범죄 담론에 대한 전복적인 선언은 이처럼 범죄자인 클리포드를 통해 다시 한번 천명됨으로써 그 전복성이 극대화되고 있다.

19세기 영국 소설에서 범죄자의 새로운 삶이 대부분 본국이 아닌 식민지나 신대륙에서 이루어지듯이 클리포드는 미국으로 탈출한 후에야 루시(Lucy)라는 여인과 결혼하여 모범적인 시민으로 존경받는 삶을 살아가게 된다. 클리포드의 미국에서의 새로운 삶을 전하며, 불워-리튼은 윌크스(John Wilkes)의 "인간에 대해 할 수 있는 최악의 행위는 그를 교수형에 처하는 것"(423)이라는 말을 인용하면서 『폴 클리포드』를 끝맺고 있다.

『폴 클리포드』는 1830년에 출판되어 거대한 사회적인 반향을 일으켰고 당시 진행되고 있던 영국 형법 개혁 운동에 큰 힘을 실어주었다. 개혁 운동의 지도적 인물 중 한 사람이었던 진보적인 사상가 고드윈(William

Godwin)은, 불워-리튼에게 보낸 1830년 5월 13일 자 편지에서 자신은 이 소설을 "황홀한 마음으로 읽었으며 소설의 많은 부분이 너무도 뛰어나서 소설을 읽은 후 자신의 필기도구를 불 속에 집어 던지고 싶은 충동을 느꼈다"(Lytton 364)라고 기술했다. 『폴 클리포드』는 전반적으로 호의적인 비평을 받았다. 『먼슬리 리뷰』(*The Monthly Review*)는 『폴 클리포드』의 재판 장면을 전면 인용한 후 이 소설에 나타난 주제의 심각성에 찬사를 보냈고(122: 260), 『스펙테이터』(*The Spectator*)는 『폴 클리포드』를 "세상의 거짓과 위선 그리고 법률의 불평등과 빈번한 부당함을 통렬하게 비판한 극도로 뛰어난 작품"(3: 311)으로 평가했다.

3. 범죄성의 신화화—『유진 아람』

범죄자에 대한 동정적인 입장에서 범죄 텍스트를 재구성하는 작업은 많은 경우 범죄자와의 연대감을 형성하는 방향으로 진행된다. 푸코의 지적대로 이런 작업은 범죄자의 타자성을 약화시키기 위한 시도가 그를 신비화하거나 영웅화하는 결과로 드러나는 "양날의 검"(67)인 것이다. 『폴 클리포드』의 경우에서 보듯이 초기 빅토리아 시대 뉴게이트 소설은 영국 형법의 부당성을 지적하고 개선을 촉구하는 사회운동의 동참 차원에서 출발했다. 소설 내에서 범죄자는 자신의 목소리를 드러내지만, 그것은 어디까지나 부당함과 억울함을 항변하는 약자/피해자로서의 울림을 지닌다. 그러나 뉴게이트 소설은 기존의 범죄 담론이 드러낸 계급적 편견과 법률상의 모순을 비판하는 작업에만 국한되어 전개되지 않았다. 뉴게이트 소설의 전복성은 범죄자가 지닌 범죄성을 신화화함으로써 범행에 대한 죄의식을 떨치지 못하고 양심의 가책으로 괴로워하는 범죄자와 그의 범죄를 밝혀내 사회적인 칭송의 대상이 되는 정의로운 시민, 참회의 고백을 하는 자와 용서를 베푸는 자, 피고와 원고 사이의 경계를 무너뜨릴 뿐 아니라 종종 양자의 역할을 전도시키는 데까지 이르러 진행되었다.

불워-리튼의 『유진 아람』(*Eugene Aram*)은 범죄소설의 전복성을 극단까지 몰고 나간 경우이다. 불워-리튼은 유진 아람[04]의 지적 우월성과 학문에 대한 열정을 범죄의 직접적인 동기로 설정함으로써 그의 범죄성마저 신비화하고 있다. 소설 속에서 유진 아람은 어떤 궁정 학자들보다 뛰어난 지적 능력을 지니고 "감정보다는 명상 속에서 살아가는"(1: 69) 신비로운 인물로 등장한다. 그는 평범한 이들의 일상에 개입하기를 거부한 채, 밤에는 학문에 몰두하고 낮에는 사람들이 이해할 수 없는 철학적인 독백을 하며 지낸다. 그는 명상을 통해 인류를 계몽시킬 수 있는 연구 과제를 발견하게 되고, 연구를 수행하는 데 필요한 자금을 확보하기 위한 수단으로 범죄를 고려한다. "내 속에 인류를 축복할 의지와 정신이 있음을 느낀다. 나는 그것을 성취할 수단을 가지고 있지 않다. 만일 단 한 번의 범죄행위가 내게 그 수단을 제공한다면!"(3: 251) 불워-리튼은 소설 내에서 유진 아람에게 계시처럼 다가온 위대한 연구 과제가 구체적으로 어떤 것인지에 관해서는 언급하지 않고 있다. 그러나 유진 아람의

---

04 유진 아람은 18세기에 실재했던 범죄자로 불워-리튼에 의해 소설화되기 전에도 영국인들 사이에 학자-범죄자로 널리 알려진 인물이었다. 그는 내어즈보로(Knaresborough)라는 지방에서 학생들을 가르치며 고전을 연구하는 가난한 학자였으나 친구인 하우스만(Richard Houseman)과 공모하여 클라크(Daniel Clarke)라는 동네 사람을 살해하여 매장한 후 도피 생활을 하다가 피해자의 유골이 석회 채취 작업 중 발견된 후 체포되어 처형된 것으로 전해진다. 유진 아람과 관련된 역사적인 기록에 대해서는 Nancy Jane Tyson, Eugene Aram: *Literary History and Typology of the Scholar-Criminal* (Hamden: Archon, 1983)에서 상세하게 다루고 있다.

연구에 대한 구체적인 정보가 텍스트상에 드러나지 않음으로써 그가 시도하려는 연구의 신비감은 오히려 강화되는 효과를 보인다.

『유진 아람』은 널리 알려진 실제 사건에 근거한다. 하지만 불워-리튼은 유진 아람이 드러내는 범죄성을 신비화하기 위해 역사적인 사실을 왜곡하여 텍스트를 재구성했다. 역사적인 기록에 의하면 유진 아람은 그의 범죄가 드러나기 전에도 가족을 버린 사실로 사람들의 지탄을 받았고, 그가 살해한 클라크는 가정에 충실한 모범적인 시민이었다. 하지만 불워-리튼은 유진 아람의 범죄행위로 인해 그가 지닌 신비성이 훼손되는 것을 방지하기 위해 범죄의 피해자인 클라크를 악행을 일삼는 부도덕한 인물로 윤색한다. 소설 속에서 클라크는 한 어린 여성 노동자를 자기 집으로 유인해 강간함으로써 그녀를 자살하도록 만드는 악의 화신으로 묘사된다. 범행 대상이 "한 번도 선한 일에는 발걸음을 한 적이 없는 천의 악덕"(3: 252)을 소유한 자라는 사실은 유진 아람의 범행 의지를 확고하게 만드는 요인으로 작용한다. 이제 유진 아람이 하려는 범행은 자신이 "제사장으로 있는 지식에 대한 위대하고 경건한 제사"(3: 255)로 승화된다.

유진 아람은 범행 중 우발적으로 클라크를 살해한다. 충격과 혼란 속에서도 유진 아람은 자신의 살인 행위가 범죄가 아니라 세상을 이롭게 하는 정당한 행동이었음을 강변한다.

> 나는 쉽게 내가 저지른 개별적인 사건이 범죄가 아니라고 생각한다. 세상에 해가 되는 한 남자를 없앤 것뿐이다. … 나는 많은 이들을 축복하기 위한 도구로 사용됐을 뿐이다. 내가 행한 그 개별적 사건은 인류에게 많은 것을 가져다주었다. (3: 272)

불워-리튼은 범행 후 유진 아람의 스코틀랜드로의 도피 행각을 "카인에게 내렸던 저주가 카인의 자식인 유진 아람에게 이어진"(3: 260) 것으로 묘사한다. 그럼으로써 유진 아람의 범죄성은 사회의 법 개념을 초월하는 기독교 신화의 차원으로 격상된다.

불워-리튼은 『유진 아람』에서 범죄자를 신화적 인물로 설정함으로써 전복적인 범죄 담론의 한 극단을 보여준다. 그러나 『유진 아람』의 전복성은 유진 아람의 범죄가 폭로된 후 범죄자와 범죄를 파헤친 정의로운 시민에 대한 주변 인물들의 반응과 양자의 전도된 역할을 통해 가장 극명하게 드러난다. 유진 아람의 범죄행위는 그의 과거를 추적한 월터(Walter)에 의해 밝혀진다. 그러나 비난은 범죄자인 유진 아람이 아니라 "죄인에 대한 단죄와 피해자에 대한 정의와 구원"(3: 129)을 시도한 월터에게 집중된다. 감옥에서 유진 아람은 자신의 무죄를 주장하고 주변 사람들은 유진 아람의 결백을 확신한다. 그들은 이미 잊혀진 과거의 범죄를 유진 아람의 행위로 고발한 월터의 행동을 경솔하고 악의에 가득한 것으로 여기며 그를 외면하고 월터의 가족마저도 그의 행동을 비난한다. "아무도 나에게는 동정심을 보여주지 않으시렵니까?"(3: 129)라는 월터의 부르짖음은 그가 속한 집단으로부터 아무런 반향을 얻지 못한다.

결국 월터는 감옥을 방문하여 유진 아람을 대면한다. 자신의 결백을 주장하는 유진 아람 앞에서 월터는 혼란에 빠지고 유진 아람의 살인행위에 대한 확신감을 상실한다. 월터는 절망적인 상태가 되어 유진 아람에게 호소한다.

> 이 힘든 시간에 나는 당신에게 부탁하오. 아니 간청하오. … 보편적인 인간성의 이름으로 당신께 호소하오니, 당신의 천국에 대한 소망이 나의 고뇌를 없애주기를! … 만일 당신이 결백하다면 내게는 끔찍한 회

> 한만이 남게 될 거요. 제발 자비를. … 만일 당신이 살인을 했다면, 지금껏 나를 갉아먹고 있는 이 불확실한 공포를 내 존재에서 지우도록 내게 말해주시오. (3: 223-24)

이제 월터와 유진 아람의 입장은 완벽하게 전도되어서 범죄 사실을 폭로한 자가 죄지은 자에게 은혜와 자비를 간청하는 것이다. 유진 아람은 월터의 간구를 받아들이는 "자비"를 베푼다. 유진 아람은 자신이 처형당하고 난 후 공개한다는 조건으로 월터에게 자신의 범죄를 고백하는 글을 써 준다.

월터는 유진 아람의 진술로 불안감에서는 벗어나지만, 주변의 책망과 비난을 잠재울 수는 없다. 그가 군인이 되어 외국의 여러 나라를 전전하다 다시 고향에 돌아왔을 때 사람들은 그를 알아보지 못한다. 월터는 마치 자신이 장기간의 유형 생활을 끝내고 귀향한 자와 같다는 절망감을 느낀다. 월터는 오두막에 살며 가난한 사람들을 돕고 있던 엘리노(Ellinor)를 만나 결혼하고, 월터의 결혼으로 『유진 아람』은 종결된다. 그러나 『폴 클리포드』에서 클리포드의 결혼이 인간적인 삶의 복원을 약속하는 해피 엔딩이라면 『유진 아람』에서 월터의 결혼은 비극적인 결말 뒤에 덧붙여진 쓸쓸한 후일담의 여운을 남긴다. 『유진 아람』은 범죄자와 선량한 시민 사이의 경계를 무너뜨릴 뿐 아니라 사회 집단 내에서 처벌의 대상과 보상의 대상의 구분마저 뒤집는 무정부적인 전복성을 드러내는 것이다.

『유진 아람』은 1832년에 출판되어 "유럽대륙을 소용돌이로 몰아 넣은"(Sadleir 245) 화제작이 된다. 그러나 『유진 아람』을 통해 불워-리튼이 시도한 범죄자의 신비화는 격렬한 논란을 일으켰다. 영국 형법 개혁 운동의 거센 사회적 흐름 속에서 뉴게이트 소설이 전달하는 개혁의 메시지에 대해 유보적인 태도를 견지하던 보수주의자들은 『유진 아람』의 전복성을 공격하기 시작했고, 『프레이저즈 매거진』은 이런 견해를 대변하며 불워-리튼에 대한 비판을 이끌어갔다. 『프레이저즈 매거진』의 저명한 논객이었던 맥긴(William Maginn)은 『유진 아람』이 그런 "반사회적" 문학 작품이나 쓰기에 걸맞은 감수성을 지닌 작가에 의해 생산된 또 하나의 "천한" 뉴게이트 소설에 불과하다고 썼다. 맥긴은 불워-리튼이 범죄자나 천한 장소와 관련된 작품을 쓸 때 유달리 그의 야비한 재능을 드러내는데 이것은 그가 이러한 소재와 개인적인 친밀감을 느끼는 데서 유래한다고 말했다. 맥긴은 불워-리튼이 보여주는 "신비로운 범죄자에 대한 흥미를 일깨우는 작업"과 "교수대에 낭비된 감수성"은 그의 "현대적이고 뒤틀린 그리고 타락한 취향"(5: 110-12)을 보여주는 것이라고 결론지었다.

범죄자를 신비하고 영웅적인 인물로 재현하는 뉴게이트 소설의 전통은 불워-리튼의 『유진 아람』으로부터 시작됐다고 할 수 있다. 이를 둘러싼 논쟁에도 불구하고 불워-리튼 이후의 뉴게이트 소설가들은 『유진 아람』의 범죄자 재현 방식을 충실하게 모방했다. 그들은 범죄자 전기 문학에 나타난 인물 중 하나를 선정해 현란한 장식을 덧입힘으로써 범죄자를 비현실적일 정도로 낭만적이고 이상적인 영웅의 모습으로 부각시켰다. 그들의 뉴게이트 소설은 대중적인 열광을 끌어내는 데 성공했고, 『유진 아람』에 가해진 보수주의자들의 비난은 대중성을 획득한 뉴게이트 소설 전반에 대한 비판으로 강화되어 나타났다.

4. 유쾌한 범죄 모험담—『룩우드』

영국의 뉴게이트 소설은 대중적 인기에 있어서 1830년대 중반 절정에 도달했고 에인즈워드의 뉴게이트 소설은 그 중심에 있었다. 산업 사회로의 이행이 상당 부분 이루어진 시기였던 초기 빅토리아 시대의 영국인들은 자신들이 점점 왜소해지고 무기력해져 간다고 느꼈고 이전 세기인 18세기를 좋았던 옛 시절로 기억했다. 이제는 더 이상 기대할 수 없게 되어버린, 개인의 기운이 충만하고 자유롭게 살아가던 신나는 영국(merry England)이 그 시절에는 존재했다고 생각한 것이다. 에인즈워드로 대표되는 새로운 뉴게이트 소설가들은 널리 알려진 과거 범죄자들의 모험을 통해 옛 시절의 역동적이고 자유로웠던 삶을 재현했고, 이들의 시도는 커다란 대중적인 호응을 일으켰다. 그 한 예로서, 1834년 익명으로 출판된 에인즈워드의 뉴게이트 소설인 『룩우드』(*Rookwood*)는 하루에 6,000여 명의 예약자를 모았고, 같은 해 재판이 나온 후 1835년과 1836년 그리고 1837년 연속 새로운 판본이 출간되었던 사실을 들 수 있다(Ellis 1: 277, 332).

뉴게이트 소설이 1830년대 중반 이후 영국에서 대중적인 오락물로서 인기를 누릴 수 있었던 또 다른 이유로는 달라진 사회적 상황을 들 수 있다. 이 시기의 사형 구형이나 집행은 이전에 비해 현저히 그 수가 감소하였다. 또한 열악한 환경과 죄수에 대한 비인간적인 대우로 악명 높던 수형 제도도 1832년 뉴게이트 감옥에 대한 사적 소유자의 권한을 대부분 정부에 이양시키는 것으로 시작된 감옥시설의 공공화에 따라 급격한 개선을 보였다. 1830년대 중반부터는 범죄자에 대한 심각한 담론의 전개가 아닌 젊은 범죄자의 유쾌한 모험담을 가벼운 마음으로 즐길 수 있는 사회적 분위기가 형성되고 있었다. 이 시기에 나타난 뉴게이트 소설에 대한 대중의 열광은 홀링즈워드(Keith Hollingsworth)의 말대로 "형편없던 옛 시절이 끝나고 아침처럼 새로운 시대가 찾아온 것을 기뻐하는, 생각지 못한 상태에서 또 신중한 고려 없이 터져 나온 찬가"(141)였다.

에인즈워드의 『룩우드』를 향한 대중의 열광적인 반응은 소설 속에 등장하는 터핀(Dick Turpin)이라는 전설적인 범죄자에 집중되었다. 대중은 터핀의 모험을 통해 민담에 등장하는 영웅의 일대기를 읽으며 느끼는 흥분과 유사한 즐거움을 경험할 수 있었다. 그는 절박한 상황에서도 두려움을 보이지 않는 담대함과 적들의 흉계도 지혜롭게 피해 나가는 두뇌를 함께 지닌 인물로서, 필요한 경우에는 폭력도 불사하지만 언제나 가난하고 약한 사람들 편에 서서 행동하는 따뜻하고 인간미 넘치는 성품의 소유자로 묘사된다. "수려한 용모에는 높은 용맹성이, 쾌활한 태도에는 훌륭한 예절이, 그리고 멋진 수염에는 남성적인 미가 엿보이는"(200) 터핀은 로맨스에 등장하는 매력적인 영웅의 모습을 구현한다.

"세상의 모든 잘난 사람들 가운데서도 최고인"(195) 터핀은 계급과 신분을 초월해서 모든 사람들과 우정을 나누며 그들로부터 사랑과 숭배를 받는다. 사회적인 구속을 거부하고 자유롭게 삶의 기쁨을 만끽하며 살아가면서 어떤 사회적인 권위에도 경의를 표하지 않는 집시의 무리마저 "위대한 인물 터핀에게 몸을 구부려"(195) 존경을 보낸다. 터핀은 또한 상류계급의 사람들을 대할 때에도 비굴하지 않고 당당한 자세로 그들을 매혹시킨다. 오만한 피어스 경(Sir Piers)까지도 터핀을 만난 후 터핀의 재기와 남성적인 면에 반한다. 피어스 경은 터핀을 "말 잘 타고 어떤 종류의 허식도 용납하지 않는 아주 멋진 청년"(62-3)으로 극찬하면서 그를 자신의 사교 모임에 가입시킨다.

에인즈워드는 터핀이라는 범죄자를 수려한 외모와 매력적인 성품 그리고 뛰어난 능력을 모두 갖춘 고귀한 인물로 그리고 있을 뿐 아니라, 터핀의 노상강도 행위마저 범죄라기보다는 낭만적인 삶의 한 형태로 묘사한다. 에인즈워드가 드러내는 범죄행위에 대한 미화는 터핀이 상류계급 앞에서 노상강도를 영국의 자랑으로 예찬하는 장면에서 두드러진다.

> 권총을 차고 얼굴에 복면을 하고 말 위에 걸터앉은 노상강도를 보십시오. 그것보다 더 늠름한 모습이 어디 있겠습니까? 그가 탄 말의 말굽소리는 그의 귀에 들리는 음악 소리입니다. … 여러 선생님들, 영국은 영국의 노상강도를 자랑스럽게 여길 이유가 있는 것입니다. (67-68)

『룩우드』에 드러난 범죄자의 이상화는 터핀이 요크까지 추격자들을 피해 말을 달리는 장면에서 정점에 이른다. 이 장면에서 터핀은 범죄를 저지르고 도주하는 불안에 떠는 범죄자의 모습이 아닌 역사에 남을 위업을 달성하고 있는 가슴 벅찬 영웅의 형상으로 묘사되고 있다.

> 그의 피는 혈관 속을 휘돌고 심장을 돌아지나 뇌에까지 오른다. 멀리! 멀리! 그는 기쁨으로 미칠 것 같았다. … 움직임은 거의 감지되지 않았다. … 그는 자신이 지금 살아가면서 내세우게 될 행위를 하고 있음을 알고 있었다. … 그는 자신이 영국에서 최초로 이런 일을 해낸 사람이며 "자신의 고귀한 승마술로 세상을 매혹시켰음!"을 자랑스럽게 알릴 수 있을 것이다. (321-22)

요크에서 체포되어 교수형을 당하는 순간에도 터핀은 생명에 대한 집착을 조금도 드러내지 않고 당당하게 죽음을 맞는다. "그가 교수대에 올랐을 때 그의 왼쪽 다리가 떨렸고, 그는 그 다리를 신경질적으로 바닥에 쾅 하고 내리치고 교수형 집행관과 짧은 말을 나눈 후 스스로 단호하고도 재빠르게 몸을 날렸다."(393) 터핀은 평소 자신이 노래했던, "다른 이들처럼 차츰차츰 죽어 가는 것이 아니라/한순간에 울먹임 없이 아주 의연하게 죽는다"(393)라는 약속을 지킨다. 에인즈워드에게 있어서 터핀이야말로 "마지막 로마인"이었고, 터핀의 죽음과 함께 "노상의 기사들의 가슴을 뜨겁게 했던 기사 정신과 일에 대한 정열과 애정 그리고 여성에 대한 고결한 헌신의 정신"(196)은 사라진 것이다.

『룩우드』는 뉴게이트 소설의 상품성을 극명하게 드러낸 최초의 뉴게이트 소설이었다. 대중은 소설을 구독하는 데 만족하지 않고 소설과 관련된 장소를 방문하거나 관련 상품을 구입하는 열성을 보였다. 터핀이 요크까지 말을 달린 부분은 역사적 사실과는 무관한, 에인즈워드가 범죄자의 무용담이라는 오락 요소의 극대화를 위해 창조한 허구였으나 이런 부분은 대중적인 열광 속에 묻혀 부각되지 않았다. 『룩우드』가 출판된 후 터핀이 말을 타고 지나갔다고 소설 속에 기록된 그레이트 노스 로드(Great North Road)에 있는 마을들은 관광 명소가 되었고, 터핀의 말 달리는 장면을 그린 여섯 개가 한 세트인 그림이 인기 상품으로 판매되었다(Morton 43).

범죄자의 영웅화나 범죄에 대한 낭만적 묘사 같은 뉴게이트 소설이 지녔던 전복성의 흔적은 『룩우드』에서도 엿보인다. 그러나 그러한 전복성이 소설 전반을 지배하는 가벼운 분위기와 흥미 위주의 서사 전개에 압도되는 한 뉴게이트 소설은 감시의 눈길로부터 자유로울 수 있었다. 뉴게이트 소설에서의 반체제적인 담론에 민감한 반응을 보였던 보수주의자들도 오락적 기능이 전면에 부각된 『룩우드』에 대해서는 관대했다. 『프레이저즈 메거진』에 기고된 「높은 길과 낮은 길, 혹은 터핀이 주석을 단 에인즈워드의 사전」("High-ways and Low-ways; or Ainsworth's Dictionary, with notes by Turpin")은 에인즈워드를 불워-리튼과 비교하여 높게 평가했다.[05] "에인즈워드에게는 모든 것이 자연스럽고 자유롭고 기쁨에 가득하나 불워-리튼에게는 모든 것이 강요되고 제한되어 있으며 또 냉담하다. 에인즈워드는 항상 그의 주인공을 생각하나 불워-리튼은 항상 그 자신을 생각하고 있다."(9: 725) 『룩우드』는 또한 『아틀라스』(*The Atlas*)와 『스펙테이터』로부터 호의적인 반응을 얻었고(Ellis 1: 258), 『쿼털리 리뷰』(*The Quarterly Review*)로부터는 에인즈워드가 "신선하고 자극적인 상상력을 지닌"(51: 483) 유망한 젊은 작가라는 찬사를 받았다.

5. 불온한 문화상품—『잭 셰퍼드』

에인즈워드는 뉴게이트 감옥 탈출 사건으로 널리 알려진 잭 셰퍼드라는 범죄자를 소재로 한 뉴게이트 소설인 『잭 셰퍼드』(*Jack Sheppard*)의 첫 번째 에피소드를 1839년 1월에 발표함으로써 『룩우드』를 통해 얻은 대중적 인기를 재연하려 했다. 그의 시도는 대중으로부터 셰퍼드 선풍(Sheppard Craze)이라는 문화적 현상을 이끌어낼 정도로 거대한 상업적 성공을 거두었다. 그러나 『잭 셰퍼드』가 연극으로 공연되면서 노동

---

05 『프레이저즈 매거진』은 많은 경우 기고문의 저자에 대한 파일이나 출판 리스트를 남겨두지 않았다. 한 예로 1972년도에 『빅토리아 시대 잡지에 대한 웰레슬리 인덱스 1824-1900』(*Wellesley Index to Victorian Periodicals 1824-1900*)이 출판됐을 때 『프레이저즈 매거진』에 실린 기고문 중 37%만 저자가 파악되었다(2: xv, 317). 대커리가 이 비평문의 저자라는 사실 역시 증명될 수는 없으나 이 글이 그가 행한 불워-리튼의 뉴게이트 소설에 대한 공격과 많은 부분에 있어서 일치한다는 점 때문에 일반적으로 대커리의 비평문으로 받아들여진다.

계급이 주 관객층을 점유하기 시작했고, 『잭 셰퍼드』를 향한 대중적 열광은 계급적인 현상으로 전이되었다. 『잭 셰퍼드』에 대한 대중의 환호가 지배계급에 대한 '불온한' 저항의 구호로 의심받게 된 상황에서 뉴게이트 소설은 더 이상 방치해도 좋은 '안전한' 범죄 오락물일 수 없었다. 저항 담론과 전복 담론의 역할을 하던 시절에도 건재했던 뉴게이트 소설이 대중 오락의 기능을 수행하면서 집중적인 공권력의 제재를 받기 시작했다는 사실은 역설적으로 들린다. 그러나 1840년대로 진입하기 시작한 영국 사회의 계급적 반목과 대립은 노동계급의 오락물에도 민감하게 반응하게 될 정도로 심각한 파국을 향해 치닫고 있었다.

『잭 셰퍼드』는 런던의 슬럼 가에서 태어나고 자란 그리고 런던의 뒷골목을 주된 범죄 장소로 삼은 범죄자의 이야기를 다루고 있다. 그렇기 때문에 『잭 셰퍼드』의 분위기는 『룩우드』와 같은 뉴게이트 소설이 보여주던 낭만적이고 유쾌한 정조와는 거리가 멀다. 에인즈워드는 『잭 셰퍼드』에서 런던 빈민들의 비참한 생활과 감옥과 정신질환자 수용소 등과 같은 사회기관의 열악한 환경, 또 그 안에서 자행되는 가혹 행위 등을 사실적으로 묘사한다. 그럼에도 불구하고 『잭 셰퍼드』는 범죄를 오락적인 요소에 치중하여 그려낸 『룩우드』류의 뉴게이트 소설과 근본적인 차이를 드러내지는 않는다. 에인즈워드는 『잭 셰퍼드』에서 『폴 클리포드』의 사회적인 메시지나 『유진 아람』의 전복성을 거세하고, 대신 감상적이고 멜로드라마적 요소를 강화해 대중적인 인기를 겨냥하는 것이다. 무엇보다도 『잭 셰퍼드』에서는 셰퍼드가 범죄자로 전락하게 되는 이유가 그가 처한 사회경제적 환경 속에서 고찰되지 않는다. 셰퍼드가 윈프레드(Winfred)라는 소녀와의 첫사랑에 실패한 후 범죄자의 길을 가는 것으로 재현된 데에서 잘 드러나는 것처럼, 『잭 셰퍼드』에서는 범죄가 개인적 차원의 비극으로 축소되어 규정된다.

『잭 셰퍼드』에 자주 등장하는 범죄행위에 대한 사실적이고 세밀한 묘사 역시 당대의 사회 현실에 대한 비판적 발언으로 기능하지 않는다. 범죄의 재현에는 오직 대중의 흥미를 끌기 위한 선정성만 고려되는 것이다. 그 한 예로 셰퍼드가 살해된 시체를 어두운 건물 내에서 발견하는 장면을 들 수 있는데, 이 장면은 소설의 주제나 서사구조와는 전혀 관련이 없는 부분으로서 끔찍한 볼거리를 창조하려는 것 말고는 다른 어떤 의도도 감지되지 않는다.

> 바닥의 끈적거리는 물질을 밟은 셰퍼드는 그것이 무엇인지를 만져보려고 허리를 굽혔고 다음 순간 공포의 소리를 내지르며 손을 뗐다. … 바닥에는 피가 범람해 있었고 … 살해된 자가 입던 외투에는 도장이 찍히듯이 핏자국이 나 있었고 엉긴 핏덩어리로 더럽혀져 있었다. 그의 모자 역시 구겨지고 비슷하게 피로 뒤덮여 있었고 … 여러 다른 끔찍한 모습이 이 도살적인 행위를 증언하고 있었다. (399)

에인즈워드는 런던의 하류계급이 겪는 고통스러운 현실을 값싼 센세이션을 창조하는 소재로 사용하고 있으며 범죄행위를 통한 사회적 비판은 소설 속에 길고도 자세하게 이어지는 조악한 폭력의 묘사 속에 가려지고 있다.

에인즈워드는 또한 감상적인 효과를 극대화하고 셰퍼드에게 영웅적인 비장미를 덧입히기 위해 역사적인 기록과는 무관한 비극적인 모자 관계를 『잭 셰퍼드』에 삽입했다. 기록에 따르면 셰퍼드의 어머니는 어린 아들을 거리에 버린 사실을 제외하고는 알려진 바가 없으며 셰퍼드와 어머니의 관계에 대한 언급은 어디에도 존재하지 않는다. 그러나 『잭 셰퍼드』에는 셰퍼드의 어머니가 아들을 지극히 사랑하지만 가난과 신병으로 아들을 돌볼 수 없게 되는 것으로 그려지고, 셰퍼드 또한 어머니에 대한 깊은 애정을 가진 효성이 지극한 아들로 재현된다. 특히 그녀가 아들의 범죄로 괴로워하다 칼로 자신의 목숨을 끊은 후 셰퍼드가 어머니의 시신 앞에서 오열하며 자신의 과거를 참회하는 장면에서 이러한 감상적인 묘사는 정점에 이른다.

> "내가 어머니를 죽인 거예요." 그는 어머니의 가슴에서 솟아나는 피를 멈춰보려고 애쓰며 외쳤다. "용서하세요, 용서하세요!" … "오, 하나님! 어머니가 죽습니다." 그는 감정이 북받쳐 목이 멘 채 소리쳤다. "용서하세요. 오, 용서하세요! … 오, 하나님! 나 역시 죽게 하소서." 그는 어머니 곁에 무릎을 꿇으며 외쳤다. (455-56)

셰퍼드의 처형 장면 역시 에인즈워드가 비극적 모자 관계를 통해 형성한 센티멘털리즘을 강화하기 위해 역사적 사실을 변형시킨 또 다른 사례이다. 디포(Daniel Defoe)가 셰퍼드가 처형되는 것을 지켜본 후 『애플비즈 저널』(*Applebee's Journal*)에 기고한 글에 따르면 셰퍼드는 "전력을 다해 결박을 풀려고 발버둥쳤다. 마차에 실리기 전 몸수색을 했을 때, 그에게서 묶은 밧줄을 끊는 데 사용되리라고 추정되는 접는 주머니칼이 발견되었는데 그는 밧줄을 끊은 후 그의 마지막 보호막이 될 군중들 사이로 뛰어들려고 했던 것으로 생각된다."(Lee 3: 335) 그러나 에인즈워드는 셰퍼드가 어머니의 죽음 앞에서 비통해하는 장면만큼이나 셰퍼드의 처형 장면을 비장미 넘치고 감상적으로 처리하고 있다. 처형장에 들어선 셰퍼드를 본 군중은 그에게 환호를 보내며 탈출을 돕기 위해 몰려오지만, 그는 그들을 만류한다. "그의 가슴속으로 커다란 통증이 나타났으나 … 모든 세속적인 생각을 떨쳐버리려고 노력하며 그는 기도에 진실하게 또 깊게 빠져들었다."(508) 그는 마지막 순간까지 당당하고 침착한 모습을 보이다가 "내 불쌍한 어머니! 곧 당신과 만나게 될 거예요!"(509)라는 마지막 말을 남기고 처형된다.

텍스트 전체에 일관되게 나타난 선정주의적인 색채와 멜로드라마적인 요소는 『잭 셰퍼드』가 열광적인 대중의 반응을 얻는 데 결정적으로 기여했다. 『잭 셰퍼드』는 1839년 시월에 세 권의 분량으로 출판된 후 첫 주에 3,000부가 판매될 정도의 높은 인기를 보였다(Ellis 1: 358). 특히 『잭 셰퍼드』가 연극으로 무대에 올려지면서부터 『잭 셰퍼드』의 대중적 인기는 더욱 고조되었고 여덟 가지나 되는 상이한 대본이 등장했다. 『잭 셰퍼드』의 연극 공연에는 군소 극단뿐만 아니라 드루리 래인(Drury Lane)과 코벤트 가든(Covent Garden) 같은 일급의 극단도 참여하게 되었다(Lucas 370). 상당수가 문맹 상태였던 노동계급은 뉴게이트 소설의 주된 독자가 아니었으나 『잭 셰퍼드』가 연극으로 공연된 이후 가장 열성적인 관객층을 형성했다. 이들이 가세하면서 『잭 셰퍼드』에 대한 환호는 잭 셰퍼드 선풍 또는 셰퍼드주의(Sheppardism)라고 불리는 사회문화적 현상으로 발전했다. 노동계급 관객들은 극장 안에서 셰퍼드의 모험에 열광하고 탈옥에 환호하며 그의 죽음에 눈물 흘렸다. 이들은 극장 바깥에서조차 그의 행위에 대한 찬사를 아끼지 않는 셰퍼드주의의 가장 열성적인 지지자가 되었다. 특히 『잭 셰퍼드』 연극에 삽입된 「안돼, 나의 도로시. 벗들이여, 속이고 도망치게나」("Nix My Doll, Pals, Fake Away")라는 발라드는 노동계급의 애창곡으로 불리기 시작해 점차 계급과 성별 그리고 연령을 초월한 대중의 애창곡으로 자리 잡았다. 이에 대해서는 아래와 같은 마틴 경(Sir Theodore Martin)의 회고담에 잘 나타나 있다.

> 「안돼, 나의 도로시」라는 노래는 … 어느 곳에서나 들렸고 도둑이나 강도가 사용하는 은어를 마치 사람들이 일상적으로 사용하는 친숙한 말처럼 만들었다. 나중에 설리반(Sullivan)이 만든 밝은 노래들이 그랬던

것처럼 「안돼, 나의 도로시」는 거리의 오르간 연주자들이나 독일 악단에 의해 즐겨 연주되어 거리에 나선 우리의 귀를 멀게 할 지경이었다. 이 곡은 한낮의 에든버러 대성당의 첨탑에서도 울렸다. 사실이다. 그런 내용의 곡이 스코틀랜드에 있는 대성당의 종으로 연주되는 곡이 됐다는 것이 참으로 믿을 수 없는 일일지라도. 그러나 놀랍게도 나는 종종 그것을 들었던 것이다. 모든 더러운 부랑아들이 이 곡을 휘파람으로 불었고 규방의 아름다운 입술이 지금 부르는 노래의 가사가 무엇을 의미하는지도 모르면서 이 곡을 불렀다. (Ellis 1: 366)

6. 뉴게이트 소설의 몰락

1820년대 이후 나타난 범죄와 범죄자에 대한 시각의 변화에도 불구하고 범죄행위를 근절시키기 위한 영국 정부의 노력은 체제 유지의 차원에서 계속됐다. 1829년 런던 경시청 설립은 이러한 노력의 절정이라 할 수 있다. 그러나 앨틱(Richard Altick)이 『빅토리아 시대 범죄 연구』(*Victorian Studies in Scarlet*)에서 지적하고 있듯이 영국 정부의 범죄를 근절하기 위한 시도는 1830년대에 "다발적으로 일어난 센세이셔널한 범죄행위"(17)로 인해 실패로 판명되었다. 영국 사회의 일각에서는 범죄의 지속적인 증가와 뉴게이트 소설의 대중적 인기와의 관련성을 의심하는 시선이 등장했고, 이러한 견해는 잭 셰퍼드 선풍의 부각과 함께 확산되어 갔다.

1839년 3월 24일자 『벨즈 라이프』(*Bell's Life*)는 "살인! 영국은 암살자의 국가가 되었는가?"라는 제목의 기사에서, 1월에 출판된 『잭 셰퍼드』

의 첫 번째 에피소드를 향한 대중적 열기를 "비정상적이며 병적인 관심"으로 비판하며 이런 류의 소설이 범죄를 조장한다고 주장했다(1). 대커리는 1839년 12월 1일과 2일에 자신의 어머니에게 쓴 편지에서 『잭 셰퍼드』에 집중된 대중의 열광적 반응에 대해 냉소적으로 언급하면서 범죄행위와의 관련성에 대해 암시하고 있다.

> 나중에 출판된 로맨스는 읽지 못했지만, 한두 에피소드는 좋았습니다. 현재 네 개의 극장에서 연극으로 상연된다고 들었습니다. 『잭 셰퍼드』가 공연되는 극장 로비에는 드라이버나 쇠 지렛대 같은 공구가 담긴 셰퍼드 백이 판매되고 있다는 소식도 들었습니다. 『잭 셰퍼드』 극으로부터 소매치기나 도둑질에 관한 아이디어를 얻는 데 많은 도움을 받았다고 고백한 젊은 신사도 한두 명 있다고 합니다. … 연극을 보지 않았더라면 결코 그런 짓을 하지 않았을 터인데요. 이런 사실들이 대중적인 인기를 겨냥한 작가에게는 커다란 즐거움을 제공하리라고 확신합니다. (*Letters and Private Papers of William Makepeace Thackeray* 1: 395)

영국 사회가 굶주린 1840년대(Hungry Forties)로 이행하면서 범죄소설에 대한 우려와 곱지 않은 시선은 더욱 완강해진다. 이 시기는 영국의 경제 침체로 인해 노동계급의 생존이 위협받게 되어 차티스트(Chartist) 운동으로 대표되는 노동자들의 투쟁이 정점에 이른 정치적 격변기였다. 『잭 셰퍼드』에 나타난 문화적 현상이 노동자가 중심이 된 계급적 컬트 현상으로 전이되었다는 사실에 대한 지배계급의 우려와 비판의 목소리는 더욱 커져 갔다. 노동 운동의 격화로 촉발된 정치적 위기 상황 속에서 감옥 탈주자를 둘러싼 노동계급의 열광은 영국 사회의 기존 체제를 위협하는 요소로 간주된 것이다. 이런 견해는 심지어 비교적 진보적인 작가로 알려진 미트포드(Mary Russell Mitford)가 친구에게 보낸 편지에서 『잭 셰퍼드』에 대해 언급하는 데서도 발견된다. 그녀는 『잭 셰퍼드』에서 "권력, 정부, 법률—혹은 만일 당신이 이렇게 부르기를 원한다면—지배계급이 그토록 억압적이고 그렇게 악마적으로 재현"된 것에 대해 경악과 두려움의 감정을 느꼈음을 토로하고 있다. "비록 내가 급진주의자이긴 하지만 이런 시기에 『잭 셰퍼드』의 악몽은 내게는 이 땅의 모든 차티스트들의 존재보다 더 위험하다고 생각된다. 물론 에인즈워드 씨의 저작 의도가 그렇다는 것은 아니다. 그렇지만 결과적으로 그렇게 나타나고 있는 것이다."(Ellis 1:376)

1840년 5월에 영국에서는 커보져(B. F. Courvoisier)라는 하류계급의 청년이 러셀 경(Lord William Russell)을 살해하는 사건이 발생한다. 커보져는 자신이 『잭 셰퍼드』 연극에서 범죄의 아이디어를 얻었다고—그가 나중에 부인하기는 했지만—진술했다. 이 사실이 보도된 후 체임벌린 경(Lord Chamberlain)은 뉴게이트 소설을 연극무대에 올리는 것을 금지시켰다(Ricks 37).[06] 범죄소설에 대한 국가 권력의 억압이 시작된 후 뉴게이트 소설은 급속한 몰락의 길을 걸었다. 한 시절 영국 문단의 신성으로 각광받던 에인즈워드를 위시한 뉴게이트 소설가들은 영국 문학계에서 잊혀진 존재로 사라져 갔다. 범죄소설은 1840년대 중반 이후로는 거의 출판되지 않았고 1840년대 이후 영국 소설에서의 범죄 담론은 뉴게이트 소설로부터 추리소설로 이행되었다. 권력은 소설 속에서 자신의 문학

---

06 범죄소설이 유해하다고 간주되었다는 점은 트리니티 클럽(Trinity Club)이 에인즈워드를 회원으로 받아들이는 것을 거부한 사실로도 확인된다. 애디내엄 클럽(Athenaeum Club) 역시 그에게 회원 자격주기를 주저했고, 에인즈워드는 블레싱톤 부인(Lady Blessington)의 도움으로 이 클럽의 회원이 될 수 있었다. 자세한 것은 Ricks의 논문 "Characteristics of the Gothic Historical Novel in the Works of William Harrison Ainsworth"의 39쪽 이후를 참조할 것.

적 대리자인 탐정을 통해 범죄자를 처벌하기 시작한 것이다.

『폴 클리포드』의 경우에서 드러나고 있는 것처럼 뉴게이트 소설은 기존의 범죄 담론에 대항하는 전복적인 메시지를 유포시키는 역할을 담당하고 있음에도 불구하고 사회제도의 개혁을 향한 시대적 열망 속에서 국가 권력의 탄압으로부터 보호될 수 있었다. 그러나 범죄성마저 신비화하는 뉴게이트 소설의 무정부적인 전복성—『유진 아람』에서 확인된—은 뉴게이트 소설과 국가 권력 사이에 조심스럽게 놓여있던 안전판을 걷어냈다. 권력의 개입은 전혀 예상치 않던, 정치적으로 가장 안전해 보이는 곳에서 시작되었다. 선정주의와 감상주의의 과도한 사용으로 특징지어지는, 『잭 셰퍼드』로 대표되는 상업주의적 뉴게이트 소설에 대한 열광이 노동계급의 컬트 현상으로 전이되면서 범죄와 특정 계급 간의 친화성을 강조한 범죄 담론은 다시 영향력을 확장해 갔고 뉴게이트 소설에 대한 권력의 공세는 강화되었다.

지배 이데올로기에 저항하는 극히 예외적인 범죄 문학인 뉴게이트 소설은 권력에 의해 문학의 '타자'로 내몰린 19세기 중반 이후 1980년대에 이르는 오랜 기간 영문학계의 주된 비평적 관심의 대상에서 제외되었다. 1980년대 이후 새롭게 행해진 뉴게이트 소설에 대한 비평작업도 디킨즈나 대커리 같은 19세기 문학 '정전' 작가들이 쓴 뉴게이트 소설의 개별 텍스트에 국한되어 진행되었는데, 이는 범죄 문학의 타자성을 역설적으로 입증한다. 영문학의 주변에 위치한 작가인 불워-리튼과 에인즈워드를 중심으로 뉴게이트 소설을 논의하는 일은, 뉴게이트 소설의 문학적 복권을 위한 토대를 마련하는 정지 작업이라는 점에서 문학사적 의미를 지닌다.

2장 Chapter 02

범죄라는 질병과 추리소설의 치유

1. 뉴게이트 소설과 추리소설

대커리의 『캐더린』과 디킨즈의 『올리버 트위스트』는 대표적인 뉴게이트 소설로 알려져 있다.[07] 그러나 나는 『캐더린』과 『올리버 트위스트』를 범죄라는 질병에 대한 담론적 치유 행위로, 뉴게이트 소설의 전복성을 무화시키기 위한 반뉴게이트 소설로 다시 읽는다. 불워-리튼과 에인즈워드가 영문학의 주변부로 사라진 반면, 디킨즈와 대커리는 정전작가로서의 위치를 공고히 할 수 있었다는 역사적 사실은, 뉴게이트 소설 담론 내에서 대커리와 디킨즈의 치유 행위가 성공적으로 수행되었음을 보여준다.

뉴게이트 소설의 몰락 이후 영국 사회에 등장한 추리소설은 지배계급에 의해 '안전하다'는 판단이 내려진 범죄 문학의 본질을 극명하게 보

---

07 홀링즈워드의 고전적인 뉴게이트 소설 연구서인 『1830년에서 1847년 사이의 뉴게이트 소설』(*The Newgate Novel 1830-1847*)이래로 『캐더린』과 『올리버 트위스트』는 불워-리튼의 『폴 클리포드』와 『유진 아람』, 에인즈워드의 『룩우드』와 『잭 셰퍼드』 등과 함께 가장 대표적인 뉴게이트 소설로 분류되었다.

여준다. 뉴게이트 소설이 범죄와 범죄자를 세밀하게 노출시키는 반면에 추리소설은 범죄의 결과만을 제시하고 범죄의 원인 및 과정 그리고 범죄자를 미스터리로 처리한다. 뉴게이트 소설이 범죄자를 텍스트의 중심에 놓고 그로 하여금 발언하게 한다면, 추리소설은 범죄자의 정체를 마지막까지 은폐함으로써 그가 침묵하게 만든다. 범죄는 탐정의 추리를 통해 해결됨으로써 독자는 탐정의 입장에 자신을 이입하게 되고, 범죄자와의 동일시 및 동정적인 시각 형성은 원천적으로 봉쇄된다. 추리소설은 독자를 범죄자로부터 격리하는 데 성공함으로써 뉴게이트 소설에 의해 확산된 범죄라는 질병을 효과적으로 치유한다.

푸코가 『나, 삐에르 리비에르는 내 어머니와 내 누이 그리고 내 형제를 살해했으며…』(*I, Pierre Riviere, having slaughtered my mother, my sister, and my brother…*)의 서문에서 지적하고 있듯이, 범죄는 범죄의 "진실"을 규명하기 위해 등장하는 다양한 담론 간의 대립이나 경쟁 또는 연대를 형성한다(x). 18세기에서 19세기 초반에 이르는 기간 영국에서의 범죄 담론은 의학 담론과 계급 담론 간의 연대로 나타난다. 범죄는 전염성을 지닌 질병이므로 '보균자'인 범죄자는 '건강한' 일반 시민들로부터 격리되어야 하며, 범죄라는 전염병의 예방을 위해서는 면역성이 결핍된 하류계급에 대한 엄격한 통제가 필요하다는 믿음이 이 시기 범죄 담론의 중심에 위치했다.

1830년대 이후 영국에 등장한 뉴게이트 소설은 범죄와 범죄자를 바라보는 주류적 시각에 대한 전복적인 성격을 드러낸다. 뉴게이트 소설은 참회의 진술을 제외하고는 지워졌던 범죄자의 목소리를 텍스트의 중심에 복원시키고, 범죄자의 입을 통해 처벌의 정당성에 대한 전면적인 부정을 시도한다. 또한 뉴게이트 소설은 범죄자의 개인사를 부각하는 방식을 통해 범죄자의 범죄행위만을 강조함으로써 타자로서의 범죄자상을 선전한 지배 권력의 전략을 전복한다. 뉴게이트 소설의 전복성은 범죄자가 처했던 사회적 환경과 그 속에서의 성장 과정에 주목하여 범죄는 원인 불명의 질병이 아닌 불평등한 사회경제적 환경의 산물임을, 그리고 범죄자 역시 불평등한 계급 제도의 피해자일 뿐이며 범죄자에 대한 가혹한 처벌은 권력에 의해 자행되는 또 다른 범죄행위라는 사실을 보여주려 한 데서 극명하게 표출된다. 뉴게이트 소설의 전복성은 범죄를 낭만시하거나 범죄자를 이상화하는 지점까지 나아간다.

대커리는 『프레이저즈 매거진』 1838년 봄호에 실린 「반 푼어치의 싸구려 지식」("Half-a-Crown's Worth of Cheap Knowledge")이라는 기고문에서 뉴게이트 소설이 하류계급에게 "악의 병원균"을 급속도로 주입시키고 있음을 지적한다. 그가 뉴게이트 소설의 전복성에 대해 드러내는 우려와 경계의 시각은 범죄를 특정 계급에서 발생하는 전염성 강한 질병으로 규정한 주류 범죄 담론의 반영으로서, 이 시기 지배계급의 입장과 일치한다. 이런 사실은 그가 가장 대중적인 소설 장르로 부상한 뉴게이트 소설을 "점잖지 못한 세상에서 행해지는" "그들만의 문학"으로 방치하여 감염을 확산시킬 것이 아니라, "건강한 문학적 취향"을 지키기 위해 "점잖은 세상에 속한 작가의 파견"(17:280)을 주장한 데서도 확인된다. 대커리는 1839년 봄 『프레이저즈 매거진』에 『캐더린』의 연재를 시작하며, 자신의 저작 의도가 "널리 유행하고 있는 범죄자들을 고귀한 영웅으로 형상화하는 취향을 교정하기 위해서"(*William Makepeace Thackeray* 10:590)임을 명백히 한다. 텍스트의 곳곳에서 대커리는 뉴게이트 소설의 병적인 현상에 대한 진단과 처방을 내린다. 『캐더린』은 뉴게이트 소설인 동시에 뉴게이트 소설에 관한 소설로서, 범죄라는 질병에 대한 담론적 치유의 시도이다.

나는 『캐더린』을 통해 드러난 대커리의 야심찬 시도가 기대한 수준의 성공을 거두지 못한 반면, 『올리버 트위스트』는 치유 효과를 극대화하고 있다는 사실에 주목한다. 대커리의 치유 행위가 한계를 지니게 된 것은, 범죄자를 텍스트의 중심에 위치시키고 그의 목소리로 범죄 담론을 생산하는 뉴게이트 소설의 서술구조를 수용한 데 있다. 대커리는 『캐더린』에서 범죄자를 극도로 혐오스럽게 형상화함으로써 범죄자를 향한 공감의 가능성을 차단하려고 한다. 그러나 대커리의 치밀한 통제에도 불구하고, 범죄자인 주인공 캐더린은 텍스트 내에서 발언하고 있으며, 그녀가 심리적인 갈등을 겪는 모습이 드러남으로써 독자에게 감정 이입의 여지를 열어놓은 것이다.

범죄자에 대한 동정적인 묘사와 호의적인 형상화는 뉴게이트 소설을 구성하는 핵심적인 요소라고 할 수 있다. 디킨즈는 『올리버 트위스트』에서 뉴게이트 소설이 범죄자를 호의적으로 묘사할 때 사용하는 방식을 충실히 이행한다. 이러한 점은 여성 범죄자인 낸시(Nancy)를 악의 세계에서 올리버를 구해내기 위해 자신의 목숨까지 희생하는 인물로 형상화한 데서 두드러진다. 또한 디킨즈는 그녀가 최후를 맞는 순간을 멜로드라마적으로 처리하고 있는데, 이는 뉴게이트 소설가들이 범죄자의 범죄성을 약화 혹은 무화시키기 위해 채택한 방식을 적극적으로 수용한 것으로 볼 수 있다. 이런 측면에 주목하여, 대커리는 『올리버 트위스트』를 읽게 되는 독자들이 범죄자에 대해 혐오감을 가지기 보다는 오히려 매혹을 느끼게 된다고 디킨즈를 비판한다. "패이긴(Fagin)이 저지르는 범죄를 보면서 모두 마음을 죄며, 낸시가 저지르는 실수를 부드럽게 책망하고, 사익스(Sikes)에게는 일종의 동정과 찬사를, 그리고 도저(Dodger) 패거리에게는 절대적인 사랑을 보내게 되는 것이다."(『캐더린』 211) 낸시의 경우처럼 『올리버 트위스트』에는 뉴게이트 소설의 해악을 반복하고 있다고 공격당할 수 있는 지점이 분명히 존재한다. 그럼에도 불구하고 『올리버 트위스트』에 도입된 추리소설적인 요소는 뉴게이트 소설의 불온성을 경감시키고 분쇄하는 역할을 성공적으로 수행한다. 몽스(Monks)의 숨겨진 범죄가 브라운로 씨(Mr. Brownlow)에 의해 밝혀지게 되는 과정이 보여주듯이, 소설의 종결부에 등장하는 추리소설적인 기법은 『올리버 트위스트』의 반뉴게이트적인 치유 효과를 극대화한다.

영국 범죄 문학에 등장한 추리소설에 대한 접근은 대부분 탐정의 존재와 그의 범죄 해결방식에 주목하는 방식으로 이루어져 왔다. 그러나 추리소설의 등장은 뉴게이트 소설을 추방하기 위한 시도로 보아야 한다. 추리소설에서는 뉴게이트 소설 양식이 드러낸 범죄자와 전지적 관점의 화자와의 결합은 발생하지 않는다. 범죄자는 침묵하며, 침묵은 범죄자를 보이지 않는 존재로 만들기 위한 전략이 된다. 추리소설은 텍스트 내에서 범죄자의 시각을 배제하고 그를 지워버림으로써 범죄라는 질병을 성공적으로 치유하는 것이다.

2. 뉴게이트 소설의 사회학

18세기와 19세기 전반에 이르는 기간 영국에서 범죄는 가장 대중적인 문화상품이었다. 범죄자에 대한 공개처형은 대중이 열광하는 스펙터클로 자리 잡았고 범죄자의 유물은 고가에 거래되었다(Hollingsworth 6). 1773년에는 악명 높은 범죄자의 전기를 모은 『뉴게이트 캘린더』가 5권으로 출판되어 판을 거듭하는 인기를 누렸다. 이 시기에는 범죄를 다룬 소설이 대량으로 출판되어 소비되었는데, 1722년에 출판된 디포의

『몰 플랜더즈』(*Mall Flanders*), 1743년에 출판된 필딩의 『조나단 와일드』(*Jonathan Wild*) 그리고 18세기가 저물 무렵 출판된 고드윈의 『캘럽 윌리암스』(*Caleb Williams*)는 그 대표적인 사례이다. 18세기와 19세기 초엽의 영국 사회에서는 범죄에 대한 대중적 호기심과 범죄를 소재로 한 출판물의 상업적 성공에 대한 우려의 시선과 견제의 움직임은 아직 두드러지게 나타나지 않았다.

영국 범죄 문학의 인기는 "충격적일 정도로"(Sutherland 462) 대중적인 인기를 누린 뉴게이트 소설의 등장과 함께 1830년대와 1840년대에 그 절정에 이르렀다. 앞서 지적한 것처럼, 뉴게이트 소설이 등장하기 이전의 범죄 문학은 사회적 비난과 경멸의 대상이 아니었다. 그러나 뉴게이트 소설의 대중적, 상업적 성공 이후 지배계급은 경계와 우려의 시선을 보내기 시작했는데, 새롭게 작동되기 시작한 뉴게이트 소설에 대한 권력의 감시는 1830년대와 1840년대 영국 사회의 계급적, 문화적 징후로 이해할 수 있다. 이 시기에는 권력의 배분을 둘러싸고 계급적 이해관계가 첨예하게 대립했고, 특히 차티스트 운동의 격렬함으로 인해 중상류 계급이 느끼는 하위 계급에 대한 계급적인 공포심이 심화되었다. 이러한 상황에서 법률 제도 및 범죄자와 사회 환경이라는 예민한 소재를 중점적으로 다루는 뉴게이트 소설은 기득권을 소유한 계급에는 휘발성 강한 불온한 문학으로 다가올 수밖에 없었다. 조이스(Simon Joyce)가 「체포에 저항하기/저항을 저지하기」("Resisting Arrest/Arresting Resistance")에서 지적한 대로 뉴게이트 소설은 "범죄 담론과 정치적 급진주의가 함께 한 결절점(nodal point)"(313)으로 인식된 것이다.

1839년 『블랙우즈 매거진』(*Blackwood's Magazine*)에 실린 「차티스트와 보통 선거권」("The Chartists and Universal Suffrage")에는 뉴게이트 소설의 해악에 대한 주류 사회의 시각이 요약되어 있다. 뉴게이트 소설의 범죄자에 대한 호의적인 묘사로 인해 범죄자에 대한 도착적인 동정심이 영국 사회에 광범위하게 퍼졌고, 권력을 소유한 자들이 그 집행을 머뭇거리게 됨으로써 사회적 위기 상황이 조성되었다는 것이다(301). 1장에서 살펴본 것처럼 대커리도 1839년 12월에 자신의 어머니에게 쓴 편지에서 『잭 셰퍼드』에 대한 대중의 열광에서 드러난 뉴게이트 소설의 위해성에 대해 지적했다.

삼류극장(penny gaffs)에 모인 동일 계급으로 구성된 관객이 『잭 셰퍼드』로 대표되는 특정 형태의 범죄성에 대해 보내는 찬사는 뉴게이트 소설에 대한 우려를 증폭시켰다. 범죄와 특정 계급 간의 친화성을 강조한 지배적 범죄 담론체계에서는, 뉴게이트 소설 텍스트가 비록 존중할만한 계급 성원의 손에서라면 무해하다고 하더라도 하류계급에 의해 수용될 때는 사회불안을 야기한다고 인식되었다. 셰퍼드와 같은 감옥 탈주범은 라인보(Peter Linebaugh)의 지적처럼 근대국가의 확립에 있어서 핵심적인 요소인 "감금의 원칙에 대한 계속되는 저항을 상징하는 인물"(47)로 볼 수 있다. 국가 권력의 감시망 밖으로 탈출하는 범죄자에 대한 노동계급의 이상화와 찬사는 국가의 체제를 근본적으로 부정하는 불순한 행위로 판정된 것이다.

3. 담론적 치유의 시도와 절반의 성공—『캐더린』

뉴게이트 소설의 불온성을 폭로하고 뉴게이트 소설가들의 문학적 범죄행위를 고발하려는 대커리의 기획은 그의 첫 소설인 『캐더린』을 통해 야심 차게 진행된다. 대커리는 여성 범죄자를 『캐더린』의 주인공으로 등장시킴으로써, 범죄자를 중심인물로 설정하고 그를 중심으로 서사를 진행시키는 뉴게이트 소설 문법을 충실하게 반복한다. 그러나 대커리가 『캐더린』에서 재현하는 범죄자는 뉴게이트 소설이 확립한 동정이나 연민 혹은 찬탄의 대상으로서의 범죄자 상을 전면적으로 뒤집는다. 그리고 그러한 역전복은 뉴게이트 소설이 형성한 주류 범죄 담론과의 대립 관계를 해소하고 궁극적으로는 지배 이데올로기와의 재연대를 지향한다.

대커리는 『캐더린』에서 뉴게이트 소설의 위해성이 범죄가 소설의 소재로 다루어진다는 데 있는 것이 아니라 범죄의 재현 방식에 있음을 분명히 한다. 그가 반대하는 것은 범죄 세계를 재현하려는 작가적 욕망이 아니라, 그 세계를 충실히 그려내지 못하는 작가적 역량이다. 그는 뉴게이트 소설가들이 "범죄자와 관련된 총체적인 진실을 감히 말하지 못했으며 그들의 악덕을 충실하게 설명하지도 못했다"(185)라고 질타한다. 범죄 세계라는 주변부를 충분히 세밀하게 그릴 능력이 없기 때문에 뉴게이트 소설가들은 "사람의 목을 따는 자들이나 그런 종류의 다른 악의 천재들"(187)을 묘사할 때 허위적인 유사함에 근거하여 위험한 동정심을 유발할 수 있는 재현을 하게 된다는 것이다. 그는 작가들이 "사적으로는 무뢰한들을 껴안고" 그들을 사랑할 수 있지만 "공적으로 그런 식의 호감을 보이고 그런 자들과 함께한다고 밝히는 것은 잘못된 일"("Horae Catnachiaqnae" 408)이라고 선언한다.

대커리는 『캐더린』의 화자로 솔로몬즈(Ikey Solomons)의 아들을 선택한다. 솔로몬즈는 1831년에 영국 정부에 의해 오스트레일리아로 추방되어 1851년에 그곳에서 사망한, 1820년대 런던에서 악명 높던 장물아비였다(Altick 601). 전설적인 범죄자의 아들이며 범죄 세계에 정통한 솔로몬즈 2세(Ikey Solomons, Jr.)를 화자로 선택한 것은, 범죄자에 대한 사실적인 재현을 통해 “인간의 목을 베는 범죄와 그 밖의 거대한 악행에 대해 동정심을 유발시키는” 뉴게이트 소설을 “대중으로 하여금 미워하도록 만들려는”(131) 대커리의 전략으로 볼 수 있다.

솔로몬즈 2세는 소설 텍스트를 가로지르며 뉴게이트 소설 전반에 관한 비판적인 논평을 계속함으로써 『캐더린』이 뉴게이트 소설에 관한 소설임을 환기시킨다. 그가 보기에 뉴게이트 소설이 저지른 가장 커다란 해악은 범죄자의 범죄성을 연민의 대상이나 혹은 영웅적인 자질로 형상화한 데 있다. 이런 행위는 “선과 악을 세 개의 종지 밑에 넣고 어디에 무엇이 있는지를 알아맞히라고 요구하는 마술이나 사기술”(26)로서 미덕과 악덕, 고상함과 천박함 사이의 경계를 지우는 비난받아 마땅한 일인 것이다. 뉴게이트 소설이 이처럼 “세상에서 가장 천한 짓을 극도로 위대한 일”로 묘사하고 있기 때문에, “범죄의 달인”인 자신조차도 이제는 더 이상 “어느 것이 숭고하고 어느 것이 하찮은지를 구분할 수 없는 지경에 이르게 되었음”(138)을 고백한다.

솔로몬즈 2세는 대표적인 뉴게이트 소설가의 실명과 작품명을 직접적으로 거론하며 뉴게이트 소설의 폐해를 지적한다. 대중이 열광한 불워-리튼의 『유진 아람』에 등장하는 “플라톤을 인용하는 살인범”이나 에인즈워드의 『룩우드』에 나오는 “영웅적인 풍모의 감옥 탈주범”은 그가 보기에는 “병적인 상상력을 살찌우기 위해 제공되는 기괴한 음식물”(41)에 불과하다. 그는 “범죄자를 시를 읊조리고 장미 향수를 몸에 뿌리고 다니는 댄디”로 미화하는 문학적인 범죄자들에게 작가의 도덕적인 의무를 환기시키며, “작가가 대중에 대해 그리고 자기 자신에 대해 정직해지는 유일한 방법”은 “술에 취해 방탕하고 천박한 짓이나 일삼는 무뢰한인 범죄자의 실제 모습 그대로”(41) 대중에게 알리는 데 있음을 역설한다.

『뉴게이트 캘린더』에 등장하는 범죄자를 소설의 중심인물로 차용하는 뉴게이트 소설의 관습을 반영하여, 대커리는 『뉴게이트 캘린더』에 기록된 여성 범죄자인 캐더린을 주인공으로 선택한다. 그러나 캐더린은 뉴게이트 소설이 선호한 범죄자의 자질—동정의 여지를 지닌 혹은 신비감을 주는—을 전적으로 결여한, 뉴게이트 소설이 미화한 범죄자 상을 허물기 위해 선택된 인물이다. 『뉴게이트 캘린더』에 따르면 캐더린은 자신의 사생아인 빌링즈(Thomas Billings)와 그녀의 집에 세든 남성인 우드(Thomas Wood)를 동원하여 목수인 남편 헤이즈(John Hayes)를 만취하게 한 뒤 살해했다. 그녀는 남편의 신원에 대한 식별이 불가능하도록 시체의 머리와 사지를 절단하여 강물에 버리자고 주장했고, 그녀의 요구대로 시체는 처리되었다. 시체의 머리부위가 발견되어 이들은 모두 체포되었고, 공모자들이 죄를 자백한 후에도 캐더린은 자신의 무죄를 주장했다. 캐더린은 1726년 5월 9일에 이 시기 소역죄(petty treason)였던 남편을 살해한 죄목으로 화형당했다(Crook 3:28-40).

이러한 캐더린의 범죄성은 "읽는 사람을 끔찍하게 경악하도록 만들어 자신의 소설과 이런 종류의 소설 모두를 손에서 놓도록, 혹은 차라리 집어던지도록"(Letters 1:433) 하려는 대커리의 저작 의도를 가장 효과적으로 실현시켜 준다. 솔로몬즈 2세가 지적하고 있듯이 캐더린은 "구역질마저 일으키게 하는" "극도로 존엄성이 결여된"(26) 범죄자인 것이다. 따라서 캐더린에 대한 묘사는 독자로 하여금 "보다 건전한 습관을 갖추게 하는 데 필수적인" "구토를 유발해 건강을 회복시키는 약물의 투여"(167)로서 범죄라는 질병에 대한 담론적 치유 행위가 된다.

『캐더린』은 범죄자의 개인사를 텍스트에 복원하는 뉴게이트 소설의 규칙을 충실하게 따른다. 그러나 뉴게이트 소설이 범죄자의 성장 과정에 주목하여 그를 범죄로 내어 몬 사회적 요인을 비판한다면, 『캐더린』은 범죄성이 사회적으로 결정되는 것이 아니라 특정한 개인에게 본래 내재되어 있던 성향임을 부각시키기 위해 범죄자의 성장 과정에 대해 언급한다. 캐더린은 어린 시절부터 "나태와 허위, 교태, 허영, 중상과 폭언, 폭력과 같은 다양한 악덕"(49)을 지닌 인물로 묘사된다. 생명의 은인이며 그녀에게 언제나 동정적이고 관대했던 의사인 돕스(Dobbs)마저도 캐더린을 그가 아는 아이 중 "가장 게으르고 가장 비열하고 가장 거칠게 행동하는 작은 무뢰한"(8)으로 기억한다. 그녀의 사생아인 빌링즈 역시 어머니인 캐더린을 닮아 성품이 음흉하고 싸움과 도둑질을 일삼아 "성인들도 공포에 떨게 한"(87) 악동이었음이 지적된다.

대커리는 범죄성의 선천적인 면을 강조하기 위해 솔로몬즈 2세의 친형제인 아미나답(Aminadab)의 경우를 예로 든다. 그는 "태어났을 때부터 죽는 시간까지 범죄자일 수밖에 없는, 자연이 그로 하여금 범죄라는 직업에 맞게 만든, 그의 환경이 어떻든 간에 다른 무엇도 될 수 없는"(91) 인간으로 규정된다. 대커리는 캐더린과 솔로몬즈 2세의 가계를 예시하면서 범죄자의 환경적 요인을 강조하며 범죄자에게 동정적인 태도를 보이는 "심오한 철학자들"에게 "경멸의 웃음"(91)을 보낸다.

뉴게이트 소설은 범죄행위의 묘사에 있어서 빠르게 이어지는 긴장감 넘치는 범행의 묘사로 독자를 몰입시키거나, 선정적이고 충격적인 효과를 극대화하기 위해 엽기적인 상상력을 동원한다. 『뉴게이트 캘린더』의 기록은 캐더린의 범죄행위에 엽기성과 선정성의 요소가 포함되어 있음을 보여준다. 그러나 『캐더린』은 당시 『데일리 포스트』(*Daily Post*)에 게재되었던 사건 기사의 간략한 인용으로 범행 장면의 묘사를 대신한다. "범행 가담자들은 피해자 헤이즈 씨가 잠든 방으로 들어가 손도끼로 피해자의 두부 후면을 강타하여 두개골을 파열시켰다."(159) 이 같은 건조하고 절제된 묘사는 뉴게이트 소설의 상세하고 과장된, 조악한 폭력의 묘사와는 극단적으로 대조된다. 또한 대커리는 범행 장면 직전에 스토리의 전개를 유보한 상태에서 독자를 호명하여 자신의 서술 전략을 설명한다. "준비되고 있는 구절"은 "최근에 유명 작가들의 펜에 의해 양산된 잔인하고 소름 끼치는 유혈 장면에 염증을 느끼는 분별력 있고 정직한 독자들"을 대상으로 하는 것이 아니라, "이제껏 피와 더러운 범죄소설 쓰레기들을 포식한 대중"(156)을 위한 것임을 밝힌다. 대커리는 그가 취급하는 소재의 엽기성과 선정성을 배제하기 위해 범죄행위의 사실만을 간략하게 기재하고 독자를 미리 호명하여 그들에게 자신의 의도를 환기함으로써, 독자로 하여금 텍스트 내에서의 범죄행위와 비판적인 거리 두기를 가능하게 한다. 이러한 장치를 통해 대커리는 독자에게 그들 자신의 병적인 취향을 반성하고 뉴게이트 소설의 뒤틀린 감수성과 거짓 윤리를 거부할 것을 촉구한다.

대개의 경우 뉴게이트 소설은 처형 장면에서 범죄자의 의연함을 강조하여 비장미를 구축하거나 사랑하는 사람과의 영원한 이별이라는 점을 부각시켜 센티멘털리즘을 강화하는 방식으로 범죄자의 범죄성을 무화 혹은 약화시킨다. 대커리는 1726년 5월 10일 자 『데일리 저널』(*Daily Journal*)의 기사를 인용해 캐더린의 처형 장면을 대치한다. 텍스트 속에 인용된 기사문에는 범죄자에 대한 처벌이라는 명제가 극도로 냉정하고 객관적으로 서술되어 있다. 캐더린에 대한 최초의 화형 시도가 실패한 후 "사형집행인이 불 속에 집어 던진 나무토막 하나가 그녀의 머리를 부숴서 그녀의 뇌가 상당 부분 두부 밖으로 쏟아졌으며, 화형 재집행 한 시간 후쯤에는 완전히 재로 변했다."(152) 이같은 건조하고 사실적인 화법이 사용됨으로써 감상적인 정조가 텍스트 속으로 침투할 여지는 철저하게 봉쇄되는 것이다.

범행 장면과 더불어 캐더린의 처형 장면을 신문 기사를 원용하여 처리한 것은, 범죄자의 신비화 혹은 미화를 통해 드러나는 뉴게이트 소설의 전복성을 역전복하기 위해 대커리가 시도한 리얼리티 강화 전략이 가장 극명하게 드러난 사례이다. 텍스트 속으로 틈입한 기계적일 정도로 사실적인 기사문은 범죄와 관련되어 대중에게 떠돌던 모든 불순한 추측을 제거하는 역할을 해낸다. 푸코의 표현을 빌자면, 이제 텍스트 속에서 "서술은 더 이상 모호한 이야기가 아닌 확고한 권위를 지닌 뉴스가 되고 풍문은 진술로 전화"(*I, Pierre Riviere* 205)되어 뉴게이트 범죄 담론의 도발성을 무력화한다.

『캐더린』을 통해 뉴게이트 소설 관습을 해체시키겠다는 대커리의 야심 찬 기획은 별다른 주목을 받지 못했다. 1840년 1월에 어머니에게 보낸 편지에서 대커리가 말한 대로 『캐더린』은 "널리 사랑받지 못했다."(*Letters* 1:412) 『캐더린』은 대중의 열광적인 반응을 얻지 못했고 극화되어 무대에 올려지지도 않았다. 비평적으로도 『캐더린』은 높은 평가를 받지 못했다. 대부분의 비평가들은 『캐더린』을 저명한 뉴게이트 소설가들을 공격함으로써 자신의 문학적 입지를 확보하려는, 작가로서 출발선상에 선 대커리의 문학적 야심이 표출된 첫 소설 이상으로는 보지 않았다. 도즈(John Dodds)가 「풍자작가로서의 대커리」("Thackeray as a Satirist")에서 『캐더린』을 "문학에 있어서의 아기 곰"(163)이 발톱을 갈고 있는 재롱떨기로 규정한 것은 그 대표적인 경우이다. 대커리는 1840년 3월에 카마이클-스미스(Carmichael-Smyth) 부인에게 보낸 편지에서 자신의 시도가 좌절되었음을 인정한다. 그는 『캐더린』이 "처음부터 끝까지 잘못되었으며" "충분히 혐오스럽지 못했다"(*Letters* 1:433)라고 침통하게 고백한다.

『캐더린』이 제대로 효능을 발휘하지 못한 근본적인 이유는 대커리의 진단대로 캐더린을 "충분히 혐오스럽게" 형상화하지 못한 데 있는 것이 아니다. 보다 근원적인 문제는, 그가 역사적인 사실을 변용하고 왜곡하여 텍스트를 재구성함으로써 캐더린이 드러내는 범죄성을 약화시킨 데 있다. 『뉴게이트 캘린더』에 따르면, 캐더린은 망설이는 공범자들을 설득하여 남편을 살해한다. 그러나 대커리는 살인을 주도하는 인물을 우드로 변경하고, 캐더린은 살인하려는 그를 말리는 것으로 재현한다. 역사적 사실의 윤색으로 인해 캐더린의 범죄성은 극적으로 약화되고, 흉측한 범죄자를 창조해 대중으로 하여금 뉴게이트 소설을 혐오하도록 만들겠다는 대커리의 의도는 제대로 실현되지 못한다.

『뉴게이트 캘린더』에 기록된 캐더린의 범죄는 동기가 명확하지 않은 가정 범죄와 처벌이라는 단순한 서사구조를 드러낸다. 그러나 대커리는 갈겐슈타인 백작(Count Galgenstein)이라는 인물을 창조하여 텍스트 내에 삽입하고 실존 인물인 헤이즈를 변용함으로써 『캐더린』의 서사구조를 계급과 성적 욕망에 관한 것으로 변모시킨다. 대커리는 "직업적인 바람둥이"(28)인 갈겐슈타인 백작을 캐더린 앞에 등장시키고 그녀로 하여금 백작의 잘생긴 용모와 세련된 매너에 매혹되도록 한다. 캐더린은 백작과 사랑에 빠지고 그의 아이를 임신한다. 그러나 백작은 그녀를 버리고 부유한 귀족의 딸과 결혼하고, 캐더린은 자포자기한 상태로 자신을 흠모하던 헤이즈와 결혼한다. 역사적인 기록에 의하면 헤이즈는 정직하고 성실한, 모범적인 남편이었다. 그러나 대커리는 범죄의 피해자인 헤이즈를 추하고 부도덕한 인물로 윤색한다. 헤이즈는 가난한 사람들을 착취하는 피도 눈물도 없는 대금업자이며 장물아비인, "더럽고 비열한 인간"(141)으로 묘사된다. 그는 "창백하고 허약하며 수줍은" "등이 구부러진 초라한 피조물"인 동시에 "이기적인 수전노로 악명이 높은"(14) 인물로 설정된다. 갈겐슈타인 백작이라는 인물의 창조와 헤이즈라는 인물의 변용은 고귀한 애인과 비천한 남편의 대비 효과를 낳는다. 남편 살해의 직접적인 계기가 되는, 캐더린이 귀향한 백작과 재회하는 장면의 묘사에서 이러한 효과는 두드러진다. 두 사람이 이십 년 만에 다시 만났을 때, 백작의 "희고 섬세한 손길"과 "부드럽고 자상한 눈길"(115)에서 캐더린은 남편 헤이즈와의 결혼 생활에서 경험하지 못한 에로틱한 긴장감을 느낀다. 백작과 예전과 같은 열정적인 관계를 회복한 후 캐더린은 남편 살해를 결심한다. "내가 자유롭다면 백작은 나와 결혼할 거야. 나는 그가 그러리라는 것을 알아. 그는 어제 그렇게 말했어."(144) 두 남성 인물의 대비 효과가 극대화된 상황에서, 추악한 남편과의 불행한 결혼을 끝내고 진정으로 사랑하는 남성과 결합하려는 캐더린의 욕망은 독자에게 호소력을 지니게 된다. 그녀가 잔혹한 범죄자이기보다는 진실한 사랑을 되찾으려는 비련의 여인으로 변모하면서 『캐더린』은 범죄자를 미화한 기존의 뉴게이트 소설과 동일한 효과를 창출하는 것이다.

앞서 지적한 것처럼, 대커리는 『캐더린』을 통해 뉴게이트 소설의 전복성에 대한 역전복을 시도한다. 인간의 존엄성을 결여한 범죄자를 주인공으로 선택하여 독자로부터의 공감을 차단하려 했던 점과, 재판과 처형 장면을 신문 기사로 대체하여 범죄자의 목소리로 처벌의 부당성에 대한 분노를 표출할 수 있는 기회를 배제한 점은 그의 의도를 성공적으로 실현할 수 있었던 전략으로 볼 수 있다. 그러나 대커리는 범죄의 동기 및 범죄행위와 관련된 주요 지점에서 가공의 인물을 삽입하고 실재했던 인물을 왜곡함으로써 범죄를 정당화시키는 결정적인 실책을 범하고 있다. 독자와 범죄자 간의 비판적인 거리가 없어짐으로써 범죄자에 대한 동정심이 유발되고, 독자와 범죄자를 내러티브 내부로부터 연대하도록 만드는 근원적인 한계를 지니게 된 것이다. 자신이 "여주인공에게 조금씩 친절함을 보였고 그녀를 극도로 무가치하게 만들고 싶어 하지 않았다"(*Letters* 1:433)라는 대커리의 후회는 뒤늦은 것이지만 정확하다. "구토를 유발시켜 건강을 회복시키려는 약물"로 독자에게 투입된 『캐더린』

은, 강력한 치유력을 지닐 수 있었음에도 불구하고 치유 효과가 반감되어버리는 절반의 성공에 머물게 된 것이다.

4. 안전한 범죄소설과 추리소설의 치유—『올리버 트위스트』

『올리버 트위스트』는 뉴게이트 소설과 밀접한 유사성과 연관성을 드러낸다. 범죄자들을 소설의 주요 인물로 등장시키고 그들의 삶을 세밀하게 묘사하는 뉴게이트 소설 관습은 『올리버 트위스트』를 통해서도 반복된다. 무엇보다도 디킨즈는 텍스트 내에서 뉴게이트 소설의 원전인 『뉴게이트 캘린더』를 직접 호명함으로써 뉴게이트 소설과의 연관성을 분명히 하고 있다. 『올리버 트위스트』에서 『뉴게이트 캘린더』는 소년들에게 범죄를 교사할 때 교재로 사용된다. "위대한 범죄자들의 삶과 재판을 기록한"(129) 『뉴게이트 캘린더』를 읽으며 올리버는 자기 삶이 『뉴게이트 캘린더』에 등장하는 범죄자처럼 될까 봐 두려움에 떤다. 반면에 소년 범죄자 베이츠(Charley Bates)는 동료인 도저가 체포되었을 때, 좀도둑 수준의 죄명으로 인해 도저가 『뉴게이트 캘린더』에 등장하지 못하게 되리라는 사실에 안타까워한다. 이처럼 텍스트 내에서 메타텍스트로 기능하는 『뉴게이트 캘린더』는 『올리버 트위스트』와 뉴게이트 소설의 연관성을 환기시킨다.

뉴게이트 소설과의 밀접한 유사성과 연관성에도 불구하고, 『올리버 트위스트』는 기존의 뉴게이트 소설과는 커다란 차별성을 지닌다. 패이긴과 사익스를 비롯한 범죄자들을 텍스트의 주요 인물로 설정한 점은 『올리버 트위스트』를 전형적인 뉴게이트 소설로 분류할 수 있는 근거가 된다. 그러나 대다수의 뉴게이트 소설이 주요 범죄자의 이름을 타이틀로 삼고 그를 서사구조의 중심에 위치시키는 것과는 달리, 『올리버 트위스트』에서는 범죄자의 이름이 타이틀로 사용되고 있지 않으며 그를 중심으로 서사가 진행되지도 않는다. 『올리버 트위스트』의 주인공은 올리버이며 그의 이름이 소설의 제목으로 사용된다. 올리버가 건전한 시민으로 성장하게 되는 인물임을 고려할 때, 『올리버 트위스트』는 뉴게이트 소설 관습에서 멀리 벗어나 있다고 할 수 있다.

뉴게이트 소설의 주인공은 대개 어린 시절이나 감수성이 예민한 시절에 체험한 사회적 불평등과 억압으로 인해 범죄자의 길을 걷게 된다. 『올리버 트위스트』에서 올리버가 구빈원 시절에 경험하게 되는 부당한 대우는 전형적인 뉴게이트 소설의 서사구조를 보여준다. 극도의 굶주림에 시달리던 올리버는 죽을 조금만 더 달라고 간청한다. 그런 그에게는 자신에게 정당하게 할당된 것보다 더 많이 소유할 것을 욕망하는 예비 범죄자라는 판정과 함께 장래에 교수대에 서게 되리라는 진단이 내려진다. 굶주림을 면하기 위한 최소한의 요구가 미래의 흉악한 범죄자를 예고하는 징표가 되는 상황은, 올리버가 사회에 대한 불만과 증오를 키워 범죄를 통해 저항하는 동기가 되기에 충분해 보인다. 그러나 올리버는 최악의 환경에서도 태생적이라 할 수밖에 없는 탁월한 도덕적 통제력으로 범죄의 유혹을 물리치고, 그의 미덕은 결국 사회적 보상을 받는다. 디킨즈는 올리버를 통해 범죄성이 사회적 구성체이기보다는 선천적인 품성임을 예시하면서 범죄를 불평등한 사회적, 계급적 환경의 산물로 주장한 뉴게이트 소설의 전복성을 역전복하고 있다.

『올리버 트위스트』에는 범죄를 찬미하고 범죄자의 자부심과 현시욕을 드러내는 베이츠와 도저가 등장한다. 이들은 뉴게이트 소설에 흔히 등장하는 유쾌한 범죄자의 소년 판으로 볼 수 있다. 범죄자의 삶은 이들에 의해 즐겁고 유쾌한 유희인 동시에 생명을 담보로 하는 모험으로 규정된다. “자기 사업의 교리를 이해하는” 도저가 올리버에게 동전을 한 줌 보여주면서 범죄자의 삶이 “로맨스와 열정”(116)에 가득한 “즐거운 인생”(118)이라고 설득하는 동안 베이츠가 그 옆에서 무언극으로 교수형을 연출하는 장면은 이를 매우 상징적으로 보여준다. 그러나 매혹적인 범죄자를 텍스트의 중심에 위치시키는 뉴게이트 소설에서와는 달리, 디킨즈는 이들을 텍스트의 주변부에 배치하여 독자의 주목에서 비켜나도록 만든다. 텍스트 내에서 도저와 베이츠가 차지하는 비중은 혐오감을 주는 추하고 잔인한 성인 범죄자들에 비해 미미하고, 이들은 매력적인 범죄자의 자질을 지니고 있음에도 불구하고 독자의 시선을 독점하지 못한다.

포드(Richard Ford)는 『올리버 트위스트』에 대한 논평에서 디킨즈의 선의와 뛰어난 능력을 인정한다고 해도 “하류계급의 무법적인 언어로 이 세계를 재현하는 것”(290)은 독자들에게, 특히 젊은 독자들에게 위험한 결과를 낳을 수 있다고 경고한다. 대커리는 포드보다 더욱 엄중하게 디킨즈의 문제점을 지적한다. 그는 디킨즈가 범죄자에 대한 왜곡과 변형을 통해 “괴물을 호의적으로 그리고 있다”(“Going to See a Man Hanged” 155)라는 점에서 여타 뉴게이트 소설가들에 비해 나을 것이 없다고 평가한다. “디킨즈의 놀라울 정도로 유쾌하고 부자연스러운 풍자”에 의해 범죄자들이 “우리가 모두 찬미해야 하는 신사들”(“Horae Catnachiaqnae” 407, 408)로 변모한다는 것이다. 그는 디킨즈의 소설 중 여성 범죄자인 낸시가 “회칠한 성인”(『캐더린』 30)으로 재현되는 『올리버 트위스트』에서 이런 양상이 가장 두드러진다고 주장한다.

대커리의 비판처럼 『올리버 트위스트』에는 범죄자에 대한 호의적인 형상화로 대표되는 뉴게이트 소설 문법이 일정 부분 반영되어 있다. 그럼에도 불구하고 『올리버 트위스트』는 창출하는 효과에 있어서 반뉴게이트 소설로 기능한다. 대커리의 우려와는 달리, 낸시는 대중에게 범죄자에 대한 매혹을 유발시키기보다는 범죄자에 대한 증오심을 강화하는 기제로 작동한다. 낸시가 올리버를 범죄 세계로부터 구해내기 위해 자신의 생명까지 바치는 지극히 선한 인물로 설정됨에 따라, 그녀의 육체에 가해지는 잔혹한 폭력은 그 범죄성이 극대화된다. 디킨즈가 낸시의 죽음을 처리하는 멜로드라마적인 방식 역시 대중의 눈물샘을 자극하려는 뉴게이트 소설에서의 저급한 감상주의와는 거리가 멀다. 디킨즈가 사용한 멜로드라마적인 방식은 오히려 낸시를 무참하게 살해하는 범죄자에 대한 독자의 적대감을 고조시키려는 디킨즈의 전략으로 보아야 하는 것이다.

뉴게이트 소설에서 범죄자는 처벌의 부당성에 대해 분노의 목소리를 드러내고, 많은 경우에 감옥을 탈주하여 법률의 포획 밖으로 나간다. 따라서 『올리버 트위스트』가 뉴게이트 소설과의 차별성을 극명하게 드러내는 순간은 무엇보다도 범죄자에 대한 처벌의 확보에 있다고 할 수 있다. 사익스의 경우는 이러한 점을 분명하게 보여준다. 그는 낸시를 살해한 후 자신을 추적하는 권력으로부터, 그리고 자기 자신으로부터 도피한다. 사익스는 정신 분열적인 증세를 보이다가 실수로 로프에 목매달려 죽는다. 범죄에 대한 처벌은 이처럼 참회나 저항을 위한 최소한의 유예도 허락되지 않은 채 집행되며, 범죄자의 죽음은 최소한의 인간적인 연민이나 동정이 개입할 여지도 봉쇄된 정의의 실현이 된다.

『올리버 트위스트』와 뉴게이트 소설은 서술구조에서도 커다란 차이를 드러낸다. 뉴게이트 소설 서술구조의 주요 특징인 전지적 관점은 대개의 경우 범죄자의 시점과 일치한다. 범죄자의 시각에 동일화된 전지적 관점의 화자는 범죄자의 외적 상황뿐 아니라 내면도 통제함으로써 범죄자에게 우호적으로 작용한다. 뉴게이트 소설의 사건 전개에서 절정 부분에 위치하는 재판 장면에서 특히 이러한 경향은 두드러진다고 할 수 있다. 법정에서의 내러티브는 전지적 관점의 화자에 의해 범죄자의 변호에 초점이 맞춰지며 범죄자의 시점과 구별되는 서술자의 존재는 드러나지 않는다. 그러나 『올리버 트위스트』가 채택한 전지적 관점은 창출하는 효과에 있어서 뉴게이트 소설과는 극명하게 다른 양상을 보인다. 전지적 관점의 화자가 범죄자의 내적 묘사에 집중하는 경우에도 화자의 시각은 범죄자의 시점과 일치하거나 범죄에 대해 호의적이지 않다. 화자는 사익스가 낸시를 살해한 행위에 대해 “밤이 런던 지역의 하늘을 덮은 이래 어둠 속에 숨어 행해진 모든 악한 행위 중 그것이 최악이었다”(323)라고 분명하게 선언한다. 사익스의 범죄는 용서나 구원의 여지가 없는 행위라는 화자의 단호한 선언으로 인해, 독자는 범죄자가 경험하는 내면적인 공황에 대해서도 동정적인 태도보다는 비판적인 거리 두기를 취할 수 있게 된다. 그렇기 때문에 사익스가 낸시를 살해한 후 느끼는 공포와 불안에 대한 묘사는, 범죄에 수반되는 심리적 고통에 대한 경고라는 기능을 수행하며 반뉴게이트적인 효과를 창출하는 것이다.

뉴게이트 소설에서 재판정은 범죄자에 대한 단죄가 이루어지는 장소가 아니다. 법정은 피고가 영웅적인 자질을 드러내며 사회적 부정의와 불평등을 합리화하는 수단으로 전락한 법률에 대해 공세를 펼치는 장소이며, 피고의 항변에 대한 방청객으로부터의 공감과 절대적인 지지가 표출되는 곳이다. 그러나 『올리버 트위스트』의 재판 장면에서 범죄자와 방청객은 뉴게이트 소설에서의 전형적인 범죄자와 방청객으로 재현되지 않는다. 『올리버 트위스트』에 등장하는 주요 범죄자 중 하나인 페이긴은 『폴 클리포드』에서처럼 사회체제를 거부하고 사회적 억압에 맞서는 고독한 영웅이나, 『유진 아람』에 나오는 스스로 은둔을 선택한 심오한 철학자의 풍모를 지녀서 대중의 찬탄과 경이의 대상이 되는 범죄자와는 거리가 멀다. 패이긴은 독자에게 매혹적으로 다가설 만한 외적 조건을 갖추지 못한, 서덜랜드(John Sutherland)의 지적처럼 먼지와 기름때로 뒤덮인 "더러운 늙은이"(63)일 뿐이다. 더구나 디킨즈는 텍스트 내에서 그를 호칭할 때 본래의 이름과 함께 유태인이라는 명칭을 교차하여 사용함으로써 패이긴의 인종적 타자성을 강조한다. 패이긴은 다른 무엇보다도 그의 인종적 배경으로 인해 대중적인 영웅이 될 수 있는 자격요건을 근본적으로 상실한 인물인 것이다. 소설 종결부의 재판 장면에서 패이긴은 모든 이로부터 경멸과 증오의 대상인, 두려움에 떠는 초라한 늙은 범죄자로 재현된다. "바닥에서부터 지붕까지 사람들의 얼굴로 포장된" 법정에 선 패이긴은, 방청객들로부터 "자신에 대한 최소한의 동정심이나 어떠한 감정도"(358) 발견하지 못한다.

밀러(D. A. Miller)는 『소설과 경찰』(*The Novel and the Police*)에서 『올리버 트위스트』가 건전한 대중을 범죄자로부터 엄격하게 분리하는 방역 선을 설치하고 있다고 주장한다(4). 『올리버 트위스트』의 가장 커다란 특징이 내러티브가 행하는 처벌에 있다는 점에서 그의 지적은 적절하다고 할 수 있다. 로프에 목 매달린 사익스의 스펙터클이 상징적으로 보여주는 것처럼, 『올리버 트위스트』는 범죄자의 비참한 최후를 통해 국가 권력이 행사하는 처벌의 정당성을 입증하고 권력에 대한 두려움을 대중에게 각인시킨다.

트레이시(Robert Tracy)는 「"옛이야기"와 내막들」("'The Old Story' and Inside Stories")에서 "올리버의 분투는 어떤 종류의 소설에 자신을 끼워 맞추어야 하는가에 대한 분투"(7)라고 주장한다. 그의 주장은 『올리버 트위스트』에 뉴게이트 소설 외에도 또 다른 소설 장르의 규범이 반영되어 있음을 재치 있게 표현한 것으로 볼 수 있다. 『올리버 트위스트』는 범죄자의 사회적 고립과 처벌을 극명하게 보여줌으로써 뉴게이트 소설 양식의 전복성을 역전복시킨다. 그러나 『올리버 트위스트』는 평면적이고 기계적으로 뉴게이트 소설을 공격하기보다는, 기존의 범죄 서술 방식과는 근본적으로 다른 추리소설적인 요소의 도입을 통해 뉴게이트 소설의 불온성을 효과적으로 제거한다. 뉴게이트 소설의 전지적 관점이 보장하는 범죄자의 발언권은 범죄를 추리하고 범죄자를 추적하는 인물에 의해 봉쇄되고, 그가 범죄자를 지목함으로써 사건은 종결된다.

『올리버 트위스트』는 범죄 음모를 파헤치고 범죄자에 대한 추적과 처벌을 담당하는 주체와 관련해 추리소설의 낯익은 관습을 보여준다. 범죄를 해결하는 데 있어서 법률적 심판을 담당하는 제도권의 인물은 제구실을 하지 못하고 아마추어 탐정이 주도적인 역할을 하는 것이다. 경찰인 블레이더즈(Blathers)와 더프(Duff)는 범죄 해결에 전혀 도움을 주지 못하는 반면에, 일반시민인 브라운로 씨가 텍스트 내에서 탐정 역할을 수행한다. 몽스는 브라운로 씨에 의해 "거리에서 붙들려"(331) 강제된 고백의 수순을 밟게 되고, 올리버는 브라운로 씨에 의해 범죄자의 길에서 벗어나 존중받는 시민의 길을 가게 된다. 이처럼 브라운로 씨는 범죄와 관련된 진실을 밝혀내고 범죄자를 색출함으로써, 선한 대상을 구원하고 악한 대상을 처벌하는 정의의 수호자로 기능한다.

뉴게이트 소설에서와는 달리, 추리소설에서 범죄에 대한 발언은 탐정 역할을 수행하는 인물에 의해 주도되며, 범죄자는 범죄 피해자와 관련된 부분을 제외하고는 침묵한다. 『올리버 트위스트』에서 범죄와 관련된 발언은 브라운로 씨가 주도한다. 그가 범죄의 미스터리를 밝히는 설명은 "당신의 이야기가 가장 장황하다"(334)라는 몽스의 불평처럼 길고 자세하게 나열된다. 그러나 범죄자인 몽스의 발언은 추리소설의 관습대로 피해자인 올리버와 직접적인 연관성을 가지는 한도에서만 허용된다. 몽스에게는 자신이 범죄를 저지를 수밖에 없었던 환경이나 삶의 조건과 같은 개인사에 관해 이야기할 기회가 주어지지 않는다. 소설의 종결부에서 마침내 몽스는 발언하지만, 그의 발언은 단지 브라운로 씨의 발언을 유도하는 기능을 한다. 몽스가 짧은 발언 후 침묵할 때마다 브라운로 씨는 "이야기의 매듭을"(352) 이어주고 "몽스를 대신해서 이야기한다."(351)

뉴게이트 소설의 해악을 지적할 때 항상 등장하는 "잘못된 동정심"의 유발은 몽스와는 무관하다. 그는 구원과 동정의 여지가 없는 완전한 악인으로 등장함으로써 독자로 하여금 최소한의 정서적인 끌림도 허용하지 않는다. 그는 개성을 지닌 입체적인 캐릭터로 부각되기보다는 추리소설의 관습적인 범죄자—평면적이고 전형적인, 몰개성적이고 즉물적인 인물—로 축소되어 주목의 대상에서 제외된다. 몽스는 "모든 악한 열정, 악덕, 방탕이 내부에서 곪아서 추한 병으로 터져 나와 결국에는 내면에 대한 지표로 얼굴에 표출된"(378) 자로 그려진다. 그는 얼굴을 찌푸리고, 더듬거리고, 반항하다가 움츠러드는 것과 같은 상투적이고 기계적인 반응밖에 보이지 않는 일면적이고 단선적인 인물로 재현됨으로써 독자에게 개별적인 인물로 다가가지 못한다. 몽스의 처벌은 잠시 유보되는 듯이 보이지만 그의 삶은 범죄자의 전형적인 궤적에서 벗어나지 못하는 것으로 처리된다. 그는 신대륙으로 건너간 후에도 "사기와 악행으로 오랫동안 감옥에 구금되어 있다가"(412) 그의 범죄성을 상징하는 지병인 간질병의 발작으로 감옥 속에서 비참한 최후를 맞는다.

아우스비(Ian Ousby)가 지적한 것처럼, 브라운로 씨가 『올리버 트위스트』의 후반부에서 갑작스럽게 탐정으로 변신하여 몽스의 범죄를 폭로하고 미스터리를 푸는 과정은 추리소설 장르의 법칙에 비추어볼 때 "불충분하고 성급한"(82) 것일 수 있다. 아우스비가 지적한 약점에도 불구하고, 『올리버 트위스트』의 추리소설적인 결말이 화자의 시점과 범죄자의 시각이 연대할 가능성을 분쇄하는 기능을 수행한다는 점에 무게를 둔

다면, 텍스트의 종반부에 도입된 추리소설적 기법은 효과적인 장치로 평가할 수 있다. 『올리버 트위스트』는 『캐더린』보다 더욱 강력한 범죄에 대한 치유력을 지녔을 뿐 아니라, 초기 추리소설의 양식을 보여주는 동시에 추리소설의 서막을 알리는 문학사적인 의미를 지닌다.

앞서 지적한 것처럼, 뉴게이트 소설의 부상은 차티스트 운동으로 대표되는 급진적인 정치적 움직임의 문학적 반영이라 할 수 있다. 뉴게이트 소설은 범죄가 불평등한 사회구조에서 기인하며 범죄자 개인에 대한 처벌은 부당한 계급적 탄압에 불과하다는 담론을 구성하고 생산함으로써, 범죄를 하류계급에서 주로 발생하는 전염성 강한 질병으로 정의하고 범죄의 박멸을 위해 범죄자에 대한 가혹한 처벌의 필요성을 주장한 지배 이데올로기에 대한 전복을 시도한다. 뉴게이트 소설은 지배계급에 의해 범죄자에 대한 위험한 동정심을 유발하고 사회적 불안을 야기하는 불온한 범죄 담론으로 규정된다.

대커리는 『캐더린』에서 범죄자와 범죄 세계를 사실적으로 재현함으로써, 범죄자를 향해 매혹과 공감의 시선을 표출하는 뉴게이트 소설의 도착적인 증세를 치유하려 한다. 『캐더린』은 중간계급 시민의 건강함과 미덕에 대비되는 범죄계급의 추악함과 저열함을 극명하게 드러내는 작업에는 성공했다고 할 수 있다. 그러나 독자와 범죄자 간의 심정적 연대를 분쇄하는 데 실패함으로써 근원적인 치유에는 도달하지 못하는 한계를 보인다. 반면에 디킨즈는 『올리버 트위스트』에 추리소설적인 요소를 도입함으로써 범죄에 대한 치유 행위를 성공적으로 수행한다. 몽스의 경우에서 보듯이 범죄자는 미스터리로 처리되고, 화자가 범죄자의 내면 상태에 개입하는 것이 불가능해짐으로써 뉴게이트 소설에서처럼 전지적 화자의 시점과 범죄자의 시점이 일치하는 경우는 발생하지 않는다. 『올리버 트위스트』는 텍스트 내에서 범죄자의 목소리를 침묵시키고, 독자로 하여금 무방비 상태로 법률과 법률의 문학적 대리자인 탐정의 위치에 자신을 동일시하게 함으로써 뉴게이트 소설이 지녔던 전복성의 흔적을 성공적으로 제거하고 있다.

건전한 시민을 범죄자로부터 격리시켜 뉴게이트 소설의 불온성을 제거하려 했던 시도에서 나타나듯이, 추리소설은 태생적으로 보수성을 지닌다. 뉴게이트 소설이 고양된 혁명적 기운을 반영한다면, 추리소설은 전복적인 에너지를 감시하고 처벌하려는 지배계급의 움직임과 함께 한다. 이런 측면에서 볼 때, 열성적인 디킨즈 연구자이자 비평가인 포(Edgar Allan Poe)가 1841년에 발표한 '최초'의 추리소설인 「모르그가의 살인사건」("The Murders in Rue Morgue")이 파리를 배경으로 하고 있다는 사실은 매우 시사적이다. 유럽에서 혁명의 시대가 저무는 시점에, 혁명의 진원지였던 파리를 배경으로 추리소설은 태동한 것이다. 뉴게이트 소설의 몰락과 추리소설의 부상은 우려했던 급진적인 사회적, 정치적 변동이 발생하지 않았음을 문학적으로 확인시켜 준다. 이제 혁명의 시대는 가고, 위협받던 개인의 사유재산과 계급적 특권은 다시 안전하게 보장되는 것이다.

3장 Chapter 03

디킨즈의 과도기적 추리 서사 —『황폐한 집』

1.『황폐한 집』의 추리 서사 연구

디킨즈의『황폐한 집』은 전형적인 추리소설의 서사구조를 포함한다.『황폐한 집』에는 수사를 통해 해결되어야 할 미스터리—에스더(Esther Summerson)의 출생, 레이디 데들록(Lady Dedlock)의 정체, 털킹혼(Tulkinghorn) 변호사 살해 사건—가 존재하고, 이 세 가지 미스터리를 모두 해결하는 버킷 형사가 등장한다. 그럼에도 불구하고,『황폐한 집』에서의 범죄와 추리 서사에 관한 연구는 극히 빈약하다고 할 수 있다. 기존 연구의 대부분은『황폐한 집』의 내러티브[08]나 형평법(chancery)의 문

---

08 『황폐한 집』의 내러티브에 관한 주요 연구로는 애럭(Jonathan Arac)의「『황폐한 집』과『프랑스 혁명』에서의 내러티브 형태와 사회적 감각」("Narrative Form and Social Sense in *Bleak House* and *The French Revolution*), 스코(Hilary M. Schor)의「『황폐한 집』과 내러티브 이론」("*Bleak House* and Narrative Theory"), 레빈(Caroline Levine)의「내러티브 네트워크들—『황폐한 집』과 형태 행동유도성」("Narrative Networks: *Bleak House* and the Affordances of Form") 등이 있다.

제[09], 또는 『황폐한 집』에서의 젠더 이데올로기[10]에 집중하는 경향[11]을 보이기 때문이다.

버킷이 영국소설에 최초로 등장한 경찰-탐정(Murch 95-96)이라는 사실을 고려할 때 『황폐한 집』 연구에서 추리 서사에 관한 연구가 이토록 부진한 상황은 납득하기 어렵다. 그러나 수행된 연구가 빈약하다는 사실보다 더욱 문제가 되는 것은 『황폐한 집』에서의 범죄 및 추리 서사에 관한 연구가 추리소설과 연결된 심도 있는 탐색으로까지 확장되지 못한다는 점에 있다. 『황폐한 집』에서의 추리 서사 연구는 새롭게 등장한 경찰조직에 대해 언급하거나 형평법 제도의 혼란상을 논의하는 데 활용되는 수준에 머무는 것이다.

콜린스(Philip Collins)의 『디킨즈와 범죄』(*Dickens and Crime*)와 밀러(D. A. Miller)의 「다른 목소리의 훈육—관료제, 경찰, 가족, 그리고

---

09 형평법의 문제—제도의 부패, 관료성, 비합리성 등—를 다룬 주요 논문으로는 본디(Marina Bondi)와 카발리어리(Silvia Cavalieri)가 쓴 「법률 앞의 불리함—『황폐한 집』」(“Disadvantage before the Law: *Bleak House*”), 샤이로(Yamamoto Shiro)의 「『황폐한 집』의 형평법—메타비평적 분석」(“Chancery in *Bleak House*: A Metacritical Analysis”), 구긴스(Robert Googins)의 「로우 스쿨에서의 『황폐한 집』」(“*Bleak House* in Law School”) 등이 있다.

10 『황폐한 집』에서의 결혼/가정/가족 등 젠더와 관련된 대표적인 연구로는 카렌스(Timothy L. Carens)의 「가정에서의 문명화 임무—『황폐한 집』의 제국, 젠더, 국가개혁」(“The Civilizing Mission at Home: Empire, Gender, and National Reform in *Bleak House*”)과 더리(Jill Durey)의 「피후견인과 결혼하기와 『황폐한 집』」(“Marrying One’s Ward and *Bleak House*”), 필란(James Phelan)과 러비노위츠(Peter Rabinowitz)의 「내러티브 이론에서의 젠더와 역사」(“Gender and History in Narrative Theory”) 등을 들 수 있다.

11 『황폐한 집』에 관한 국내의 연구도 내러티브, 젠더, 형평법을 중심으로 이루어진다는 점에서 유사한 경향을 보인다고 할 수 있다. 내러티브에 관한 연구로는 성은애의 「『블리크 하우스』의 이중서술과 이중의 시각」과 전승혜의 「『황량한 집』의 서술전략과 디킨즈의 정치학」 등이 있으며, 젠더 연구에는 김진옥의 「디킨즈의 『황폐한 집』: 에스더 인물과 모성의 중요성」, 백승봉의 「『황폐한 집』에 나타난 빅토리아 시대의 이상적 가족 유형」, 임순희가 쓴 「빅토리아 시대의 중산층 가정의 담론과 찰스 디킨즈의 『황폐한 집』」과 「19세기 성장의 서사와 성차: 『황폐한 집』과 『미들마치』」 등이 있다. 형법법 관련 국내연구로는 윤혜준의 “Chancery as Topos in *Bleak House* and Dickens’s Originality: A Study of Contemporary Anti-Chancery Pamphlets” 등을 들 수 있다.

『황폐한 집』」("Discipline in Different Voices: Bureaucracy, Police, Family, and *Bleak House*")은 『황폐한 집』의 범죄 및 추리 서사에 관한 대표적인 연구물[12]인 동시에 『황폐한 집』에서의 추리 서사 연구의 한계를 드러내는 전형적인 연구 사례라고 할 수 있다. 콜린스는 『디킨즈와 범죄』에서 19세기 영국의 경찰제도 형성과 발달 과정, 그리고 디킨즈의 경찰기구와 경찰 인력에 관한 관심과 애정에 관해 상세히 서술하고 있다. 그러나 콜린스의 연구는 영국소설에 탐정을 도입한 작가가 디킨즈라는 것이 일반적인 정설로 되어 있다(196)는 점을 지적하면서도 『황폐한 집』의 추리소설적 요소에까지는 논의를 확장시키지 못하는 근원적 한계를 보인다.

범죄의 전복과 경찰의 봉쇄라는 측면에서 『황폐한 집』에 대해 사유한 밀러의 「다른 목소리의 훈육」은 『황폐한 집』을 추리소설과 연관 지어 논의한 가장 중요한 연구물이라고 할 수 있다. 그러나 밀러의 연구는 『황폐한 집』의 추리 서사를 형평법과의 관련성 속에서만 논의하는 시각의 협소함을 드러낸다. 형평법의 "비서사적 체계"(70)가 야기한 혼란을 제거하고 질서를 복원시켜야 하는 서사적 필요성으로 인해 추리 서사의 "쉽게 이해 가능한 질서에 관한 견해"와 "권력의 단순화"(69)가 『황폐한 집』에 동원되었다는 것이다.

『황폐한 집』에서의 추리 서사에 관한 기존 연구의 한계를 넘어서기 위해서는 『황폐한 집』의 추리 서사를 영국 범죄소설의 형성이라는 거시적 관점에서 조망하는 작업이 필요하다. 『황폐한 집』의 등장은 19세기 영국의 대표적인 범죄소설이던 뉴게이트 소설의 출현과 추리소설의 발생 시

---

12 1962년에 출판된 콜린스의 『디킨즈와 범죄』와 1989년에 나온 밀러의 저서인 『소설과 경찰』(*The Novel and the Police*)에 수록된 논문인 「다른 목소리의 훈육」이 『황폐한 집』에서의 추리 서사와 관련된 가장 주목할 만한 연구인 동시에, 현재까지도 절판되지 않은 가장 영향력 있는 연구물이라는 사실은 『황폐한 집』에서의 추리 서사 연구의 빈약성을 잘 보여준다고 할 수 있다.

점[13] 사이에 위치하기 때문이다. 나는 추리 서사의 핵심 요소인 탐정의 역할을 수행하는 버킷에 대한 디킨즈의 재현이 추리소설에서의 탐정과 차별성을 극명하게 드러내는 방식으로 이루어진다는 사실에 주목한다. 앞으로 자세히 살펴보겠지만, 버킷의 차별적 재현을 통해 『황폐한 집』은 뉴게이트 소설에 비해 보수적인 계급 담론을 생산하는 반면, 추리소설에 비해서는 진보적인 계급 담론을 구성하는 것이다. 이번 장은 버킷의 재현에 대한 검토를 통해 『황폐한 집』이 뉴게이트 소설로부터 추리소설로의 이행기에 등장한 과도기적 형태의 범죄소설임을 밝히는 작업이 된다.

2. 뉴게이트 소설에서 추리소설로

19세기 영국 범죄소설의 전개 과정에서 발견되는 가장 두드러진 경향은 계급적 보수성의 강화라고 할 수 있다. 이러한 경향은 1830년대와 1840년대 영국의 대표적 범죄소설이었던 뉴게이트 소설과 1860년대에 등장한 추리소설을 비교할 때 분명하게 드러난다. 뉴게이트 소설이 차티스트 운동으로 대표되는 노동계급의 투쟁에서 드러난 혁명적 기운을 반영했던 급진적인 소설 문학이라면, 추리소설은 전복적인 움직임을 봉쇄하려는 지배계급의 입장에 섰던 본질적으로 체제수호적인 문학(Porter

13 영국 추리소설의 기원에 대해서는 다양한 의견이 존재하지만 1868년에 발표된 콜린스의 『문스톤』(*The Moonstone*)을 영국 최초의 추리소설로 간주하는 것이 가장 일반적인 견해라고 할 수 있다. 1853년에 출판된 『황폐한 집』은 추리소설의 발생 시점을 십여 년 앞선다고 볼 수 있다.

220)인 것이다.

이 책의 1장에서 밝힌 것처럼, 뉴게이트 소설의 전복성은 1830년에 출판된 최초의 뉴게이트 소설인 『폴 클리포드』의 서문에서부터 확인된다. 작가인 불워-리튼은 범죄는 불공정한 사회경제적 환경의 산물이며 범죄자에 대한 처벌은 "피에 굶주린 형법"(vii)의 또 다른 범죄행위에 불과하다는 급진적인 주장을 선포한다. 범죄는 불평등한 사회적 환경의 산물이며 범죄자는 억압적인 계급 제도의 피해자라는 점을 드러내기 위해 뉴게이트 소설은 범죄자의 개인사를 상세하게 소개하는 방식을 사용했다. 또한 뉴게이트 소설은 법률은 지배계급이 기층계급을 탄압하는 수단이라는 전복적인 시각을 법정에서 행해지는 범죄자의 진술을 통해 극적으로 표출했다. 『폴 클리포드』에서의 재판 장면은 그 대표적인 경우라 할 수 있는데, 재판의 최후진술을 통해 클리포드는 법률의 계급적 편파성에 대해 거세게 공격한다.

비참하고 불우한 범죄자의 과거사가 상세하게 서술되는 뉴게이트 소설에서와는 극명하게 대조적으로, 추리소설에서 범죄자와 범죄의 원인 및 과정은 미스터리로 처리된다. 범죄자가 직접 웅변조로 발언하는 뉴게이트 소설에서와는 달리 추리소설에서 범죄자는 침묵한다. 추리소설 내에는 범죄와 관련된 미스터리를 해결한 후 범죄의 전말에 관해 설명하는 탐정의 목소리만 존재하는 것이다. 범죄와 관련된 사항에 대해 탐정의 전적인 통제를 받는 추리소설 속에서 범죄자의 개인사는 공개되지 않으며 범죄자의 목소리는 지워진다. 추리소설에서는 범죄자에 대한 동정이나 공감의 여지가 텍스트 내에서 원천적으로 봉쇄되는 것이다.

추리소설에서 탐정은 수사에서의 독점적 지위와 더불어 비범한 수사 능력과 계급적 품격을 부여받는다. 독자는 텍스트에서 지워져 보이지 않는 범죄자가 아니라 텍스트의 중심에서 "영웅의 전형"(Berglund 139)으로 재현되는 탐정과 공감하도록 유도된다. 추리소설에서는 뉴게이트 소설에서와 같은 범죄자와의 연대 가능성이 근원적으로 봉쇄되고, 균열을 보이던 계급지배구조는 다시 견고해진다.[14]

3. 버킷의 차별적 재현과 그 효과

"귀족 비밀의 대제사장"(high-priest of noble mysteries)(514)으로 불린 털킹혼 변호사의 피살과 관련된 미스터리의 해결을 통해 계급적 혼란을 제거하고 질서를 복원한다는 점에서, 『황폐한 집』에 등장하는 버킷은 추리소설의 탐정과 동일한 역할을 수행한다고 할 수 있다. 그러나 『황폐한 집』에서 버킷의 재현은 다음과 같은 세 가지 방식을 통해 추리소설에서의 탐정과는 그 차별성을 분명하게 드러내는 방향으로 이루어진다. 첫째, 추리소설에서의 무능하고 천박한 경찰과는 달리 버킷은 초인적인 수사 능력과 엄정함을 지닌 인물로 이상화된다. 둘째, 수사를 통해 상류계급과의 계급적 동질감을 드러내며 지배계급의 명예와 지위를 보호하는 추리소설의 탐정과는 대조적으로 버킷은 수사에서 계급적 공정성을 실천하는 인물로 재현된다. 셋째, 추리소설의 탐정이 대개 독신의 자유로운 삶을 향유하는 가족제도 밖에 위치한 인물로 설정되는 반면에, 버킷은 결혼해 가족을 구성하고 가정의 가치를 숭상하는 인물로 등장한

---

14 추리소설에 관해서는 다음 장인 「계급, 인종, 범죄—추리소설의 정치학」에서 상세하게 다루어진다. 다음 장의 내용을 참조할 것.

다. 버킷에 대한 차별적 재현 방식을 통해 『황폐한 집』은 추리소설에 비해 진보적인 계급 담론을 생산한다.

먼저 버킷의 재현에 부여된 탁월성과 엄정성에 대해 살펴보자. 추리소설에서는 범죄와 관련된 미스터리를 해결하는 인물이 중하류 계급 출신 경찰이 아니라, 취미생활의 일환으로 또는 지루한 일상으로부터 도피하기 위한 지적인 게임으로 수사에 참여하는 상류계급 출신의 탐정으로 설정된다. 이들 탐정은 뛰어난 지적 능력의 소유자로서 합리적이고 과학적인 수사방식을 사용해 범죄자를 색출하는 것으로 재현된다. 반면에 경찰은 최초의 셜록 홈즈 연작 소설인 『주홍색 연구』(*A Study in Scarlet*)에 등장하는 레스트레이드(Lestrade) 경감, 그렉슨(Gregson) 경감 같은 인물의 재현을 통해 잘 드러나듯이, "직업적으로 쓸모없는"(1:22) 무능한 존재로 설정된다. 탐정이 뛰어난 지적 능력과 귀족적인 매력을 드러내는 인물로 이상화된다면, 경찰은 "너무 약삭빨라 깊이가 없는"(1:22) 경박하고 비열한 부류로 규정된다.

추리소설에서의 경찰에 대한 비하적인 재현은 경찰의 계급적 이질성에 대해 극도로 부정적이었던 지배계급의 입장을 반영한 것으로 볼 수 있다.[15] 이들은 경찰로 대표되는 국가기구의 강화를 자신들의 헤게모니를 잠식할 위협으로 간주했다. 추리소설은 상류계급 출신 탐정의 계급적 우월성을 극대화하고 중하류 계급 출신 경찰의 천박함과 무능함을 강조함으로써 계급적 지배구조에 대한 위협 요소를 제거하려 한 것이다.

버킷은 아버지가 "시종이었고 그 후에는 마부, 그다음에는 집사, 그러고는 청지기, 그다음에는 여인숙 주인"(634)이었던 중하류 계급 출신

---

15 디킨즈 시대의 경찰은 대부분 하위 계급 출신으로 구성되었다(Collins, *Dickens and Crime* 218).

으로 설정된다. 그러나 추리소설에서 경찰이 계급적 배경으로 인해 멸시와 조롱의 대상이 되는 것과는 극명하게 대조적으로, 『황폐한 집』의 버킷 형사는 유능함과 공정함으로 인해 존경의 대상이 되는 것으로 재현된다.[16] 외모에 있어서도 버킷은 추리소설에서의 "족제비같이 생긴"(『주홍색 연구』 1:26) 천하고 경박한 인상의 경찰과는 달리, "정교하게 세공된 브로치 같은"(277) "주의력 깊은 얼굴과 날카로운 눈매"를 지닌 "안정된 인상"(275)을 주는 인물로 그려진다. 버킷의 얼굴은 "호감을 주는 외모"(595) 수준을 뛰어넘어 "사물을 종합적으로 바라보고"(277) "인간의 본성을 살피는 일에 약간 학구적인 편인" "자애로운 철학자"(626)의 얼굴로까지 이상화된다[17].

버킷은 "날카로운 눈"(627)과 탁월한 수사 능력 그리고 자신감을 모두 지닌 "침착하고 조용한"(275) 인물로 재현되는데, 그가 레이디 데들록의 방을 조사하는 장면에서 이러한 특성은 잘 드러난다. "사소한 어떤 징후라도 찾기 위해 … 버킷 씨가 다양한 방식으로 많은 물건들을 호기심을 지니고 세심하고 날카롭게 머릿속에 저장하는 일을 보는 것은 아무도 결코 보지 못한 광경을 보는 일이 될 것이다."(670-71) 버킷은 용의자를 미행하고 추적하고 기만하는 데 있어서도 뛰어난 능력을 보여주

---

16 디킨즈는 런던 경찰청(the Metropolitan Police)과 사랑에 빠졌다고까지 이야기될 정도(Collins, *Dickens and Crime* 201)로 경찰에 커다란 애정과 관심을 보였다. 디킨즈는 특히 런던 경찰청 소속 수사대(the Detective Force)의 성실함과 투철한 직업정신, 직무에서의 유능함을 격찬했다. "기존 경찰청의 설립 이후 조직된 수사대는 매우 잘 선발되고 훈련되었으며 임무를 숙련된 기술자처럼 매우 체계적이고 침착하게 수행하고 항상 안정적으로 조용하게 대중에게 봉사한다."(Collins, *Dickens and Crime* 205) 버킷은 디킨즈가 격찬했던 수사대원의 특성을 모두 지닌 인물로 재현된다고 할 수 있다.

17 버킷의 외모는 디킨즈가 묘사한 런던 경찰청 소속 수사대원들의 외모를 연상케 한다. 디킨즈는 경찰관들이 "하나하나가 모두 존경받을 만하게 생긴(respectable-looking) 남자들"이고 "얼굴에는 늘 강렬하고 정신적으로 흥분되는 삶을 영위한다는 표식의 흔적이 다소간 일반적으로 보이는"(Collins, *Dickens and Crime* 206) 인물들이라고 기술했다.

는 것으로 그려진다. "아무리 빠른 속도로 가더라도 꼬집어 말할 수 없는 방식으로 어슬렁거리고 살금살금 걷고 … 오른쪽으로 혹은 왼쪽으로 돌 때마다 마치 직진해야 할 분명한 목적이 마음속에 있는 것처럼 하다가 마지막 순간에 날카롭게 회전을 하는"(277) 방식으로 버킷은 용의자에게 자신의 미행을 눈치채지 못하도록 한다. 버킷은 용의자를 심문하는 일에서도 뛰어난 능력을 발휘한다. 소설 속에서 그가 심문 과정에서 드러내는 냉철함과 자신감은 표정 관리에 뛰어난 도박사의 자질과 비견될 수 있는 것으로 묘사된다.

> 버킷 씨는 … 침착하고 흔들림이 없고 자신감에 차 있었다. 그의 표정으로 보아 그는 거대한 판돈이 걸린—예를 들어 약 백 기니쯤 되는—카드 게임을 하는, 마지막 카드를 교묘하게 잘 쓴다는 것으로 높은 평가를 받는 유명한 도박사 같았다. 버킷 씨는 조금도 불안해하거나 동요하지 않았다. (636)

심문의 결정적인 순간에 버킷이 "죄를 지은 사람 앞에서 집게손가락을 흔들면 범죄자는 무너져버리고"(626), 버킷은 범죄자와의 대결에서 승리자가 되는 것이다.

소설 속에서 버킷의 재현은 유능한 수사관을 넘어서서 초인적인 능력을 지닌 존재로까지 신비화된다. 그는 "귀신처럼 나타나"(ghostly manner of appearing) "마치 사진을 찍듯이"(277) 용의자의 전모를 파악하는 존재로 규정된다. "시간과 공간은 버킷 씨를 제한하지 못하기"(626) 때문에 어떤 범죄자도 "그로부터 달아날 수 없는"(627), 범죄자들에게는 "악마"(652)와 같은 존재로 그려진다.

버킷의 재현에는 초인적인 수사 능력과 더불어 공사를 엄격히 구분하는 직무에서의 엄정함도 포함된다. 친구인 조지(George)를 체포하는 장면은 버킷이 사적인 정에 이끌려 수사관으로서의 책임을 방기하지 않는 인물임을 잘 보여준다.

> "이제, 조지" 버킷 씨가 말한다. "임무는 임무이고 우정은 우정이다. … 너와 나는 언제나 함께 즐겁게 지내왔네. 그러나 내게는 수행해야만 하는 임무가 있어. … 내가 너를 체포해야만 한다는 사실을 네가 분명히 알아줬으면 하네. 내가 너를 체포하지 않는 일은 결단코 없을걸세." … 그는 주머니에서 수갑 한 짝을 꺼낸다. "이건 심각한 책무야 조지, 그리고 그것이 내 임무라네." (597-98)

수갑을 채우며 조지에게 수갑이 잘 맞는지를 물어보는 순간에도 버킷의 질문은 친구에 대한 사적인 호의가 아니라 "완벽하게 고객을 만족시키기를 열망하는 가장 존경받는 소매상의 말처럼 들릴"(598) 정도로 버킷의 공사 구분은 철저한 것으로 그려진다. 계급적 배경으로 인해 멸시와 조롱의 대상으로 비하되는 추리소설의 경찰과는 극히 대조적으로, 중하류 계급 출신의 직업적 수사관인 버킷이 유능하고 엄정한 이상적인 인물로 재현된다는 점에서 『황폐한 집』의 계급 담론은 진보성을 드러낸다고 할 수 있다.

이제 버킷의 두 번째 차별적 재현 방식인 계급적 공정성에 대해 살펴보자. 추리소설에서 탐정은 범죄와 관련된 지배계급의 수치스러운 비밀이 동일 계급 내부를 벗어나지 않게 함으로써 지배계급의 명예와 사회적 지위를 보호한다. 그러나 버킷은 특정 계급과 제휴하지 않고 자신의 공적인 임무를 엄정하게 수행하는 인물로 재현된다는 점에서 지배계급에 대한 계급적 연대감을 드러내는 추리소설의 탐정과 뚜렷하게 구분된다. 계급적 공정성의 실천은 버킷이 추리소설의 탐정과의 차별성을 분명하게 드러내는 지점이라고 할 수 있다.

버킷이 실천하는 계급적 공정성은 소설 초반부에 등장하는 털킹혼 변호사와 비교할 때 더욱 부각된다고 할 수 있다. 털킹혼은 지배계급의 비밀을 은폐하거나 보호하는 역할을 수행함으로써, "자기 몸과 사지에 그리고 의상의 접힌 부분에 가문의 비밀을 운반하는"(147) "귀족계급 비밀의 보관소"(628)로 불린다. 계급적 충성을 통해 털킹혼은 상류계급으로부터 전폭적인 신뢰와 총애를 받는 것으로 그려진다. 털킹혼이 살해되었을 때 레스터 경(Sir Leicester Dedlock)이 표출하는 비탄과 분노의 감정은 털킹혼이 귀족계급의 믿음직스럽고 충성스러운 대리인이었음을 잘 보여준다.

> 자기 생의 상당 부분을 내게 헌신한 신사, 자기 삶의 마지막 날을 내게 바친 신사 … 만일 내가 모든 수단과 영향력, 지위를 동원해도 그러한 범죄를 저지른 자들을 모두 밝혀내지 못한다면 나는 그 신사의 추억에 대한 나의 존경과 내게 항상 충성스러웠던 사람에 대한 나의 신의를 주장하지 못할 것이요. (630-31)

털킹혼 변호사와는 달리 버킷은 계급적 공정성과 독립성을 지키는 것을 수사의 원칙으로 천명한다. "하나님에 의해 창조된 어떤 인간도 2분의 1초밖에 안 되는 시간이라도 내 사건에 개입하거나 막거나 해서 사건 수사를 잘못되게 하는 일은 절대로 없을 것이요."(643) 버킷은 특정 계급에 대한 적대감이나 친밀감을 배제하고 객관적이고 공정한 방식으로 수사에 임하는 것으로 재현된다. 하녀인 오르탕스(Hortense)를 수사하는 과정에서나 상위계급 성원인 레스터 경을 상대할 때 버킷은 어떠한 계급적 편견도 드러내지 않은 채 계급적 중립성을 유지한다. 버킷에게 피의자나 참고인은 계급이나 사회적 신분과는 무관한 수사의 대상으로만 존재하고, 범죄자에 대한 수사와 체포는 단지 "일상적인 업무"(regular employment)(652)이기 때문이다.

버킷이 레스터 경에게 수사 결과에 대해 알려주는 장면은 버킷이 수사를 통해 실천하는 계급적 공정성을 잘 보여준다. 버킷은 귀족 가문의 명예를 보호하기 위해 어떤 시도도 하지 않을 뿐 아니라, 조금도 주눅 들거나 비굴한 모습을 보이지 않고 평소와 동일하게 당당하고 의연한 태도로 임무를 수행한다. "준 남작이신 레스터 데들록 경 … 당신에게 충격을 줄지도 모를, 충격을 줄 데까지 진행할, 일련의 상황에 대해 당신을 대비시키는 것이 내 임무입니다."(637) "평민"에 불과한 일개 경관이 자신의 가문과 관련된 내밀한 사건에 대해 언급하는 것에 모욕감을 느낀 데들록 경은 버킷에게 분노의 어조로 경고한다.

> "경사," 레스터 경은 불타는 눈과 떨리는 입술로 반박한다. "당신은 당신의 임무를 안다. 당신의 임무를 수행하라. 그러나 그것을 넘어서지 않도록 주의하라. 나는 그것 때문에 고통받지 않을 것이다. 나는 그것을 참지 않겠다. 내 아내의 이름을 이 대화에 가져온 것에 대해 당신은 책임을 질 것이다—당신은 책임을 질 것이다. 내 아내의 이름은 평민이 가볍게 다룰 이름이 아니다." (638)

레스터 경의 분노와 항의에도 불구하고 버킷은 수사 결과를 은폐하거나 왜곡하지 않고 사실 그대로 공개한다. "당신이 데들록 부인에게 청혼하기 전에 애인이었던 남자는 그녀의 남편이었음에 틀림없습니다. … 때때로 고귀한 가문에서조차도 아주 이상한 일이 일어났습니다."(639) 버킷이 아내의 숨겨진 과거에 대해 알려주자 레스터 경은 추악한 비밀이 폭로됨으로써 야기될 사회적 비난을 예견하며 괴로워한다. "레스터 경은 자기 심장 속의 생명—피를 쿡쿡 찌르며 찾는 잔인한 손가락을 응시하며 조각상처럼 앉아 있는다."(640) 그러나 버킷은 절망에 빠진 레스터 경을 동정하거나 위로하지 않는다. 범죄를 수사하고 그 결과를 통보하는 일은 계급적 배려나 선호와는 무관한 그의 "임무"이기 때문이다. 명문가의 몰락을 가져올 사건도 버킷 "자기 자신의 관점"에서는 "하나의 아름다운 사건"(a beautiful case)(632)으로만 존재하는 것이다.

마지막으로 버킷의 세 번째 차별적 재현 방식인 가정성에 대해 살펴보자. 추리소설에서 탐정은 대부분 비사교적인 성품과 기이한 습성을 지닌 독신 남성으로 재현된다. 포가 창조한 최초의 탐정 뒤팽(M. Dupin)은 오래되고 낡은 저택에서 홀로 생활하는 인물로 등장한다. 셜록 홈즈 역시 가정을 이루지 않은 채 고질적인 우울증을 바이올린 연주와 마약을 통해 달래는 까다롭고 자기중심적인 독신 남성으로 설정된다.

버킷은 무엇보다도 가정을 소중히 생각하는 가장이며 아내를 사랑하는 남편이자 미래의 좋은 아버지로 재현된다는 점에서 추리소설의 독신 탐정과는 분명하게 구분된다. 버킷은 가정의 가치라는 빅토리아 시대 중간계급의 도덕률을 내재화한 인물로 재현되는 것이다. 버킷은 자신의 경찰 임무에 대해 무한한 자부심을 느끼는 "공적인 인물"(596)이지만 사적 공간인 가정에서만 행복을 발견하는 인물로 규정된다.

> 그 스스로 말하는 것처럼 사적인 유대 없는 공적인 삶이란 무엇이겠는가? 자신은 변변치 않은 공적인 인물이지만 그는 행복을 공적인 영역에서 발견하지 않는다. 아니다, 행복은 반드시 가정의 기쁨이라는 범위 안에서 추구되어야만 하는 것이다. (596)

버킷의 가정성은 그가 "아이라면 덮어놓고 귀여워하고"(596) 아내가 "아이들을 낳기를 염원하는"(594) 인물이라는 사실을 통해 더욱 강조된다. 버킷은 처음 본 아이들의 나이도 정확하게 식별하는 것으로 그려진다.

퀘벡과 말타를 무릎에 앉히고 버킷은 말한다. "예쁘고 소중한 너희들, 뽀뽀 한 번 더 해주겠니. 그것만이 내가 욕심을 부리는 일이란다. 주께서 너희들을 축복하시기를, 얼마나 건강해 보이는지! 이 두 아이는 몇 살이지요, 부인? 체격으로 봐서는 8살과 10살로 보인다고 해야만 되는데." (593)

놀라워하는 부모에게 버킷은 자신이 "아이들을 너무 좋아하기 때문에 대부분의 나이를 거의 알아맞힌다"(593)라고 답한다. "아직도 아내에게 매료당하고 있으며 … 애착을 느낀다"(627)라고 고백하는 자상한 남편인 버킷은 또한 자애로운 아버지의 자질을 지닌 인물로 재현되는 것이다.

범죄를 수사하는 과정에서 버킷은 아내로부터 결정적인 도움을 받는 것으로 설정된다. 버킷은 레이디 데들록의 하녀인 오르탕스가 물속에 버린 권총을 아내의 도움을 받아 증거물로 확보함으로써 사건을 해결하는 것이다. 이러한 설정은 버킷의 재현에 부여된 가족의 가치를 극적으로 부각시키는 장치라고 할 수 있다. 부부간 협력관계를 통해 범인을 체포한다는 설정[18]은, 누구의 도움도 받지 않고 단독적으로 수사를 진행해 범죄를 해결하는 추리소설의 탐정 재현과는 가장 뚜렷하게 구분되는 지점이 되기 때문이다.

탁월성, 엄정성, 공정성으로 요약되는 버킷의 공적인 재현은 추리소설에서의 경찰 재현과는 상반된 양상을 보인다. 또한 버킷의 사적 재현에서도 가정/가족의 가치라는 중간계급의 도덕률이 강조됨으로써 추리소설의 상류계급 출신 탐정에게서 발견되는 독신 남성의 병적인 폐쇄성이나 기이한 자기중심성과는 극명한 대조를 이룬다. 중하류 계급 출신

---

18 사랑하는 아내의 조언을 통해 범죄와 관련된 미스터리를 해결하는 방식은 "완전히 혁신적인 것"이고, 『황폐한 집』 "이후로는 사실상 거의 사용되지 않았다"(Murch 96).

경찰인 버킷에 대한 이상적인 재현을 통해『황폐한 집』은 추리소설과의 차별성을 명확하게 드러내는 것이다.

4. 과도기적 범죄소설로서의『황폐한 집』

『황폐한 집』에서의 버킷에 대한 재현은 이후 추리소설에서의 탐정 재현과는 분명하게 구분된다. 추리소설은 지배계급의 수월성을 드러내기 위해 상류계급 출신 탐정에 대한 이상적인 재현 방식과 중하류 계급 출신 경찰에 대한 모멸적인 재현 방식을 병행한다. 반면에『황폐한 집』에서는 상류계급이 범죄성을 구현하고 중하류 계급 출신 경찰인 버킷이 수사 능력의 탁월성과 계급적 공정성을 드러내는 것으로 재현된다.『황폐한 집』에서는 추리소설에서의 계급 구도-귀족적이고 품위 있는 상류계급 출신 아마추어 탐정 대 무능하고 천박한 하위계급 출신 경찰-와는 분명하게 구분되는 계급적 재현이 이루어진다.

추리소설과 비교할 때『황폐한 집』에서는 기층계급의 덕성과 역량이 부각되는 진보적인 계급효과가 발생한다. 이와 동시에『황폐한 집』은 뉴게이트 소설의 계급적 전복성을 소거시키는 지배 이데올로기적인 성격을 드러낸다. 범죄의 계급성에 대해 탐색한 뉴게이트 소설에서와는 달리『황폐한 집』에서는 범죄성에 대한 급진적인 사유가 드러나지 않는다. 범죄는 개인적 일탈 행위로 처리되고, 버킷의 엄정하고 공정한 법 집행에는 정당성이 담보된다. 법률은 계급지배구조를 유지하기 위한 억압의 도구가 아니라 계급적 혼란을 제거하여 사회의 질서와 안전을 회복하기 위한 필수적인 장치로 재규정되는 것이다.

버킷의 범죄 수사가 법률적 권위의 회복과 계급적 위계의 공고화를 통해 기존 지배체제의 수호로 귀결된다는 점은 버킷이 레스터 경의 신뢰와 존중을 획득하는 소설의 종결부를 통해 확인된다. "레스터 경은 모든 인류 중에서 오직 경사만을 의존하는 것처럼 한두 차례 버킷 씨를 쳐다보았다."(645) 이제 지배계급의 전폭적인 신뢰는 살해된 털킹혼에서 버킷으로 이동한 것이다.

지금까지 살펴본 것처럼 『황폐한 집』은 계급적 진보성과 보수성을 모두 드러낸다. 『황폐한 집』의 추리 서사는 뉴게이트 소설에서 추리소설로의 이행기에 나타난 과도기적 형태의 범죄 서사이기 때문이다. 『황폐한 집』은 19세기 영국 범죄소설에서 진행된 계급적 보수화 과정의 경유지로 존재하는 것이다.

2부

추리소설의 형성과 장르적 변용

4장 계급, 인종, 범죄—추리소설의 정치학

5장 콜린스의 젠더적 협상—『흰옷 입은 여인』

6장 여성 탐정 추리소설의 성정치학

7장 "거슬리는 늙은 고양이들"—노처녀탐정 추리소설

4장 Chapter 04

계급, 인종, 범죄 —추리소설의 정치학

1. 추리소설, 문화지형의 요충지

빅토리아 시대 영국에 등장한 추리소설은 탐정과 범인의 대립구도를 바탕으로, 미스터리로서의 범죄, 범죄자의 추적 및 체포, 범죄를 둘러싼 미스터리의 해결이라는 장르적 규범 위에서 전개되었다. 이러한 구조적인 특성으로 인해 추리소설은 창조적인 서사구조를 지니지 못한 폐쇄적인 장르로 평가되거나, 범죄라는 선정적인 요소를 이용해 대중적인 호기심을 자극하여 상업적인 성공을 추구하는 통속소설로 분류되었다. 추리소설은 고급문학과 대중문학의 차이를 엄격하게 구분하는 전통적인 문학 이론가들에 의해 본격적인 문학 연구의 대상에서 제외되었다. 또한 전통의 파괴와 해체를 중시하는 현대 문학 이론의 입장에서는 새로운 서사의 가능성이 봉쇄된 퇴행적인 소설 양식으로 판단되어 비평적 관심의 영역 바깥에 놓이게 되었다.

이번 장에서는 규범화된 장르 소설이며 상업적인 대중소설이라는 이유로 문학적 위계의 하단부에 배치되었던 추리소설이 계급, 제국, 민족,

인종과 관련된 지배 이데올로기를 성공적으로 수호했던 문화지형의 요충지라는 사실을 밝히려고 한다. 장르적 규범에 충실한 소설은 커웰티(John Cawelti)의 지적처럼 특정 장르의 공식을 향유하는 독자들에게 특정 형태의 관념을 받아들이거나 공유하도록 만드는 기능을 한다(34). 추리소설에서 사회는 합리성에 의해 작동되는 구조물로 제시되며 범죄는 이러한 합리적인 구조에 균열을 일으키는 요소로 재현된다. 추리소설은 합리적으로 구성된 사회체제를 위협하는 범죄자의 체포를 통해 무질서와 비합리성이 궁극적으로 질서와 합리성에 의해 대체되는 과정을 보여줌으로써 기존의 지배체제를 안정시킨다. 특히 빅토리아 시대 영국 추리소설은 합리적 사유와 과학적 분석을 통해 범죄와 관련된 미스터리를 해결하는 새로운 영웅—상류계급 출신의 백인 남성 탐정—신화를 구성하여 유포시킴으로써 계급, 민족, 인종과 관련된 지배 이데올로기를 강화하는 것이다.

나는 "추리소설의 아버지"(Robinson 220)로 불리는 콜린스(Wilkie Collins)가 쓴 "영국 최초의 추리소설[19]인 동시에 가장 위대한 추리소설"(Eliot 464)인 『문스톤』(*The Moonstone*)과, "고전 추리소설의 전범"(Cawelti 83)으로 평가되는 코난 도일(Arthur Conan Doyle)의 셜록

---

19 영국 추리소설의 기원에 대해서는 다양한 의견이 존재한다. 아우즈비는 『천국의 경찰견』(*Bloodhounds of Heaven*)에서 1840년대에 포의 영향을 받아 영국에 추리소설이 등장했다고 주장한다. 반면에 스튜워트(R. F. Stewart)는 『그리고 항상 탐정이』(*And Always a Detective*)에서 선정 소설(Sensation Novel)이 몰락한 1880년대 이후에야 영국에서는 추리소설이 독립된 장르로 자리 잡았다고 주장한다. 추리소설의 발생 시점에 대한 다양한 견해가 존재함에도 불구하고, 콜린스가 1868년에 발표한 『문스톤』을 영국 '최초'의 추리소설로 평가하는 입장이 가장 일반적이라 할 수 있다. 『문스톤』을 최초의 추리소설로 간주하는 대표적인 연구로는 허터(Albert D. Hutter)의 「꿈, 변모, 그리고 문학」("Dreams, Transformations, and Literature"), 램버트(Gavin Lambert)의 『위험한 칼날』(*The Dangerous Edge*), 시몬즈(Julian Symons)의 『피투성이 살인』(*Bloody Murder*), 커웰티(John Cawelti)의 『모험, 미스터리, 그리고 로맨스』(*Adventure, Mystery, and Romance*) 등을 들 수 있다.

홈즈(Sherlock Holmes) 시리즈를 중심으로 추리소설의 전개 양상을 검토함으로써, 계급, 제국, 민족, 인종과 관련된 당대 영국의 문화지형도를 다시 그리려고 한다. 빅토리아 시대 영국 추리소설에서 드러난 범죄의 계급적, 인종적 재현의 양상에 대한 검토는 추리소설의 태생적인 보수성[20]을 확인하는 작업이 된다. 이번 장에서는 추리소설에서의 범죄성이 계급적 급진성으로부터 인종적 타자성으로 전환되는 과정이 논의되는데, 이러한 논의를 통해 추리소설이 강화한 인종적 위계가 드러날 것이다.

2. 추리소설과 계급

추리소설은 포터(Denise Porter)의 지적대로 체제 순응적인 문학이라고 할 수 있다(220). 빅토리아 시대 영국 추리소설이 지녔던 체제수호적인 특성은 추리소설이 등장하기 이전까지 영국의 대표적인 범죄소설이었던 뉴게이트 소설의 전복성과 비교할 때 더욱 뚜렷해진다. 뉴게이트 소설은 독자로 하여금 주인공인 하류계급 출신 범죄자와 심정적 연대를

---

20 이 시기 영국 추리소설의 보수성은 영국이라는 특정 지역에 고유한 특성이기보다는, 지역적 배경과는 무관하게 추리소설에 내재된 근원적인 성향이라고 볼 수 있다. 추리소설의 창시자인 포는 「북부 노예제 폐지론자들의 반역과 광신으로부터 옹호되는 남부」("The South Vindicated from the Treason and the Fanaticism of the Northern Abolitionists")에서 노예제가 "신의 법률이건 인간의 법률이건 위반하지 않는다"(275)고 노예제 철폐에 반대하는 자신의 입장을 분명히 했다. 그는 서간문과 에세이를 통해 노예제와 팽창주의를 찬양했고 천박한 민주주의에 대한 고상한 귀족 통치의 우월성을 주장했다. 포의 인종과 계급에 관한 보수적인 시각은 이후 추리소설 장르의 보수성을 예고하는 것이라고 할 수 있다.

형성하고, 범죄자가 전달하는 불평등한 사회구조에 대한 비판과 모순된 체제를 전복하고자 하는 의지를 공유하도록 유도했다.

뉴게이트 소설이 국가의 법률 제도를 하위계급에 대한 지배계급의 억압 장치로 공격하는 급진적인 성격을 드러낸다면, 추리소설은 뉴게이트 소설의 전복적인 에너지를 감시하고 처벌하려는 지배계급의 입장을 반영한다고 할 수 있다. 범죄의 사회적, 계급적 요인에 대해 조명하는 뉴게이트 소설과는 달리, 추리소설에서 범죄는 더 이상 계급적, 정치적 탐구의 대상이 되지 않는다. 범죄의 원인과 과정이 생략되고 범죄의 결과만이 제시되는 추리소설의 서사구조에서 범죄는 사회적, 정치적 탐구의 대상이 아니라 단지 탐정의 추리를 통해 해결되어야 할 미스터리로 전환되는 것이다. 셜록 홈즈 시리즈를 예로 든다면, 셜록 홈즈는 범죄 수사에 있어서 범죄와 관련된 미스터리의 해결 자체에 흥미를 느낄 뿐 범죄의 사회적, 경제적, 정치적 원인에 대해서는 고민하지 않는다. 『네 사람의 서명』(*The Sign of Four*)에서 도전할 만한 가치가 있는 범죄가 발생하지 않는다는 사실에 셜록 홈즈가 불만을 표시하면서 자신에게는 "가장 난해한 암호", "가장 복잡한 분석 과제"(1:124)가 필요하다고 말하는 장면과, 그가 해부학, 화학, 지질학, 법학, 그리고 심지어는 선정소설에 관해서까지 해박함에도 불구하고 유독 정치학에 관해서는 "거의 무지한 것처럼 보인다"(1:12)라는 『주홍색 연구』에서의 설정은 추리소설의 이러한 경향을 드러낸 것으로 볼 수 있다.

뉴게이트 소설의 주인공이 하류계급 출신 범죄자인 것과는 극히 대조적으로, 빅토리아 시대 영국 추리소설은 상류계급 출신의 탐정을 새로운 영웅으로 등극시킨다. 빅토리아 시대 영국 추리소설에서 탐정은 귀족적인 여유와 상류계급의 세련됨을 지닌 매혹적인 댄디(dandy)나 천재적인 능력을 드러내는 신비로운 인물로 재현된다. 브래돈(Mary E.

Braddon)의 『오들리 부인의 비밀』(*Lady Audley's Secret*)에 등장하는 로버트(Robert Audley)와 코난 도일이 창조한 셜록 홈즈는 그 대표적인 사례라고 할 수 있다. 로버트는 법정 변호사이지만 소송을 맡는 대신에 "독일산 파이프로 담배를 피우고 프랑스 소설을 읽으며" 가끔 "템플가든에서 한가롭게 산책을 하면서"(32) 세월을 보내는 인물로 묘사된다. "침착하고 여유로운, 무심하고 열의가 느껴지지 않는 태도 밑에 교활한 위트와 조용한 유머를 지닌, 호기심을 불러일으키는"(32) 인물인 로버트는 생계를 위한 직업적 수단이 아닌 삶의 단조로움을 극복하기 위한 취미활동으로 수사에 참여하며 수사행위를 지적인 게임처럼 즐긴다. "빅토리아 시대의 고전적 영웅"(Ousby 170)인 셜록 홈즈는 비범한 추리 능력을 소유한 우수한 과학자인 동시에 뛰어난 육체적 능력을 지닌 스포츠맨이며, 백사십 가지 담뱃재의 형태와 백육십 가지의 암호형태에 관한 문건을 저술한 범죄학자로 설정된다. 동시에 그는 자신의 고질적인 우울증을 바이올린 연주와 마약 복용을 통해 달래는 천재적인 기인으로 재현된다. 셜록 홈즈 역시 부와 명성 같은 현실적 이득을 얻기 위해서가 아니라 무료하고 권태로운 삶에서 벗어나기 위해서 수사에 참여한다.

> 정체(stagnation)를 생각하면 오싹하다네. … 나는 지루하고 판에 박힌 생활을 혐오하네. 나는 정신적인 고양을 갈망하네. 그게 바로 내가 스스로 이런 특별한 지적 작업을 선택한, 아니 차라리 창조한 이유라네. (『네 사람의 서명』 1:124)

하류계급 출신 범죄자의 행위와 발언을 중심으로 범죄 서사가 진행되는 뉴게이트 소설에서와는 달리 추리소설의 범죄 서사는 상류계급 출신 탐정에 의해 독점된다. 추리소설에서는 오직 탐정만이 범죄의 의미와 성격에 대해 규정할 수 있는 자격을 부여받으며, 범죄자의 목소리는 탐정에 의해 봉쇄되어 독자에게 전달되지 않는다. 범죄 서사는 탐정의 수사 과정에서 재구성되며, 탐정에 의해 독점적으로 재구성된 추리소설의 범죄 서사는 소설의 종결부에서 범죄자의 고백이나 변명이 아닌 탐정의 진술을 통해 독자에게 공개된다. 탐정의 서사 봉쇄에 의해 범죄자의 개입이 차단됨으로써, 범죄에 대해 왜곡되고 분열적인 시각이 형성될 가능성은 근원적으로 제거되는 것이다.

『배스커빌의 사냥개』(*The Hound of the Baskervilles*)는 탐정의 서사 봉쇄를 잘 보여주는 사례라고 할 수 있다. 소설 속에서 범죄자인 스테이플톤(Stapleton)은 범죄 서사와 관련해서 침묵을 지키며, 범죄 서사의 재구성 및 발화는 탐정인 셜록 홈즈에 의해 단독적으로 수행된다. 셜록 홈즈는 범죄와 관련된 미스터리가 해결될 시점에 이르러 "사건이 마무리되어가고 쌓여 있던 어려운 일이 사라지고 있으므로 … 곧 현대의 가장 끔찍한 범죄를 단일하게 연결된 하나의 이야기로 들려줄 위치에 있게 될 것"(2:138)이라고 예고한다. 스테이플톤이 제거되고 난 후 셜록 홈즈는 범죄자를 대신해 "사건의 전체적 경위"(2:150)에 대해 설명을 시작하고, 소설의 마지막 장인 "회고"(Retrospection)는 셜록 홈즈의 진술로 채워진다. 『주홍색의 연구』에도 이러한 법칙은 동일하게 적용되어 범죄자인 호프(Jefferson Hope)에게는 범죄 서사에 대한 발언권이 부여되지 않는다. 호프는 법정에 서서 자신의 범죄 동기—과거의 개인적인 원한관계—에 관해 진술할 기회를 얻지 못한다. 그는 법정에 서기 직전인 재판일 아침에 "동맥이 파열되어 감방 바닥에 누워있는 시체로 발견되고"(1:114), 호프의 사망 사실이 알려진 후 셜록 홈즈에 의해 "모든 사건 중에서도 최상급인"(1:115) 범죄 서사가 공개되면서 소설은 종결된다.

빅토리아 시대 영국 추리소설에서 범죄의 동기와 범죄자의 정체를 파악하는 작업은 모두 탐정에 의해 단독적으로 수행되고, 그 과정에서 탐정은 범죄에 관해서 타인과 소통하지 않는다. 셜록 홈즈가 자기 동료인 왓슨(Watson)에게조차도 범죄자와 관련된 주요 정보와 단서를 알리지 않는다는 사실은 추리소설의 이러한 경향을 극명하게 보여준다. 『배스커빌의 사냥개』에서 왓슨은 “셜록 홈즈의 유일한 단점은—만일 그것을 단점이라 부를 수 있다면—그가 완전히 수사를 종료하는 순간까지는 자신의 머릿속에 가득한 생각에 대해 타인과 소통하는 것을 극도로 싫어하는 것”(2:138-39)이라고 지적한다. “최종적인 순간까지 … 셜록 홈즈는 아무 말도 하지 않고 … 그의 수사 진행 방향에 대해서는 오직 추측만 할 수 있다”(2:139)라는 것이다. 『주홍색의 연구』에서도 셜록 홈즈는 범죄자를 체포하고 나서야 비로소 다음과 같이 선언한다. “사건과 관련된 미스터리의 결말에 도달했으므로 이제는 내게 어떤 질문을 해도 좋습니다. … 이제는 기꺼이 대답해 드리겠습니다.”(1:63)

수사 과정을 타인과 공유하지 않으려는 셜록 홈즈의 배타성은 “자신의 주변 사람들을 지배하고 놀라게 하기를 좋아하는 그의 오만한 개인적인 기질”(『배스커빌의 사냥개』 2:139)의 발현이라기보다는, 범죄 서사에 관한 탐정의 독점적인 위치를 보장함으로써 범죄자의 계급적 관점이 범죄 서사에 반영될 가능성을 봉쇄하려는 추리소설의 전략으로 보아야 한다. 추리소설은 범죄자의 정체를 마지막까지 은폐시킴으로써 범죄자로 하여금 침묵하도록 만들었고 범죄에 관한 발언은 모두 탐정이 독점하도록 했다. 뉴게이트 소설에서와는 달리 추리소설에서는 범죄 서사와 발화에서의 탐정의 독점적 지위로 인해 독자의 범죄자에 대한 동일시나 동정적인 시각 형성은 원천적으로 봉쇄된다. 독자는 범죄자의 과거사에 흥미를 보이거나 범죄행위에서 긴장감을 느끼기보다는 탐정의 추리와 수사 과정에 집중하게 되고, 범죄자가 아닌 탐정과 자신을 동일시하면서 탐정이 대변하는 계급적 관점을 수용하게 되는 것이다.

빅토리아 시대 영국의 지배계급은 자신들의 헤게모니를 위협하는 두 가지 세력의 도전에 직면했다. 하나가 노동계급에 의해 주도되는 혁명이라면 다른 하나는 경찰로 상징되는 국가기구의 강화였다. 이들 지배계급은 노동계급의 봉기를 두려워한 것만큼이나 국가의 통제와 개입 역시 자신들의 특권적 위치를 뒤흔드는 위협적인 것으로 인식했다. 영국의 1840년대는 경기 침체의 심화로 인해 생존권을 위협받게 된 노동계급의 투쟁—차티스트 운동으로 대표되는—이 정점에 이른 시기였다. 이 시기 노동자계급의 봉기로 인한 부르주아 계급의 위기감으로 인해 강력한 통제력을 지닌 국가기구에 대한 저항감이 약화되었고, 이는 경찰력의 강화를 승인하는 계기가 되었다. "이타적인 동기에서든지 혹은 이기적인 이유에서든지" "자본주의가 살아남기 위해서는 문명화되어야만 하는"(Lansbury 50) 굶주린 1840년대를 통과하면서 노동자계급을 위한 개혁 조치가 시행되었고, 1850년대 이후에는 이전 시기의 소요가 상당 부분 사라지게 되었다. 노동자계급이 체제 내에 포섭됨에 따라 경찰을 향한 지배계급의 시선은 다시 부정적으로 바뀌었다. 레이너(Robert Reiner)가 『경찰의 정치학』(*The Politics of the Police*)에서 지적한 것처럼, 다시 경찰은 불필요한 경비를 지출하게 만드는 무익한 기구인 동시에 자신들의 기득권을 침해하는 적대적인 조직으로 간주된 것이다(16).

경찰조직에 대한 적대적인 태도는 영국 최초의 장편 추리소설인 『문스톤』에서부터 극명하게 드러난다. 베린더(Verinder) 가문의 명예를 지키려고 애쓰는 충직한 집사인 베터리지(Gabriel Betteredge)는 런던 경찰국(Scotland Yard) 소속인 커프(Cuff) 경사의 수사 협조 요청에 대해 "경찰의 앞잡이 노릇을 했다는 말을 듣는 것"은 "크리스천으로서 들을 말이 못 된다"(167)라는 격한 반응을 보인다. 빅토리아 시대 영국 추리소설에서 중하류 계급 출신의 경찰은 대개 독자적으로 범죄를 수사할 능력을 결여한 무능한 존재로 그려진다. 코난 도일의 『주홍색 연구』에 등장하는 레스트레이드 경감, 그렉슨 경감 같은 인물들이 대표적인데, 이들은 범죄를 해결하는 데 실패하는 "직업적으로 쓸모없는" 존재일 뿐만 아니라 "너무 약삭빨라 깊이가 없는"(1:22) 경박하고 이해타산에 밝은 인물들로 묘사된다. 셜록 홈즈는 자신에게 "아무런 이익이 돌아오지 않는다고 하더라도 그들을 비웃어줄 수 있기 때문에"(1:22) 수사에 참여한다고까지 말한다. 경찰에 대한 이와 같은 부정적인 재현은 경찰조직을 자신들의 헤게모니를 잠식할 적대적인 권력 기구로 여기던 지배계급의 태도를 반영한 것이라고 할 수 있다.

경찰에 대해 극도로 부정적인 지배계급의 입장을 반영하여 경찰이 계급적인 천박성을 드러내는 혐오스럽고 무능한 인물로 재현된 것과는 대조적으로, 빅토리아 시대 영국 추리소설에서 탐정은 오류를 범하지 않는 완벽한 인물로 재현된다. 이들 탐정은 탁월한 지적 능력을 발휘해—혹은 상류계급의 일원이며 유한계급의 성원이라는 자신의 특권적인 위치를 이용하여 경찰의 공적인 수사에는 허용되지 않던 상류계급에 대한 근접성을 확보해—범죄자를 색출함으로써 혼란을 제거하고 질서를 회복시킨다. 경찰이 실패한 범죄의 해결은 탐정에 의해 이루어지고, 위협받던 지배계급의 권위는 동일 계급 출신 탐정에 의해 다시 확립되는 것이다.

3. 추리소설과 민족/인종

추리소설을 태동시킨 것이 영국 내부의 계급적인 적대감이었다면 추리소설의 발전을 가져온 것은 영국 외부로부터의 민족적, 인종적 위협이었다. 빅토리아 시대에는 영국 제국주의의 확장과 식민지의 확대로 인해 영국인과 외국인의 접촉은 이전의 어느 시기보다도 더 빈번해졌다. 영국인들에게 외국인들은 민족적, 인종적, 문화적 차이로 인해 이해와 소통이 불가능한 혐오의 대상인 동시에, 평화로운 영국 사회와 가정을 침입하는 공포의 대상으로 인식되었다. 영국 사회가 외국인이라는 새로운 위협 세력에 직면하면서 범죄성은 계급적 차이뿐만이 아니라 민족적, 인종적 차이에 의해서도 구성되었고, 이 시기 영국 추리소설의 부상은 외국인 범죄자의 침입에 대한 영국인의 공포와 불안에 상당 부분 기인한다고 볼 수 있다.

빅토리아 시대 영국 추리소설에서 외국인의 범죄성은 정치적 불온성 및 문화적 후진성과 야만성으로 재현된다. 콜린스의 『흰옷 입은 여인』(*The Woman in White*)에는 1851년 영국에서 개최된 수정궁 박람회(Crystal Palace)에 참가한 엄청난 숫자의 외국인들을 잠재적인 범죄자로 바라보는 당대 영국인들의 시각이 형상화되어 있다. 외국인에 대한 불안과 경계는 이들에 의해 1848년 유럽의 혁명을 촉발한 급진적 이념이 영국 내로 유입될 것이라는 우려로 나타나는데, 무정부주의자 포스코 백작(Count Fosco)은 불온한 외래의 사상 및 외부의 세력을 대표하는 악의 화신으로 재현됨으로써 영국인들의 우려를 정당화한다. 코난 도일의 『주홍색 연구』에서도 주요 범죄자인 드레버(Enoch Drebber)는 북미대륙에서 건너온 "뒤틀어진 유인원 같은 용모를 지닌"(1:38) 모르몬(Mormon)

교도로 밝혀진다. 문명의 진화를 통해 확립된 건전한 결혼제도를 파괴하는 일부다처제의 신봉자인 이교도라는 점에서 드레버는 이 시기 추리소설에 등장하는 외국인 범죄자의 전형이라 할 수 있다. 이러한 재현 양상은 『배스커빌의 사냥개』에서 남미 코스타리카 출신으로 설정된 베릴(Beryl Stapleton)의 경우를 통해서도 유사하게 반복된다. 베릴은 자기 남편이 "길을 발견하더라도 결코 [늪] 바깥으로 빠져나오지는 못할 것"이라고 소리를 지르면서 "손뼉을 치며 웃는", 남편이 결코 살아 돌아오지 못하리라는 상상에 "눈과 이가 날카로운 기쁨으로 번들거리는"(2:147) 악녀로 재현됨으로써 동물적, 원시적 본능에 충실한 외국인의 범죄적 야만성을 부각시킨다.

계급적 규범을 위반한 자들이 참회와 재교육을 통해 공동체의 규범을 다시 내재화하면 민족공동체로의 복귀가 가능하다고 간주되던 것과는 달리, 영국으로 스며든 외국인 범죄자들은 낯설고 기괴하며 정체를 파악하기 어려운 민족공동체 외부의 위협 세력으로 인식되었다. 특히 식민지 출신 외국인은 빅토리아 시대 영국 추리소설에서 범죄성을 구현하기 위한 최적의 대상으로 선택되었다. 코난 도일의 셜록 홈즈 시리즈에서 살인을 저지르는 범죄자의 상당수가 인도인이라는 점과, 셜록 홈즈의 숙적이며 가장 위협적인 범죄자로 재현되는 모리아리티(Moriarity) 교수가 영국의 식민지 중 가장 저항적이었던 아일랜드 출신으로 설정된 사실은 이러한 경향을 잘 드러내는 사례라고 할 수 있다.

빅토리아 시대 영국 추리소설에서 탐정은 과학적 측정과 분석을 통해 극도로 이질적이고 혼란스러운 범주에 속하는 외국인의 범죄를 해결하는 합리적 이성의 소유자로 재현된다. 탐정은 이전 시대의 수사관처럼 고문과 협박에 의존해 수사를 진행하지 않는다. 탐정은 단서와 증거를 수집한 후 당대의 첨단 과학 지식과 테크놀로지를 동원해 그것들을 분석하는 과정[21]을 통해 민족적, 인종적 타자의 범죄성을 탐색함으로써 외국인 범죄와 관련된 미스터리를 해결한다.

에든버러 왕실병원(the Royal Infirmary of Edinburgh) 소속 의학과 교수였던 벨(Joseph Bell) 박사를 모델로 창조되었다고 알려진[22] 셜록 홈즈는 빅토리아 시대 영국의 과학 문명을 체현한 과학자라는 점에서 당대 추리소설에 등장하는 탐정의 전형성을 지닌다. 셜록 홈즈 시리즈에서 그가 최초로 등장하는 장소는 병원의 화학 실험실이다. 『주홍색 연구』에서 그는 "셀 수 없이 많은 병들 … 증류기와 시험관 … 가스 램프"(1:7)로 가득한 연구실에서 실험에 성공해 환호하는 화학자로 등장한다. 그가 항상 관찰과 측정의 도구인 줄자나 확대경 등을 소지하고 다니면서 범죄 수사를 진행한다는 설정은 셜록 홈즈가 지닌 탐정으로서의 전형성을 강화한다.

> 말을 하면서도 그는 줄자와 커다랗고 둥근 확대경을 자신의 주머니에서 빠르게 꺼냈다. … 내게는 보이지도 않는 흔적 사이의 거리를 그는 가장 세심한 주의를 기울이면서 측정했고 … 마침내 벽에 적힌 글씨의 한 자 한 자를 가장 세밀한 정확성을 가지고 검사했다. (1:29-30)

셜록 홈즈에게 있어서 범죄 수사는 세밀한 관찰과 측정에 바탕을 둔 "정밀한 과학"(『주홍색 연구』 1:16)으로 규정된다. 탐정에게는 "어떤 사람

---

21 블로흐(Ernst Bloch)는 추리소설의 이러한 경향이 19세기에 들어와 발생한 법정 증거 위계의 재배치와 같은 시대적 변화를 반영한 것이라고 지적한다. 19세기 이후에는 법정 판결에 있어서 자백이나 목격자의 증언보다는 증거가 중요시됨에 따라 자료 분석의 필요성이 증가했다는 것이다(246).

22 벨 박사는 증상으로 질병을 진단하는 일뿐 아니라 세부적인 육체의 특징, 걸음걸이, 옷차림 등에서 개인의 직업과 배경을 알아맞히어 사람들을 놀라게 한 인물이다. 자세한 내용은 Ely Liebow, *Dr. Joe Bell: Model for Sherlock Holmes* (Bowling Green: Bowling Green State UP, 1982)를 참조할 것.

의 손톱, 코트 소매, 구두, 바지의 무릎 부위, 엄지와 집게의 티눈, 표정, 셔츠의 소매 등"을 관찰하여 "그 사람의 내력이나, 그 사람이 종사하고 있는 생업이나 직업을 … 그 사람의 본모습을"(『주홍색 연구』 1:16) 파악해 낼 수 있는 능력이 필수적인 것이다. 셜록 홈즈는 회중시계와 담배 파이프와 같은 개인의 사소한 소유물을 관찰한 후 그 소유자의 생애를 추론하여 재구성하는, 자신이 탐정의 필수조건으로 주장한 연역적 추리 능력의 모범적 사례를 보여준다.[23]

왓슨의 표현을 빌리면 세상에서 가장 완벽하고 정밀한 "측정 기계"이자 "자동 기계장치"(『네 사람의 서명』 1:135)인 셜록 홈즈는 범죄자의 육체와 외국인의 육체 사이의 연관성을 파악하여 범죄를 해결한다.[24] 셜록 홈즈는 엄지손가락과 집게손가락에 난 못을 통해 외국인 범죄자를 식별하고, 사건 현장에 남겨진 지문과 이국적인 발자국 속에서 인종적인 타자성을 파악해 냄으로써 왓슨으로부터 "추리를 정밀한 과학의 경지로

---

23 추리소설은 수사과학에 영감을 주거나 과학적인 수사를 선도하는 역할을 담당했다. 이러한 점은 프랑스의 선구적인 수사과학자인 로카르드(Edmond Locard)가 범죄자의 몸에 묻은 미립자를 현미경으로 검사하는 "새로운 수사과학"을 개발할 때, 동료들과 제자들에게 자신이 추진하는 근본 원칙을 이해하기 위해 셜록 홈즈가 등장하는 "『주홍색 연구』와 『네 사람의 서명』과 같은 추리소설을 읽을 것"(Thorwald 281)을 권고했다는 사실을 통해서도 입증된다고 할 수 있다.

24 외국인의 몸과 범죄자의 몸을 연관시키는 것은 추리소설과 수사과학에 있어서 뿌리 깊은 관행이라고 할 수 있다. 1890년에 영국 최초의 본격적인 수사과학서 『범죄자』(*The Criminal*)를 출판한 저명한 의사이자 과학자인 엘리스(Havelock Ellis)는 범죄인류학을 통해 외국인 범죄자 몸에 대한 해부학적 분류를 시도했다. 그는 범죄자의 몸과 아프리카, 인도, 중국과 같은 특정 식민지에 거주하는 "하등 인종"의 몸 사이에는 유사성이 존재한다고 주장했다(48). 그는 범죄성의 기호가 인종, 저개발, 비정상과 연관된다고 보았다. 범죄와 관련해서 심각할 정도의 높은 빈도수를 드러내는 식민지 원주민은 진화과정상 영국인보다 하위에 위치한다는 것이다. 엘리스는 "태생적인 범죄자는 튀어나온 귀, 뻣뻣한 머리카락, 가느다란 턱수염, 튀어나온 돌기, 거대한 입, 네모지고 튀어나온 턱, 커다란 광대뼈, 빈번한 몸짓이라는 특징을 지니는데 … 간단히 말해 몽골인종이나 때로는 흑인을 닮았다"(90-91)라고 규정했다. 엘리스는 "범죄자는 보통 유럽인보다는 훨씬 커다란 해부학적인 비정상을 보인다는 것이 아마도 가장 일반적인 진술"(255)이라고 결론지으며 범죄자의 몸을 백인/유럽인이 아닌 외국인의 몸으로 정의했다.

끌어올렸다"(『주홍색 연구』 1:33)라는 극찬을 끌어낸다. 셜록 홈즈가 대표하는 과학적 합리성은 외국인 범죄자의 주술적이고 미개한 전근대성과 극명한 대조를 이루며, 이러한 극적 대비를 통해 영국인의 민족적, 인종적 수월성은 부각된다.

1857년에서 1859년에 걸쳐 발생한 인도 반란(Indian Rebellion)은 그레그(Hilda Gregg)의 지적처럼 빅토리아 시대 영국의 "대중적인 상상력을 가장 강력하게 장악했던"(Brantlinger 199) 사건이라고 할 수 있다. 영국군으로 복무하던 인도인인 세포이(Sepoy)에 의해 주도된 인도 반란은 독립을 위한 반제국주의 항쟁이 아닌 영국인에 대한 무차별적인 공격행위로 규정되었고, 영국인에 대한 인도인의 위해는 증폭되고 과장되어 영국 내에 유포됨으로써 영국인의 인도인에 대한 공포심과 경계심을 극대화시켰다. 빅토리아 시대 영국 추리소설에서 인도 반란은 중요한 모티프로 등장한다. 『네 사람의 서명』은 그 좋은 예인데, 인도 반란은 "영국의 켄트(Kent)와 서리(Surrey) 지역처럼 고요하고 평화롭던 인도"가 "갑자기 몰려나온 20만 명의 시커먼 악마들"(1:215)에 의해 "고문과 살인과 능욕"(1:216)의 장으로 변한 사건으로 규정된다. 소설 속에서 반란이 발생한 인도의 아그라(Agra) 인접 지역은 "광신자와 온갖 종류의 악마 숭배자들이 득시글거리는"(1:216) 곳으로, 인도인들은 영국 여성을 "갈기갈기 찢어"(1:215) 죽이고 영국인의 집을 불태우고 나서 "불타는 집 앞에서 춤추고 환호하는" "붉은 코트를 걸치고 있는 시커먼 악귀들"(1:216)로 재현된다.

『네 사람의 서명』에서 런던으로 잠입해 살인을 저지르는 통가(Tonga) 역시 인도의 안다만 제도(Andaman Islands) 출신으로 설정된다. 소설에서 인용되는 "가장 권위 있는 최신"(1:186) 지명 사전(gazetteer)에 따르면, 안다만 제도의 원주민들은 "난파한 선원들을 돌

도끼로 머리를 때리거나 독침을 쏘아 살해하고" "학살 후에는 식인 축제를 빼놓지 않는" "완강하고 사나운"(1:186) 식인종들로 규정된다. 통가는 안다만 제도 원주민의 특성을 충실히 반영하는 인종적 타자의 전형으로 재현된다. 그는 "꿈에 나타날까 봐 무서운" "야수성과 잔인성이 깊이 새겨진 얼굴"을 한 "기형적으로 큰 머리에 곱슬머리인 키 작은 흑인"(1:204)으로 묘사된다. 통가는 "짐승 같은 분노"를 표출하는 "잔인하고 뒤틀린 인물"이기 때문에 본명보다는 "피에 굶주린 작은 괴물"(1:234) 또는 "지옥의 사냥개"(1:206)라는 별칭으로 호명된다.

빅토리아 시대 영국 추리소설은 세포이 반란으로 인한 영국인들의 위기감을 반영하여 인도인에 의해 위협받는 영국의 개인, 가정, 사회를 형상화한다. 『네 사람의 서명』에서는 인도 반란의 혼란을 틈타 탈취되어 영국 내로 반입된 아그라 성의 보물을 둘러싸고 발생한 살인사건과 이와 맞물려 진행되는 이상적인 영국 여성을 향한 범죄의 위협이 다루어진다. "섬세하고 민감한 영혼"과 "풍부한 감정과 정신적 깊이를 지닌" "작은 체구의 고상한" "금발의 젊은"(1:131) 영국 여성 모스턴(Mary Morstan) 양은 인도의 보물로 인해 심각한 위험에 빠지게 되는 것이다. 인도의 신비와 광기를 상징하는 보석에 의해 침범당하는 영국이라는 주제는 콜린스의 『문스톤』에서도 분명하게 드러난다.[25] 『문스톤』에서는 "천명의 목숨

---

25 『네 사람의 서명』과 『문스톤』은 인도 반란 이후 극대화된 인도인에 대한 두려움을 주요 모티프로 사용하고 있다는 점에서는 공통점을 지니지만, 인도/인도인의 재현 양상에 있어서는 차이를 드러낸다. 코난 도일이 인도인을 잔인하고 사악한 야만인으로 재현하여 "인도에 대한 영국의 지배를 자연스럽게 지지하도록"(Thompson 72) 유도하는 반면에, 콜린스는 인도인을 "신비스러운 동방"(Symons 51)으로부터 건너온 자긍심을 지닌 존재로 재현하는 상대적으로 객관적이고 균형 잡힌 시각을 드러낸다. 그럼에도 불구하고 『네 사람의 서명』과 『문스톤』은 모두 인도인에 의해 위협받는 영국인을 그리고 있으며, 인도인의 위협에서 영국의 가정 공동체를 수호하는 탐정-가부장이라는 재현 방식을 통해 동일한 이데올로기적인 효과를 창출한다고 할 수 있다.

을 빼앗는 일을 대수롭지 않게 여기는", "사람을 살해하는 일을 파이프에서 담뱃재 터는 정도로 여기는"(73) 나라인 인도에서 건너온 다이아몬드로 인해 영국 가정의 평화가 위협당하는 상황이 그려진다. 인도 힌두교 여신상 이마에 박혀있던 문스톤이 도난당한 후 가정의 구성원들이 서로를 의심의 눈초리로 바라보게 되면서 평화로운 영국의 가정 공동체는 위기에 처한다. 사랑하는 남녀는 헤어지고 전원의 저택은 폐쇄되며, 공동체의 구성원은 이전의 결속감을 상실한 채 서로에게서 소외된다. "영국에 이곳보다 더 행복한 가정이 있을 수는 없으리라" 여겨지던 베린더 가문은 "산산조각으로 분열되어 공기마저 미스터리와 의혹으로 더럽혀지는"(181) 것이다. 이러한 사태에 직면하여 충직한 집사 베터리지는 "이 평온한 영국의 집은 악마와 같은 인도 다이아몬드에 의해—살아 있는 악당들의 음모와 더불어 지금은 죽고 없는 한 사나이의 복수심에 의해—갑자기 침입당한 것이다"(33)라고 탄식한다.

빅토리아 시대 영국 추리소설에서 탐정은 식민지 외국인의 침입과 위협에 대항하여 영국인의 생명과 가정을 보호하는 역할을 성공적으로 수행함으로써 대영제국의 새로운 영웅으로 부상한다. 『네 사람의 서명』에서 셜록 홈즈는 "모두를 집어삼킨 어둡고 야만적인 사건" 속에서 "평화로운 영국 가정"(1:167-68)을 복원하기 위해 분투한다. 그는 뛰어난 추리 능력을 발휘해 범죄를 해결함으로써 영국 여성에게 다가오던 위험을 제거한다. 인도산 보물의 저주가 사라진 후 왓슨은 모스턴 양에게 "얼마나 사랑하는지 말할 수 있게"(1:211) 되고, 부모를 잃은 후 홀로 지내던 모스턴 양은 왓슨의 청혼을 받아들인다. 왓슨이 모스턴 양이라는 "새로운 보물"(1:211)을 얻게 된 소식을 통해 행복한 영국 가정의 탄생을 예고하면서 소설은 종결된다. 『문스톤』에 등장하는 "뇌와 신경계라는 정밀하고 섬세한 주제"(369)에 관해 저술 활동을 하는 제닝스(Ezra Jennings)

는 자신이 소유한 "생리학적 원리"(385)에 관한 과학적 지식을 사용해 혼란 속에서 질서를 회복시킨다. 그가 제안한 "과학이 승인하는 대담한 실험"(385)을 통해 문스톤과 관련된 미스터리는 해결되고 블레이크(Franklin Blake)는 범죄자라는 의혹에서 해방된다. 인도산 다이아몬드로 인해 발생한 영국 가정의 위기는 레이첼(Rachel Verinder)과 블레이크의 결혼으로 해소되고 베린더 가문은 평화로운 일상의 질서를 회복한다.

빅토리아 시대 영국 추리소설은 범죄가 계급적 질서에 대한 도전인 동시에 민족적/인종적 위계에 대한 위협으로 규정된 시대적 상황을 반영하여 외부의 세력에 의해 위협받는 영국의 개인, 가정, 사회를 형상화했다. 식민지 출신 외국인은 직접 범죄를 저지르거나 범죄의 동기를 제공하고, 영국의 평화로운 가정과 사회는 식민지 원주민에 의해 침공당하는 역식민적 상태를 보인다. 따라서 탐정에 의해 수행되는 외국인 범죄자에 대한 추적과 처벌은 위협받는 인종적 순결성을 보호하는 영국 가부장의 성스러운 사명이자 임무로 재현된다. 위협받던 영국의 제국적인, 인종적인 위상과 안전은 탐정에 의해 다시 확고해지는 것이다.

4. 다시 안전해진 계급적, 인종적 권위

이번 장에서는 빅토리아 시대 영국 추리소설이 범죄의 선정성에 기대어 대중적인 인기를 추구한 저급한 소설 문학이 아니라, 범죄는 패배가 예정된 계급적, 인종적 위반행위임을 보여줌으로써 지배 이데올로기를 지탱하고 옹호한 당대 소설 문학의 주요 장르였음을 밝히려고 했다. 프랑스 혁명 이후 고양된 변혁적인 기운의 문학적 반영이라 할 수 있는 뉴게이트 소설과의 비교에서 지적한 것처럼, 빅토리아 시대 영국 추리소설은 뉴게이트 소설의 전복적인 에너지를 감시하고 처벌하려는 지배계급의 움직임과 함께한 태생적인 보수성을 지닌 소설 양식이었다. 뉴게이트 소설이 하류계급 출신의 범죄자를 영웅적인 인물로 형상화했다면, 추리소설은 상류계급 출신의 탐정을 새로운 영웅으로 탄생시켰다. 추리소설은 지배계급의 규범을 거스른 자는 체포되어 처벌받게 된다는 사실을 보여줌으로써 범죄는 패배가 예정된 계급적 환상에 불과함을 폭로했다. 탐정의 계급적 기반에 관한 논의에서 밝힌 것처럼, 상류계급 출신의 탐정이 발휘하는 고도의 추리 능력과 범죄 수사에서의 전문성은 탐정이 대변하는 계급의 수월성을 입증하여 기존의 계급 지배체제를 강고하게 만든다.

범죄가 계급적인 위반에서 민족적인, 인종적인 위반으로 전이되면서 빅토리아 시대 영국 추리소설은 소박한 민족주의를 바탕으로 부상할 수 있었다. 앤더슨(Benedict Anderson)의 주장대로 민족이 "상상의 공동체"라면, 추리소설의 발전을 가져온 것은 민족공동체를 향해 외부로부터 가해진 상상 속의 위협이었다. 공동체 내부에 속한 영국인 범죄자와는 달리, 외국인 범죄자는 동일시나 공감의 여지가 근원적으로 차단된 타자였기 때문에 영국의 대중에게 공포와 혐오의 감정을 효과적으로 전달할 수 있었다.

앞서 지적한 것처럼, 빅토리아 시대 영국 추리소설에서의 탐정이 과학적 지식, 측정, 관찰로 대표되는 근대 서구 문명의 총아로 찬사를 받는 존재였다면, 외국인 범죄자는 오래된 과거에 머무는 식민지에서 근대화된 문명 세계로 틈입한 외래적이고 시대착오적인 존재로 재현되었다. 추리소설은 탐정의 분석적인 사유와 과학적인 수사에 의해 식민지 출신 외국인 범죄자들로 인한 위협이 제거되는 과정을 양식화했다. 탐정이 전유하는 과학적 합리성은 외국인 범죄자가 드러내는 야만적 광기와 극적인 대조를 이루면서 영국인의 민족적, 인종적 우위를 부각시켰다. 이를 통해 추리소설은 영국의 식민지 지배를 정당화하는 효과를 생산해 냈다고 할 수 있다. 영국의 식민지 통치는 침략과 약탈행위가 아니라 야만적인 힘을 넘어서기 위한 선진 문명의 교화 및 이식 사업이라는 주장이 설득력을 지닐 수 있게 된 것이다. 이제 하위계급과 외국인에 의해 위협받던 지배계급의 특권과 제국의 권위는 탐정이라는 수호자에 의해 다시 안전하다는 보장을 받는다.

5장 Chapter 05

콜린스의 젠더적 협상 —『흰옷 입은 여인』

1. 선구적 (여성 탐정) 추리소설

영국 추리소설의 기원에 관해서는 다양한 견해가 존재한다. 그럼에도 불구하고 1868년에 출판된 콜린스의 『문스톤』을 영국 '최초'의 추리소설로 평가하는 것이 일반적인 경향이라고 할 수 있다. 그러나 나는 콜린스가 『문스톤』보다 8년 앞서서 1860년에 발표한 『흰옷 입은 여인』을 추리소설의 장르적 공식을 완성한 선구적 추리소설로 규정한다. 추리소설은 탐정과 범인의 대립 구도를 바탕으로, 미스터리로서의 범죄, 범죄자의 추적 및 체포, 범죄를 둘러싼 미스터리의 해결이라는 장르적 규범 위에서 전개된다. 영국 추리소설은 이러한 장르 규범 외에도 범죄의 위협에 처한 이상적인 영국 여성, 외국인 범죄자, 그리고 범죄에 맞서서 여성을 보호하고 가정의 평화와 제국의 안전을 수호하는 탐정을 서사구조에 포함한다. 범죄 서사는 많은 경우 로맨스 서사와 병행되고, 범죄의 해결과 더불어 로맨스는 완성되어 결혼이나 가정의 복원으로 소설은 종결된다. 추리소설의 결말은 범죄와 관련된 사회적 갈등과 혼란이 제거되고 사회적 화합과 질서가 복원되었음을 보여주는 것이라 할 수 있다.

『흰옷 입은 여인』은 완결된 추리소설의 서사구조와 구성요소를 보여준다. "순결한 가슴과 순수한 마음"(188)을 소유한 이상적인 영국 여성인 로라(Laura Fairlie)는 퍼시벌 경(Sir Percival)의 범죄로 인해 위험에 빠지고, 유럽대륙의 무정부주의자로 등장하는 포스코 남작이 외래에서 침투한 범죄성을 구현한다. 메리언(Marian Halcombe)과 월터(Walter Hartright)는 퍼시빌 경과 포스코 남작에 맞서 범죄와 관련된 미스터리를 해결하고 범죄의 피해자인 로라를 구해내기 위해 분투한다. 이들은 퍼시빌 경의 범죄 음모를 폭로하고 포스코 남작의 위협을 제거함으로써 영국 여성에 대한 보호자와 제국의 수호자라는 탐정의 임무를 성공적으로 수행한다. 또한 『흰옷 입은 여인』에서는 로라와 월터가 사랑에 빠지는 로맨스 서사가 등장하고, 범죄가 해결된 후 이들이 가정을 이루는 전형적인 추리소설의 결말을 보여준다.

『흰옷 입은 여인』은 선구적인 추리소설인 동시에 선구적인 여성 탐정 추리소설로 규정될 수 있다. 소설에서 메리언은 범죄의 미스터리를 해결하기 위해 단서를 수집하고 그것들을 분석하여 범죄자를 추적한다. 그녀는 수사를 통해 범죄를 해결하는 탐정의 역할을 담당하는 것이다. 그러나 이번 장의 목적은 단지 『흰옷 입은 여인』이 선구적인 추리소설 또는 여성 탐정 추리소설로 규정될 수 있다는 점을 입증하는 데 있지 않다. 이 장의 주목적은 『흰옷 입은 여인』에서 탐정의 역할을 수행하는 메리언에 대한 재현 방식을 검토함으로써 태동기 추리소설에서부터 분명하게 드러나는 추리소설에서의 젠더 규범과 그 협상과 타협의 방식에 대해 논의하는 데 있다.

메리언은 외모나 성품, 기질과 가치관에 있어서 기존의 젠더 틀을 벗어나는 여성으로 재현된다. 무엇보다도 그녀가 범죄를 수사하는 여성 탐정으로 재현된다는 사실은 메리언이 지닌 젠더적 전복성을 극대화한다고 할 수 있다. 나는 뛰어난 탐정의 자질을 드러내던 메리언이 결국은 여성적 한계를 드러내며 좌절하는 것으로 처리된다는 사실에 주목한다. 합리성과 대담성을 소유한 여성으로 재현되던 메리언이 범죄 수사에 실패한 이후 남성 탐정의 조력자로 기능하거나, 가정 내에서 전통적인 여성의 역할을 담당하는 것으로 처리됨으로써 젠더적 전복성은 봉쇄되는 것이다. 『흰옷 입은 여인』에서는 또한 남성 탐정에 관한 호의적인 재현과는 극명하게 대조되는 여성 탐정에 대한 비하적인 재현 방식이 채택되는데, 이러한 재현 방식은 기존 젠더 규범의 붕괴 및 동요를 막기 위한 주요 장치로 기능한다. 선구적 추리소설인 『흰옷 입은 여인』에서 젠더적 전복성을 제거하기 위해 채택된 이 같은 전략들은 이후 추리소설의, 특히 여성 탐정 추리소설의 젠더적 협상과 타협의 방식을 예고하는 것으로 해석될 수 있다.

2. 원형적 추리소설로서의 『흰옷 입은 여인』

앞서 지적한 것처럼 『흰옷 입은 여인』에는 영국 추리소설의 원형적 면모가 드러난다. 이상적인 영국 여성인 로라가 등장하고 그녀를 위험에 빠뜨리는 범죄자인 퍼시벌 경이 등장한다. 또한 불온한 외부 세력인 포스코 남작이 악의 화신으로 재현됨으로써 범죄와 외국인과의 연관성이 강조된다. 한 편에 범죄자인 퍼시벌 경과 포스코 남작이 존재한다면 다른 편에는 탐정 역할을 수행하는 월터와 메리언이 배치되어 양자 간 대립

구도 속에서 서사가 진행된다. 범죄와 관련된 미스터리는 탐정에 의해 해결되고, 범죄의 피해자인 여성은 구조되며, 범죄자는 각각 죽음과 추방이라는 처벌을 받는다. 범죄 서사와 병행되던 로맨스 서사는 로라와 월터가 가정을 이루는 것으로 완결되고, 범죄자에게 빼앗겼던 재산과 권리는 다시 회복되는 사회정의의 실현으로 소설은 종결된다. 『흰옷 입은 여인』은 추리소설의 원형적인 서사구조를 보여주는 선구적 추리소설로 평가될 수 있다.

『흰옷 입은 여인』에서 범죄의 피해자가 되는 로라는 완벽한 아름다움을 지닌 이상적인 여인으로 설정된다. 그녀의 아름다움은 "인간 본연의 오점도 거의 없는"(49), "그녀가 나타나기 전에는 우리 자신도 몰랐던 우리의 영적인 본성의 빈 곳을 채워주는"(50), "우리가 지녔던 미에 대한 그늘진 인식에 처음으로 생명과 빛과 형태를 주는"(50) 것으로 재현된다. 퍼시빌 경은 재산을 가로채기 위해 로라와 결혼하고, 로라와 외모가 흡사한 앤(Anne Catherick)을 죽음에 이르게 한 후 이를 로라의 죽음으로 위장한다. 로라는 앤으로 신원이 바뀐 상태에서 강제로 정신병원에 수용된다. "가장 깊은 곳에 깃든 명백한 진실성"(49)을 지닌 "진실하고 순결한" "우아한 여인"(50)인 로라는 퍼시빌 경에 의해 끔찍한 범죄의 희생자가 된 것이다.

추리소설이 영국에 최초로 등장했던 빅토리아 시대는 영국 제국주의의 확장과 식민지의 확대로 인해 영국 내 외국인의 가시성이 급속도로 상승한 시기였다. 『흰옷 입은 여인』에서 블랙워터 파크(Blackwater Park) 저택의 우두머리 하녀로 등장하는 일라이자(Eliza Michelson)가 외국인을 최초로 만났을 때 드러내는 반응은 당대 영국 대중의 외국인에 대한 경계와 불신의 시선을 잘 보여준다. "그들은 우리처럼 축복받고 혜택을 누리지 못한다. 대개의 경우 그들은 천주교의 맹목적인 잘못된 생각 속에서 성장한다."(370) 영국인들에게 외국인들은 민족적, 인종적, 언어적, 종교적 차이로 인해 이해와 소통이 불가능한 혐오의 대상인 동시에 평화로운 영국 사회와 가정을 침입하는 공포의 대상으로 인식되었다. 영국 추리소설에서 범죄는 영국 외부로부터의 위협으로, 외국인들은 평화로운 영국 사회와 가정을 침입하는 범죄자로 재현되는 경우가 많다는 사실은 외국인에 대한 영국인의 부정적인 태도를 반영하는 것이라 할 수 있다.

『흰옷 입은 여인』은 1851년 영국 "하이드 파크에서 개최된 유명한 수정궁 박람회(Crystal Palace Exhibition)"(578)를 소설의 배경으로 삼음으로써 외국인 문제를 전면에 배치한다. 수정궁 박람회를 관람하기 위해 "영국에 와 있거나 계속 도착하고 있던" "전에 없이 엄청난 숫자의 외국인들"(578) 중에는 1848년 유럽의 혁명을 주도했던 정치적 불온 세력도 포함되어 있다는 우려 섞인 확신이 소설 속에 드러난다. "우리와 함께 있던 외국인 중 수백 명은 그들의 정부에 의해 계속 의혹을 받던 자들이어서 지정된 요원이 우리의 해안까지 은밀하게 따라왔다."(578) 유럽의 불온 세력이 영국 내에 침투했다는 영국인들의 불안은 이탈리아의 비밀정치결사 조직인 "형제애"(the Brotherhood)(589)단과 그 핵심 멤버인 포스코 백작을 통해서 현실이 된다. 이탈리아를 중심으로 유럽대륙에서 결성되었다는 "형제애"단은 "무정부와 혁명"을 목표로 조직되어 "나쁜 왕 혹은 나쁜 수상의 생명을 빼앗는"(590) 활동을 하는 것으로 소개된다. "형제애"단은 점조직으로 구성되어 있어서 "조직원끼리는 서로 알지 못하고", "조직원이 조직을 배신하거나 다른 이해관계를 위해 조직에 해를 끼치면 '형제애'의 원칙에 의해 죽음을 맞이하게"(590)하는 공포의 대상으로 재현된다. 특히 퍼시빌 경을 배후에서 조종하고 통제하는 거대 악으로 기능하는 포스코 백작은 "평범한 지위와 대열로 분류되지 않는" "능력과 사회적 위치"를 지닌, "특별하게 부여받은 권한을 행사"(578)하는 조직의 거물로 설정된다. 그는 퍼시빌 경이 세운 범죄계획을 수정하고 범죄의 시도가 곤란에 처할 때마다 해결 방안을 제시하는 범죄의 막후조정자로 재현된다.

영국 추리소설의 장르적 규범의 핵심이라고 할 수 있는 범죄 해결을 통한 영국 가정과 제국의 수호는 『흰옷 입은 여인』에서부터 분명하게 드러난다. 메리언과 월터는 퍼시빌 경의 음모를 분쇄하기 위해 그리고 영국에 침투한 불온한 외래 세력을 대표하는 포스코 백작의 숨겨진 정체를 폭로하고 그를 영국 바깥으로 몰아내기 위해 분투한다. 소설의 종결부는 탐정의 활약을 통한 범죄의 해결과 범죄자의 추방, 범죄로 인한 피해와 손실의 복구, 가족의 재회, 결혼과 새로운 가족의 탄생을 보여준다. 범죄로 인해 잃어버린 신분과 지위의 상징인 리머리지 저택(Limmeridge House)은 회복되고, 월터와 로라에게서 태어난 사내아이가 "리머리지 가의 상속자"(643)임을 선언하는 것으로 『흰옷 입은 여인』은 끝을 맺는다.

추리소설의 공식대로 『흰옷 입은 여인』에서도 탐정은 범죄의 위협에 맞서 영국 가정과 제국의 가치를 수호하는 인물로 재현된다. 탐정에 의해 외국인 범죄자는 영국 밖으로 추방되고 이상적인 영국의 가정은 회복되는 것이다. 그러나 탐정의 재현 양상은 성별에 따라 상이하게 진행된다고 할 수 있다. 남성인 월터가 탐정 역할을 통해 영웅으로 등극한다면, 여성인 메리언은 소설 초반에서 보여준 대담성과 분석력, 범죄 수사에서의 활약과는 대조적으로 결국 범죄 해결에 실패하는 것으로 처리된다. 남성 탐정이 빛나는 존재로 부상한다면 여성 탐정은 그의 활약을 더욱 돋보이게 하는 조력자에 머물고 마는 것이다. 지금부터 선구적 추리소설인 『흰옷 입은 여인』에서부터 드러나는 여성 탐정에 의한 젠더적 전복의 가능성과 그에 대한 봉쇄 방식, 그리고 이를 통해 작동하는 추리소설의 젠더 이데올로기에 대해 살펴보자.

3. 여성 탐정 추리소설로서의 『흰옷 입은 여인』

『흰옷 입은 여인』에서 메리언은 합리적 추론과 분석을 통해 범죄를 수사하고 담대하게 범죄자를 추적하여 로라를 둘러싼 음모와 흉계를 파헤치는 탐정의 역할을 담당한다. 이처럼 여성이 범죄 수사의 주체가 된다는 것은 뉴먼(Beth Newman)이 지적한 대로 "남성과 여성의 위계적인 배치를 파괴하는"(1037) 전복적 가능성을 지닌다. 『흰옷 입은 여인』의 젠더적 전복성은 메리언을 당대의 젠더 규범이 요구하는 여성의 미덕과는 무관한 인물로 재현한 것에서부터 드러난다고 할 수 있다. 메리언은 순종적이고 소극적인 것과는 거리가 먼 "다루기 쉽지 않은 맹렬하고 열정적인"(137) 여성으로 재현된다. 그녀는 사람과 사물, 사회현상에 대해 "단호한 것이 자연스러운 목소리"(137)로 자신의 견해를 분명하게 밝히는 적극적이고 자기주장이 강한 여성으로 재현된다. 메리언의 당당함과 과단성 그리고 명민함을 파악한 포스코 백작은 그녀를 "이 위대한 피조물"(this grand creature) 또는 "이 대단한 여인"(this magnificent woman)(331)이라는 경외심 어린 호칭으로 부르며 "메리언을 내 모든 영혼을 다해 찬미한다"(331)라고 고백한다.

> 할콤 양을 보고서도 그녀가 남성의 통찰력과 단호함을 가지고 있다는 것을 알아차리지 못할 수가 있는가? 그녀를 내 친구로 만들면 나는 세상을 우습게 여길 것이네. 그녀를 내 적으로 삼는 것은 당신이 내게 백 번이나 말했듯이 악마처럼 교활한 나 포스코의 모든 지략과 경험을 가지고도, 영어식 표현을 빈다면, 달걀껍질 위를 걷는 것과같이 위태로울 것이네! (331)

메리언은 젠더의 인위적 구분에 구애받지 않는 남녀평등의 시각을 드러내는 인물로 재현된다. 그녀는 남성과 여성을 대하는 데 있어 차이를 두지 않고, “편안하고 가식적이지 않은 자기 신뢰”(32)와 “꾸미지 않은 자연스러움과 태생적인 편안한 자신감”(33)을 가지고 동등하게 대한다. 메리언은 “상류계급 출신 여성이지만”(32) 자신이 숙녀가 갖추어야 할 예술적 자질을 소유하지 못했다는 점과 남성적 놀이로 분류되는 게임에 능하다는 사실에 대해 부끄러워하지 않는다. 그녀는 자신이 “계명을 구분하지 못할 정도로 음악에는 문외한이지만 체스, 주사위 놀이, 카드놀이는 자신 있다”(35)라고 당당하게 밝힌다. 메리언이 드러내는 당대의 젠더 규범으로부터 자유로운 면모는 스스로를 “노처녀 메리언 할콤”(Marian Halcombe, spinster)(198)으로 부르며 자신이 결혼하지 못한 사실에 대해 위축되거나 비관하지 않는 것으로도 확인된다.

『흰옷 입은 여인』의 앞부분에서 메리언은 “나는 호기심으로 불타오르고 있고 이 순간부터 나의 모든 에너지를” 흰옷 입은 여인이 누구인지를 “발견하는 일에 쏟겠다”(37)라고 선언한다. 이후 그녀는 범죄 수사에서 주도적 역할을 담당한다. 메리언은 사건의 열쇠가 되는 흰옷 입은 여인인 앤의 중요성에 대해 최초로 주목하고, 관련된 사건의 단서를 찾아 그것을 분석하고 추론을 통해 미스터리를 해결하기 위해 최선을 다한다. 메리언은 상처 입은 스패니얼 견을 발견하고 캐더릭 부인(Mrs. Catherick)이 블랙워터 파크에 다녀갔음을 알아냄으로써 수사에 중요한 진전을 이루게 한다.

메리언은 범죄 수사를 위해서는 어떤 위협에도 굴하지 않고 위험도 감수하는 대담함과 과단성을 지닌 여성으로 재현된다. 그녀가 퍼시벌 경과 포스코 백작의 흉계와 음모를 파악하기 위한 수사를 본격적으로 진행하자 포스코 백작은 그러한 행위는 끔직한 결과를 야기할 것이라고 위협적으로 암시한다. 그러나 메리언은 "백작의 모든 경고에도 불구하고 이 두 남자가 이야기하려고 앉았을 때 들을 사람이 반드시 있어야 하는데 내가 그 듣는 사람이 되어야 한다"(324)라고 결심한다. 메리언은 거친 날씨와 발각될 위험에도 불구하고 퍼시빌 경과 포스코 백작의 대화를 도청하기 위해 "자신의 거실 창문 밖으로 빠져나와 지붕에 올라가 소리를 내지 않고 기어가서 서재 창문 바로 위인 곳까지 간다"라는 "계획"(325)을 세우고 실행에 옮긴다.

> 나는 백작이 서재 문을 닫는 소리를 들었다. 나는 퍼시빌 경이 창문의 덧문 빗장을 거는 소리를 들었다. 비가 줄기차게 내리고 있어서 뼛속까지 시렸고 같은 자세를 유지하느라 몸에 쥐가 났다. 최초로 몸을 움직이려고 했을 때 너무 고통스러워서 중지할 수밖에 없었다. 나는 다시 시도했고 젖은 지붕 위에서 무릎을 세우는 데 성공했다. 벽으로 기어가 몸을 벽에 기대서서 백작의 옷 갈아입는 방의 창문에 불이 번뜩이는 것을 돌아보았다. (340)

메리언은 지붕 위에서 비를 맞은 후 심하게 앓게 된다. 그녀가 병상에 있는 기간에 포스코 백작과 퍼시벌 경은 앤의 죽음을 로라의 사망으로 위장한다. 메리언은 병상에서 일어난 후 로라의 사망 소식을 듣지만 그 사실을 받아들이지 않고, 병약해진 상태에도 불구하고 의문점을 풀기 위한 수사를 시작한다. 메리언은 로라가 앤의 신분으로 바뀌어져서 전에 앤이 감금되었던 정신병원에 가두어진 것을 알아낸다. 메리언은 정신병원을 방문해서 그곳에 로라가 있음을 확인한 후 그녀를 탈출시킨다.

메리언이 범죄 수사에서 드러내는 독립성, 단호함, 과단성, 용맹성, 불굴의 정신 등은 프리츠(Kathlyn Ann Fritz)와 헤브너(Natalie Kaufman Hevener)가 지적한 추리소설에 등장하는 탐정이 소유한 "남성적 자질”(107)과 일치한다. 따라서 메리언을 순종적이고 수동적인 여성이 아니라 주도적으로 범죄를 해결하기 위해 분투하는 여성 탐정으로 재현한 것은 당대의 젠더 규범을 뒤흔드는 전복적인 행위로 볼 수 있다. 이런 측면에서 “여성 탐정을 사용한다는 것”은 “기본적으로 진보적인 생각”(12)이라는 크레이그(Patricia Craig)와 캐도건(Mary Cadogan)의 주장은 설득력을 지닌다.

『흰옷 입은 여인』이 담보한 젠더적 불온성은 메리언의 외모에 대한 비하적 재현과 그녀가 드러내는 관습적인 여성관, 보조적/순종적인 역할로의 퇴행을 통해 순치된다고 할 수 있다. 순치를 통해 여성 탐정은 여성해방을 지향하는 전위적 여성이 아니라 혐오감을 자아내는 예외적인 여성이거나 여성으로서의 한계를 승인하는 의존적인 존재로 축소된다. 그리고 이러한 퇴행적 재현은 지배적 성 이데올로기와의 타협이나 젠더 규범의 수용으로 종결되는 것이다.

4. 전복적 가능성의 봉쇄

『흰옷 입은 여인』에서 메리언이 드러낸 젠더적 전복성은 그녀를 예외적 여성으로 배제함으로써 봉쇄된다고 할 수 있다. 외모에 대한 비하적 재현을 통해 메리언은 여성으로 일반화할 수 없는 기괴하고 예외적인 여성으로 축소되고, 그녀가 극도로 예외적인 여성 또는 별종으로 재현됨으로써 여성 탐정이 초래할 성적 지배체제에 대한 위협은 사라진다. 무엇보다도 메리언은 여성에 대한 편견을 내면화한 인물로 재현되고, 수사의 주체에서 남성 탐정의 보조자로 또 그 후에는 가정 안에서 전통적인 여성의 역할을 순종적으로 수행하는 것으로 처리됨으로써 그녀가 담보한 젠더적 전복성은 성공적으로 소거된다.

『흰옷 입은 여인』에서 메리언의 재현은 여성적 존중성을 배제하는 방식으로 이루어진다. 그녀는 보는 이에게 즉각적인 혐오의 반응을 일으키는 흉하고 남성적인 외모의 소유자로 재현되는 것이다.

> 그 숙녀의 피부색은 거의 검정색이었고 윗입술 위의 검은 솜털은 거의 콧수염이라 할 수 있었다. 그녀는 크고 단호한 남성적인 입과 턱을 가졌고 거대하고 꿰뚫어 보는듯한 튀어나온 갈색 눈을 가졌다. … 그녀의 표정에는 부드러움과 유순함 같은 여성적인 매력—이것들이 없으면 이 세상에 있는 가장 아름다운 여성의 미도 불완전해질—이 전적으로 결여되어 있었다. … 남성적인 형태와 남성적인 얼굴은 … 잠을 자면서 꿈속에서 변태적인 것과 모순적인 것을 알면서도 그것들을 조화시킬 수 없을 때 느끼는 무력한 불쾌감과 이상할 정도로 흡사한 기분을 느끼게 했다. (32)

여성성을 극도로 결여한, 따라서 정상적인/적절한 여성이라기보다는 "자연법칙은 실수할 수 없다는 오래되고 관습적인 격언과 가장 모순되는"(32) 비정상적인 여성으로 분류됨으로써, 메리언은 여성 권력의 강화를 상징하는 여성이기보다는 "거의 구역질을 일으키게 하는"(32) 예외적인 여성으로 배제되는 것이다. 블레이크(Fay Blake)는 「여류 탐정들과 여성 탐정들」("Lady Sleuths and Women Detectives")에서 여성 탐정이 단지 "독자들을 놀라게 하는"(39) 기능만을 하는 경우가 있다고 비판하는데, "아름다운 기대를 가장 기이하고 놀랍게 실망시키는"(『흰옷 입은 여인』 32) 외모의 여성으로 재현되는 메리언의 경우는 그 전형적인 사례라 할 수 있다.

메리언은 또한 여성에 대한 근원적인 불신과 편견을 내면화한 여성으로 재현된다. 그녀는 "여성의 마음은 너무 진중하지 못하고 눈은 너무 부주의하다"(35)라고 주장하며 "내가 가장 경멸했던 것은 다른 여성들의 나약함"(183)이라고 공개적으로 밝힌다. 메리언은 "여성을 대단하게 여기지 않는다"(33)라는 자신의 의견을 개인적 견해가 아닌 전체 여성의 입장으로 일반화하는 경향마저 보인다. 그녀는 "자신처럼 자유롭게 고백하지는 못하지만 모든 여성이 자신의 성을 높게 평가하지 않는다"(33)라고 단언하는 것이다. 범죄 수사가 난관에 부딪혔을 때 메리언이 이를 여성이라는 자신의 근원적 한계로 보고 자책하는 것은 내면화된 여성관의 자연스러운 표출이라고 할 수 있다. 수사에서의 좌절로 인해 "고민과 분노를 담은 불쌍하고 나약한 여성의 눈물이 내 눈에 흐르기 시작"(183)할 때, 개인의 능력과 의지의 부족은 "결국 나의 용기는 고작 여성의 용기였다"(326)라는 여성인 자신에 대한 비하로 이어진다. 메리언은 젠더 규범에 저항하는 전위적인 여성이 아니라 여성에 대한 가부장적 인식을 내면화한 극도로 낮은 자존감을 지닌 여성으로 재현되는 것이다.

수사의 주체로 활약하던 소설의 초반과는 달리, 『흰옷 입은 여인』의 후반으로 갈수록 메리언은 범죄 수사에서 주도적인 역할을 수행하지 못한다. 로라를 정신병원에서 탈출시킨 이후 메리언은 범죄를 수사하기보다는 퍼시빌 경과 포스코 백작을 피해 도피에 가까운 생활을 하게 된다. 본격적인 수사는 앤의 무덤을 방문한 메리언과 로라가 그곳에서 월터와 마주치게 된 이후 재개되는 것이다. 그러나 재회 이후 수사는 월터가 주도하게 되고, 범죄와 관련된 핵심적인 미스터리의 해결과 범죄자에 대한 처벌과 추방은 그에 의해 이루어진다. 범죄 수사의 결정적이고 최종적 역할은 남성인 월터가 수행하고 여성인 메리언은 보조자 역할만을 충실하게 수행하는 것으로 재현된다.

수사 초기에 메리언은 수사의 방향을 제시하고 선도한다. 메리언은 월터에게 흰옷 입은 여인과 관련된 미스터리를 처리하는 데 있어 "조금 더 단호할 필요가 있었다"(36)라고 책망하고 "우리가 반드시 어떤 식으로든 이 미스터리를 진짜로 해결해야만 한다"(36)라고 독려한다. 그녀는 월터가 떠난 후에도 혼자서 사건의 해결을 위한 수사를 계속한다. 그러나 월터와 재회한 이후 메리언은 이전에 볼 수 없었던 여성적 약점을 드러내며 수사에서의 주도권을 상실한다. 포스코 백작의 편지를 월터에게서 전달받았을 때 메리언은 극심한 공황 상태에 빠지고 월터는 메리언의 여성적 한계를 절감한다. "내가 다룬 것처럼 그 편지를 다루기에는 그녀는 너무도 진실로 여성이었다. 글씨의 역겨운 낯익음은 너무도 심해서 그녀는 자기통제를 유지할 수 없었다."(458)

여성적 한계를 노출한 이후 메리언은 수사의 조력자 역할에서도 배제된다. 퍼시빌 경을 추적하여 출생신고서의 조작을 밝히고 포스코 백작을 직접 대면하여 그의 정체를 폭로하는 수사의 주요 국면에 참여하는 것이 메리언에게는 허용되지 않는다. 포스코 백작과 대치해야 하는 수사의 가장 결정적인 국면에 이르렀을 때 메리언은 월터에게 자신도 함께 가겠다고 간청한다.

> 알겠어요! … 당신은 오늘밤을 최후의 기회로 삼으려는군요. … 혼자서는 안돼요! 오, 월터 제발 혼자서는 가지 말아요. 나도 당신과 함께 갈게요. 내가 단지 여성이라는 이유로 나를 거부하지 마요. 난 꼭 가야 해요! 나는 가겠어요! 바깥의 마차에서 기다리겠어요! (597)

그러나 월터는 그녀의 수사 참여를 허용하지 않고 로라를 돌보는 일에만 집중하여 자신의 마음을 편하게 해달라고 요구한다.

> "당신이 나를 돕고 싶다면," 나는 말했다, "여기서 멈추고 오늘 밤에는 내 아내의 방에서 자요. 오직 내가 로라에 대해 편한 마음을 가지고 떠날 수 있도록 해줘요. 그 외의 모든 것에 대해서는 내가 책임을 지겠소. 메리언, 와서 내게 입 맞춰주어요. 내가 돌아올 때까지 기다릴 수 있는 용기가 있음을 보여줘요." (597-98)

소설의 종결부에서 월터는 포스코 백작이 지닌 "살아있는 동안 없어지지 않는 조직원의 몸에 지닌 비밀 표지"(590)를 식별함으로써 그가 "형제애"단의 조직원임을 폭로한다. 범죄는 월터에 의해 해결되고 포스코 백작은 영국에서 추방된다. 월터가 범죄를 해결하는 동안 수사에서 완전하게 배제된 메리언은 가정 내에서 로라를 돌보고 보호하는 전통적인 여성/어머니의 역할을 담당한다. 로라는 메리언의 보살핌 속에서 몸과 마음이 빠르게 회복되어 간다. 그리고 메리언의 헌신과 사랑으로 로라의 상태가 개선되는 것에 대해 월터는 메리언에게 "감사와 찬미"를 표하는 것이다.

> 그녀가 [로라가] 나아지는 쪽으로 변화하고 있었던 것은 … 내가 정말 예견하지 못한 놀라움이었다. 그리고 그런 변화를 바라보면서 느끼는 말로 다할 수 없는 행복에 대해 나는 메리언의 용기와 사랑에 빚졌다. 로라가 곁에 없어서 우리가 제한 없이 이야기할 수 있을 때 나는 [메리언에게] 내 가슴을 채운 감사와 찬미를 표현하려고 했다. (557)

『흰옷 입은 여인』에서 메리언이 대담하고 독립적인 여성 탐정에서 순종적인 가정의 천사로 변모하는 것은 느닷없고 갑작스러운 것으로 볼 수도 있을 것이다. 그러나 캐릭터의 일관성에서 문제점으로 지적될 수 있는 메리언의 퇴행적 재현은 여성 탐정이 제기했던 전복성을 순치하기 위해 채택한 것으로 이해되어야 한다. 이러한 순치 과정을 통해 여성 탐정의 등장은 젠더 규범에 대한 전면적인 저항이 아니라 "단지 협소한 도전"(Ardis 16)으로 축소된다.

5. 순치되는 여성 탐정

이번 장에서는 『흰옷 입은 여인』을 선구적 추리소설로 새롭게 규정하고 여성 탐정의 등장으로 형성된 전복적 가능성에 대해 검토해보았다. 앞서 살펴본 것처럼, 젠더적 전복성은 여성 탐정의 외모에 대한 비하적 재현과 여성 탐정에게 내면화된 가부장적 여성관, 그리고 여성 탐정에 대한 퇴행적인 재현을 통해 봉쇄된다. 그 전복적 가능성에도 불구하고 여성 탐정은 여성해방의 전위적 여성으로 부각되는 것이 아니라 극도로 예외적인 경우로 배제되거나 지배적 성 이데올로기에 의해 순치된 존재로 축소되는 것이다.

『흰옷 입은 여인』은 소설의 첫 줄에 기술된 대로 "여성의 인내가 견딜 수 있는 것과 남자의 결심이 달성할 수 있는 것에 관한 이야기"(5)라고 할 수 있다. 『흰 옷 입은 여인』은 젠더 규범을 위반하는 여성 탐정이 아니라 남성에게 순종하며 고난을 인내하는 여성 그리고 사랑하는 여인을 지키기 위해 분투하고 결국에는 성공하는 남성을 보여줌으로써 당대의 젠더 틀에 부합하는 것이다.

선구적 추리소설인 『흰옷 입은 여인』에서 드러나는 젠더 이데올로기의 승인과 수용의 방식은 이후의 추리소설, 특히 1880년대 이후 등장하는 영미 여성 탐정 추리소설에서 동일하게 반복된다. 이들 여성 탐정 추리소설에서도 여성 탐정은 비정상적이고 예외적인 여성으로 재현되어 배제되거나 젠더적 퇴행 서사를 통해 당대의 성 이데올로기를 승인한다. 『흰옷 입은 여인』은 여성 탐정을 둘러싸고 진행될 젠더적 타협과 협상의 방식을 예고한다는 점에서도 그 선구적 역할을 충실하게 수행한 것이다.

6장 Chapter 06

여성 탐정 추리소설의 성정치학

1. 추리소설의 재평가와 젠더적 편애

19세기 중후반에 등장한 이후 영미 추리소설은 오랜 기간 범죄라는 선정적인 요소를 이용해 대중적인 호기심을 자극하여 상업적인 성공을 추구하는 저급한 통속소설로 분류되었다. 문학 위계의 하부에 배치되었던 추리소설을 새롭게 평가하려는 움직임은 범죄 문학이 지배 이데올로기적인 효과를 창출한다는 점을 밝힌 푸코의 선구적인 연구로 촉발되어 1980년대 이후 본격적으로 진행되었다. 재평가 작업을 통해 추리소설은 단지 범죄의 선정성에 기대어 대중적인 인기를 추구한 저급한 소설 양식이 아니라, 기존 체제를 위협하는 범죄자의 체포를 통해 무질서와 비합리성을 질서와 합리성이 대체하는 과정을 보여줌으로써 당대의 지배 이데올로기를 지탱하고 강화한 소설 문학의 주요 장르로 재규정되었다고 할 수 있다.

나는 추리소설에 대한 재평가 과정에서의 논의가 당대의 계급, 민족, 인종 이데올로기를 추리소설이 강화하는 방식에 집중한 반면, 추리소설에서의 젠더 이데올로기의 역할에 관해서는 소홀히 다루고 있다는 사실에 주목한다. 추리소설에 대한 재평가 작업의 대표적인 성과물이라 할 수 있는, 추리소설에 관해 기호학적인 분석을 시도한 에코(Umberto Eco)와 시벅(Thomas Sebeok)의 『세 사람의 서명』(*The Signs of Three*), 마르크스주의의 관점에서 추리소설에 접근한 만델(Ernest Mandel)의 『유쾌한 살인』(*Delightful Murder*), 구조주의와 마르크스주의의 분석 틀을 결합하여 추리소설의 이데올로기와 형식의 독자성 사이의 관계에 대해 고찰한 포터(Dennis Porter)의 『범죄의 추적』(*The Pursuit of Crime*)과 나이트(Stephen Knight)의 『범죄소설의 형식과 이데올로기』(*Form and Ideology in Crime Fiction*) 중 어디에도 젠더를 주요 의제로 설정한 사례는 보이지 않는다. 추리소설에 대한 다양한 비평적 접근을 시도하고 있음에도 불구하고 추리소설에 대한 재평가 작업은 계급이나 민족이라는 단일한 관점에 집착함으로써, 추리소설의 성 이데올로기적인 역할에 대한 검토는 결여하고 있다.

『여성, 범죄, 그리고 범죄학』(*Women, Crime and Criminology*)에서 스마트(Carol Smart)가 지적하고 있듯이 범죄행위자와 범죄 수사자는 남성으로, 범죄 피해자는 여성으로 예단하는 것이 서구 근대 범죄 담론에서의 보편적인 경향이었다(183). 남성이 범죄의 주체로, 여성은 비주체로 규정되는 범죄의 성별화 경향이 보편적 양상으로 자리 잡게 된 것은 이러한 구분이 가부장제가 규정한 남성의 공격성과 여성의 수동성이라는 젠더 규범과 일치하기 때문이었다고 할 수 있다. 근대 서구에서의 성별화된 범죄 담론은 19세기 후반에 들어와 새롭게 부상한 범죄학에 의해 과학적 사실로 승인되었다. 『여성 범죄자』(*The Female Offender*)에서 롬브로소(Cæsar Lombroso)와 페레로(William Ferrero)가 사례 조사를 통해 범죄는 남성적인 행위라는 판정을 내리고 여성이 범죄를 저지른다는 것은 자연법칙에 어긋난다(152)는 결론을 내린 것은 그 대표적인 경우라 할 수 있을 것이다. '최초'의 추리소설인 포의 「모르그가의 살인사건」에서부터 여성은 범죄의 피해자로 남성은 범죄 수사의 주체로 등장한다는 점에서 추리소설은 그 발생단계에서부터 범죄의 성별화 담론을 충실히 반영했다고 볼 수 있다. 탐정과 범죄자는 그 계급적, 인종적 배경과는 무관하게 남성으로 설정되고, 범죄에 대한 수사는 남성이 주체가 되어 이루어지는 행위로 재현되는 것이다.

이번 장의 목적은 젠더적인 편애가 탐정과 범인의 대립 구도를 바탕으로 진행되는 추리소설 구조의 핵심적 요소로 기능하고 있다는 점에 주목함으로써 젠더가 추리소설의 주요한 담론적 기제로 작동했음을 밝히는 데 있다. 1880년대에서 1910년대 사이에 출판된 영미 추리소설을 주된 텍스트로 삼아 추리소설의 성별화에 대해 논의하게 될 이 장에서는 여성 탐정 추리소설이 주요 논의 대상으로 설정된다.[26] 1880년대에 들어와 영미 추리소설에 새롭게 등장한 여성 탐정 추리소설은 여성이 범죄를 수사한다는 설정만으로도 기존 추리 서사의 젠더 규범을 교란할 가능성을 내포한다고 볼 수 있다. 여성이 범죄자에 대한 감시와 추적을 담당하고 추론적 과정을 통해 범죄와 관련된 미스터리를 해결한다는 설정은,

---

26 이 글에서 주요 논의 대상으로 삼은 여성 탐정 추리소설을 출판연도순으로 열거하면 다음과 같다. Leonard Merrick *Mr Bazalette's Angels* (1888), Albert W. Aiken *The Actress Detective; or, The Invisible Hand: The Romance of an Implacable Mission* (1889), W. S. Hayward *Revelations of a Lady Detective* (1894), Catherine Louisa Pirkis *The Experience of Loveday Brooke, Lady Detective* (1894), Albert W. Aiken *The Female Barber Detective: or, Joe Phoenix in Silver City* (1895), Harlan P. Halsey *The Lady Detective* (1895), George R. Sims *Dorcas Dene, Detective* (1897), Beatrice Heron-Maxwell *The Adventures of a Lady Pearl-Broker* (1899), Grant Allen *Hilda Wade* (1900), Marie Connor Leighton *Joan Mar, Detective* (1910), Emmuska Orczy *Lady Molly of Scotland Yard* (1912), Gladys Mitchell *Speedy Death* (1918).

여성성으로 규정된 감성적, 비논리적, 수동적 속성을 전면적으로 거부하고 합리성, 분석력, 과감성 등과 같은 남성적 덕목을 여성에게 부여하는 행위가 되기 때문이다. 그러나 여성 탐정 추리소설에 내재된 전복적 가능성은 즉각적으로 봉쇄되고 만다.

여성 탐정 추리소설이 담보한 전복적 가능성에 대한 봉쇄는 남성 탐정의 재현과 극명하게 대비되는 여성 탐정의 차별적 재현과, 여성 탐정 추리 서사에서 시도된 협상과 타협으로 이루어진다. 이번 장은 추리소설의 장르적 규범을 거스르는 극도로 이질적인 존재인 여성 탐정이 추리소설의 성별화 경향에 제동을 걸거나 균열을 일으키기 위한 장치가 아니라, 오히려 추리소설의 젠더적인 편애를 강화하는 도구로 사용되었다는 사실을 드러내는 작업이라 할 수 있다.

2. 여성 탐정의 차별적 재현과 그 효과

길버트(Sandra Gilbert)와 구바(Susan Gubar)는 여성주의 문학 이론서의 고전인 『다락방의 미친 여자』(*The Madwoman in the Attic*)에서 "대부분의 서구문학 장르는 결국 본질적으로 남성"(67)이라고 주장한다. 추리소설도 길버트와 구바의 주장을 넘어서기 어려운 장르다. 추리소설은 남성 탐정의 재현을 통해 합리성, 독립성, 과단성, 용맹성 등과 같은 남성성에 대한 이상화를 시도하고 있다는 점에서 서구문학 장르 중 가장 남성적인 장르라고 할 수 있다. 최초의 탐정인 뒤팽의 경우에서 드러나듯이 남성 탐정은 과학 지식을 사용하여 범죄의 단서와 증거를 분석하고, 분석 결과를 근거로 가설을 세운 후 추가적인 단서에 의해 가설을 수정하는 과정을 반복함으로써 범죄 해결에 있어서 오류를 범하지 않는 완벽한 인물로 재현된다. "탐정과 동의어"(Knight 67)라고 할 수 있는 셜록 홈즈 역시 과학적 분석과 합리적 추론을 통해 범죄를 해결하는 과학자인 동시에 뛰어난 육체적 능력을 소유한 스포츠맨으로 설정된다. 이들 남성 탐정은 탁월한 지적 능력을 발휘하여 범죄와 관련된 미스터리를 풀고, 과감하고 단호한 행동으로 범죄자를 색출함으로써 사회질서를 회복시키고 범죄에 위협받던 개인과 가정을 다시 안전하게 보호하는 영웅적 인물로 재현된다.

영미 추리소설에서 남성 탐정은 수사 능력의 수월성 외에도 유한계급의 여유로움을 지닌 인물로 재현된다. 이들은 범죄 수사를 직업이나 생계를 위한 행위가 아니라 취미생활 또는 지루한 일상으로부터 도피하기 위한 지적인 게임으로 여긴다. 탐정 활동을 생의 무료함을 달래기 위한 "귀족적 스포츠"(*Gaudy Night* 30)로 간주하는 세이어즈(Dorothy L. Sayers)의 추리소설에 등장하는 윔지 경(Lord Peter Wimsey)과, "얽힌 것을 푸는 도덕적 행위에 자부심을 느끼는 분석가"(「모르그가의 살인 사건」 141)로 자신을 규정하는 뒤팽은 이러한 경향을 뚜렷하게 보여준다. 범죄 수사를 자신의 천재성을 시험해보는 장으로 여기고 도전할 만한 가치가 있는 범죄가 발생하지 않는다는 사실에 종종 불만을 표시하는 셜록 홈즈 역시 추리소설에서의 남성 탐정 재현 방식을 보여주는 또 하나의 대표적인 사례라 할 수 있다.

초기 영미 추리소설에서 남성 탐정은 개인적인 기벽을 지닌 신비로운 인물로 재현된다. 뒤팽은 오래되고 낡은 저택에 거주하면서 빛을 차단하기 위해 집안의 창문을 모두 봉쇄하고 지낸다. 그는 낮에는 자고 밤에는 깨어나 파리의 밤거리로 "항해하듯 들어가 … 밤늦은 시각까지 먼 지역과 넓은 지역을 거닐며 사람이 붐비는 도시의 흥분한 불빛과 그림자 사이에서 고요한 관찰만이 누릴 수 있는 무한한 정신적인 흥분"(「모르그가의 살인사건」 143)을 추구한다. 성품이 까다롭고 비사교적인 인물로 등장하는 셜록 홈즈는 자신의 고질적인 우울증을 바이올린 연주와 마약을 통해 달랜다. 남성 탐정의 기이한 삶의 방식과 자기중심적인 성향은 이들을 평범한 인물들과 구별 짓는 천재성의 징표로 부각된다. 남성 탐정은 비범한 수사 능력, 계급적 품위, 신비로움을 드러내는 "영웅의 전형"(Berglund 139)으로 재현됨으로써 이상적인 남성성을 극대화시킨다.

앞서 지적한 것처럼, 여성 탐정 추리소설은 여성이 수사의 주체가 된다는 기본 설정만으로도 기존 추리소설에서의 젠더 이데올로기에 대한 저항과 도전이 될 수 있다. 법률의 보호 대상에 머물던 여성이 범죄 수사를 통해서 법률의 집행자가 된다는 점에서 여성 탐정 추리소설은 여성 권력의 강화와 독립성의 확대를 위한 문학적 시도로 볼 수 있는 것이다. 여성 탐정 추리소설의 전복적 가능성은 영미 추리소설에서 여성 탐정이 등장한 시기가 역사적 사실에 선행한다는 점[27]으로도 확인할 수 있다. 1922년에 이르러서도 여성을 런던 경찰청의 범죄 수사국(Criminal Investigation Department)에 배치한다는 결정이 "온전하게 남성의 영역을 침범하는 행위"(Rawlings 150)로 간주되어 심각한 논란을 야기했다는 역사적 사실은 1880년대에 등장한 여성 탐정 추리소설의 급진성을 잘 드러낸다고 할 수 있다.

여성 탐정 추리소설에서는 여성 탐정에 대한 차별적인 재현을 통해 여전히 젠더적인 편애가 관통된다고 할 수 있다. 여성 탐정의 등장은 그

---

27 미국 최초의 여성 탐정은 1912년에 경사 대리(Acting Detective Sergeant)로 임명된 굿윈(Isabella Goodwin)이었고(Rawlings 6), 영국에서 여성에게 수사권이 부여된 시기는 1918년이었다(Marcus viii).

전복적 잠재성에도 불구하고 젠더 이데올로기에 대한 저항이나 여성 권력의 강화로 작동하기보다는 기존의 성 이데올로기를 승인하는 방향으로 작용하는 것이다. 여성 탐정 추리소설이 담보한 전복성은 철저하게 봉쇄되고, 이러한 봉쇄 작업은 무엇보다도 남성 탐정과는 극명하게 구별되는 여성 탐정에 대한 차별적 재현 방식을 통해 이루어진다.

앞서 언급한 것처럼, 초기 영미 추리소설에서의 남성 탐정은 범죄의 불온성을 완벽하게 통제하는 초인적인 면모와 상류계급의 기품 그리고 신비로움을 지닌 이상적인 남성으로 재현된다. 이와는 달리 여성 탐정은 두 가지 방식에 의해 차별적으로 재현된다. 첫 번째 방식은 여성 탐정을 혐오감을 자아내는 비정상적인 여성으로 그리는 것이다. 두 번째 방식은 여성 탐정을 생존이나 생계를 고민해야 하는 절박한 상황에 처한 인물로 재현하는 것이다. 여성 탐정에 대한 비하적인 재현을 통해 여성 탐정은 이상적인 혹은 정상적인 여성과는 무관한 예외적인 경우로 배제되고, 여성 탐정 추리소설은 추리소설에 존재하는 성별화된 위계에 균열을 일으키기보다는 기존의 젠더 규범을 강화한다.

차별적인 재현의 첫 번째 방식으로는 여성 탐정을 여성미를 전적으로 결여한 외모와 남성적 기질을 소유한 비정상적이고 부적절한 여성으로 재현하는 것을 들 수 있다. 에이켄(Albert W. Aiken)의 『여성 이발사 탐정』(*The Female Barber Detective*)에 등장하는 로렌스(Mignon Lawrence)는 이러한 재현 방식을 가장 극명하게 드러내는 경우라 할 수 있다. 그녀는 "끔찍하게도 콧수염이 나서 남자처럼 면도를 해야만 하는"(5) 여성으로 설정되고, 외모를 통해 부각되는 그녀의 비여성성은 이발사와 탐정이라는 그녀의 직업을 통해 강조된다. 이발관 운영과 탐정업무가 동일 선상에 배치됨으로써, 범죄를 수사하는 것은 이발소를 운영하며 남자 고객들의 머리와 수염을 잘라주는 일과 마찬가지로 여성에게는 전혀 어울리지 않는 행위로, 로렌스는 일반화할 수 없는 기괴하고 예외적인 여성으로 재현된다. 그녀가 수사를 통해 드러내는 완력과 기민함, 용맹성은 존중받을 만한 자질로 긍정되기보다는, 그녀의 코 밑에서 무성하게 자라나는 수염만큼이나 여성에게는 부적절한 요소로 부정된다.

미첼(Gladys Mitchell)의 『신속한 사망』(*Speedy Death*)에 등장하는 여성 탐정 브래들리 부인(Mrs. Beatrice Adele Lestrange Bradley) 역시 여성 탐정에 대한 부정적인 재현 방식의 한 극단을 보여주는 경우이다. 그녀는 혐오스럽고 기괴한 외모의 소유자로, "작고 늙고 주름지고 교활하며 냉소적인, 지금보다 덜 관용적인 시대였다면 마녀의 냄새를 풍길"(5) 여성으로 재현된다.

> 브래들리 부인은 주름지기 전에도 시들었고 아름답지 않은 새 같았다. 그녀는 독일의 박물관에 전시되었던 익수룡(pterodactyl)을 연상시켰다. 그녀의 표정에는 그 멸종된 새의 악의와 동일한 적대감이 있었고 편안할 때도 그녀의 얼굴에는 냉소적인 경멸의 미소가 깃들었다. 그녀의 손은 더럽고 메마른 새 발톱 같았고 누렇고 기이하게 혐오스러운 그녀의 팔은 가금류의 털 뽑힌 날개를 연상시켰다. (8)

브래들리 부인을 통해서 여성 탐정은 외모와 성품에 있어서 극도로 혐오스러운 괴물과 같은 존재로 재현되는 것이다.

에이켄의 또 다른 여성 탐정 추리소설인 『여배우 탐정』(*The Actress Detective*)은 여성 탐정이 별종의 여성으로 재현된 대표적인 사례이다. 소설 속에서 여성 탐정 시린(Hilda Serene)은 "백만 명 중에서 한 명 볼 수 있는"(25) "기이한 남성-여성"(a strange man-woman)(24)으로 재현된다. "크고 우람하고 무서운 … 남성적인 체격"을 지니고 펜싱과 복싱으로 단련된 그녀로부터 일격을 맞은 남자들은 "살과 뼈로 이루어진 것이 아닌 강철로 만든 주먹으로 맞았다는 인상"(6)을 받는다. 개척 시대의 미국 서부에서 "모험으로 단련된 기사"(12)로 성장한 시린은 자신이 정상적인 여성과는 다르다는 사실을 시인한다. "나는 남자였어야 해; 그건 의심의 여지가 없어. 내 취향은 전부 남성적이고 여성적이지 않아. 그리고 내가 탐정의 삶을 좋아한다는 것이 가장 훌륭한 증거야." (26) 여성 탐정은 일반적인 숙녀와는 구분되는 이질적인 신체와 가치 규범 및 행동양식을 소유한 여성으로 재현되는 것이다.

영미 추리소설에서 시도된 여성 탐정에 대한 차별적 재현 방식으로는 여성 탐정을 비정상적인, 예외적인 여성으로 재현하는 첫 번째 방식 외에 여성 탐정을 어쩔 수 없이 범죄 수사를 직업으로 삼아야 하는 자기 비하적인 인물로 재현하는 두 번째 방식이 있다. 이 경우 여성 탐정은 유한계급의 여유로움과 풍요로움을 과시하는 남성 탐정과는 달리, 가세의 몰락으로 인한 궁핍함을 해결하기 위해 또는 경제적으로 절망적인 상황에서 생계를 도모하기 위해 탐정업무를 수행하는 것으로 처리된다. 남성 탐정이 범죄 수사를 지적 유희로 즐기며 대중의 존경과 찬사의 대상이 된다면, 여성 탐정은 절박한 생존을 위해 범죄 수사에 참여하면서 계급적 하락을 경험하고 사회적 경멸의 대상이 되는 것이다.

헤이워드(W. S. Hayward)의 『어느 여류 탐정의 폭로』(*Revelations of a Lady Detective*)에 등장하는 파스칼 부인(Mrs. Paschal)은 자신이 여성 탐정이라는 "기이하고, 도발적이고, 이상한"(3) 직업을 선택하게 된 연유에 대해 다음과 같이 고백한다.

> 내 남편이 갑자기 사망해서 생계가 곤란해졌습니다. 내게 제안이 왔고 망설이지 않고 그 제안을 받아들여서 나는 나이 사십으로 넘어가는 시점에서 많이 우려되고 거의 알려지지 않은, 사람들이 여성 탐정이라고 부르는 여자가 되었습니다. (3)

심즈(Geroge R. Sims)의 『탐정 도카스 딘』(*Dorcas Dene, Detective*)에 등장하는 도카스(Dorcas Dene)의 경우는 여성이 탐정이 되는 전형적인 경로를 보여준다. 도카스는 화가였던 남편 폴(Paul Dene)이 "병에 걸려서 눈이 멀고 다시는 그림을 그릴 수 없게 되는" "끔찍한 불운"(7)이 발생한 후 남편을 대신해 생계를 책임져야 하는 처지에 놓인다. 사설탐정 사무소를 운영하는 존슨(Johnson)이 그녀에게 자신과 함께 일할 것을 제안하자 도카스는 이 제안에 대해 경악한다. "당신이—당신이 내가 여성 탐정이 되기를 원하다니."(10) 생활비와 남편의 치료비를 마련하기 위해 결국 도카스는 존슨의 제안을 받아들이고 "여성적 본능을 희생해야 하는"(11) 탐정의 길에 들어선다. 퍼키스(Catherine Louisa Pirkis)의 『여류 탐정 러브데이 브룩의 경험』(*The Experience of Loveday Brooke, Lady Detective*)에 등장하는 브룩(Loveday Brooke) 역시 생계 문제를 해결하기 위해 여성 탐정이 되는 것으로 설정된다. 브룩은 "운명의 수레바퀴에 의해 무일푼으로 그리고 친구 하나 없이 세상에 내던져졌다. 팔릴만한 소양이 자신에게 없다는 것을 알게 된 후 그녀는 관습을 거부하고"(2) 여성 탐정이 된다.

영미 추리소설에서 여성 탐정이 된다는 것은 사회적으로 존중받지 못하는 위치로의 전락으로 재현된다. 남성 탐정과는 달리 여성 탐정은 사회적 권위를 부여받지 못하고, 수사를 위해 중상류 계급 가정을 방문한 경우에도 하인만이 그녀를 상대한다. 브룩이 사건 현장을 조사하려 할 때 우두머리 하녀는 "남성 탐정(gentleman detective)이 현장에 다녀갔다"는 이유로 "거만하게"(8) 그녀의 요청을 거부한다. 브룩은 탐정이 된 후 "자신이 이전에 형성한 유대관계와 사회적 지위로부터 예리하게 잘려져 나갔다"(2)라는 사실을 자주 절감하게 된다. 리튼(Marie Connor Leighton)의 『탐정 조안 마』(*Joan Mar, Detective*) 역시 여성 탐정을 향한 혐오와 경멸의 태도를 잘 드러내는 사례라 할 수 있다. 직접 경험하지는 못했지만 주변 사람들을 통해 "여성 탐정은 가장 불쾌한 사람이라고 말할 수밖에 없다"(17)라는 선입견을 가지고 있는 발리 부인(Mrs. Varley)은 여성 탐정이 자신의 집을 방문한다는 소식에 매우 놀란다. 여성 탐정 조안 마가 집에 도착하기도 전에 발리 부인은 "벌써 조안 마가 밉고" 그녀에 대해 "불쾌하고 오싹한 느낌"(22)을 갖게 되는 것이다.

여성 탐정 추리소설에서 여성 탐정은 노처녀, 과부, 버림받은 여성, 은퇴한 여자 가정교사, 전직 여배우 등과 같은 여성 위계의 하단에 배치된 여성으로 구성된다. 이들 여성 탐정은 사회적으로 존중받을 수 없는 자신의 처지를 한탄하는 자기비하적 인물로 재현되는데, 메릭(Leonard Merrick)의 『배잘레트 씨의 천사들』(*Mr Bazalette's Angels*)에 등장하는 리(Miriam Lea)의 경우는 이를 잘 보여준다. 그녀는 여배우였다는 이유로 가정교사 직에서 해고된 후 런던의 초라한 하숙집에 살면서 빈궁한 삶을 영위한다. 탐정 사무실로부터 그녀에게 함께 일하자는 제안이 오자, 생계가 막연한 상황에서도 그녀는 "그런 직업을 고려해보는 것조차 터무니없다"(11)라고 대응한다. 다른 생계 수단을 구하는 데 실패하고 나서 결국 여성 탐정이 된 리는 "나는 절대적으로 나 자신을 일반적인 혐오의 대상으로 만들 수밖에 없었는가?"(36), "아, 나는 왜 탐정이 되기 전에 자존감을 가지고 굶어 죽지 못했나!"(37)라고 한탄한다. 전직 배우이자 가정교사였던 여성에게조차도 여성 탐정이 되는 일은 용납하기 어려운 사회적인 수치로 인식되는 것이다. 초기 영미 추리소설에서 여성 탐정은 여성이지만 정상적인 여성과는 극단적으로 다른, 여성이지만 여성이랄 수 없는 존재로 재현되거나, 경제적인 필요성에 의해 어쩔 수 없이 사회적으로 혐오스러운 일을 하는 자기비하적 인물로 재현된다. 이러한 두 가지 부정적 재현 방식을 통해 여성 탐정은 기존의 성적 지배체제에 변혁을 일으킬 수 있는 급진적인 여성이 아니라, 이례적인 또는 불온한 여성으로 축소됨으로써 그 전복적 가능성이 제거되는 것이다.

3. 여성 탐정 추리소설에서의 타협과 순응

초기 영미 추리소설에서 여성이 범죄를 수사한다는 설정이 담보한 성적 규범에 대한 위협은 앞에서 살펴본 것처럼 여성 탐정에 대한 차별적인 재현에 의해 제거되고 있다. 지금부터는 그러한 전복적 가능성의 제거가 재현만이 아니라 서사 자체를 통해서도, 즉 추리 서사 내에서의 협상과 타협에 의한 순치의 방식에 의해서도 이루어지고 있음을 살펴볼 것이다. 여성 탐정 추리 서사에서의 협상과 순응의 시도는 다음과 같은 세 가지로 요약할 수 있다. 첫째, 범죄 수사에 있어서 여성 탐정의 역할을 남성 탐정의 순종적인 보조자로 국한했다. 둘째, 여성 탐정의 수사 공간은 가정 내부에 한정되도록 했고, 사건 해결은 가사에 정통한 가사 전문가로서의 지식과 경험을 통해서 이루어지게 했다. 셋째, 여성 탐정의 추리 서사는 결혼 서사로 귀결되거나 가정의 복원으로 종결되도록 만들었다. 결혼 서사로의 결말은 여성 탐정 추리소설이 시도한 협상의 요체로 볼 수 있는데, 추리 서사를 결혼 서사로 대치하여 여성 탐정을 가정 내로 재배치시킴으로써 기존의 젠더 이데올로기에 대한 전복적 가능성을 소거한 것이다.

여성 탐정 추리소설에서 여성 탐정은 능동적인 수사 주체의 역할을 담당하기보다는 남성 탐정의 보조자 역할을 순종적으로 수행한다. 브룩은 자신이 소유한 분석 능력과 추진력, 책임감과 같은 탐정으로서의 뛰어난 자질에도 불구하고, 여성이라는 이유로 보조적이고 수동적인 역할을 강요당하지만 이에 저항하지 않는다. 그녀는 남성 탐정의 권위와 명성에 절대적인 경의를 표하고, 수사 방향이 자기 생각과 다른 경우에도 자신의 의견을 제시하지 않는다. 또한 브룩은 남성 탐정의 조력자 역할을 담당하면서 남성의 격렬함과 폭력적인 성향을 부드럽게 조정하는 역할을 수행한다. 범죄 수사에 있어서 남성 탐정들이 과격한 행동을 보이거나 대립할 때마다 브룩은 미소와 부드러운 표정으로 "너무 서두르지 말라"고 타이르거나 "차분하게 수사를 진행할 것"(13)을 권유함으로써 격분한 남성 탐정을 진정시키고 남성 탐정 간의 불화와 갈등을 평화롭게 해결시키는 전통적인 여성의 미덕을 드러낸다.

도카스의 경우 역시 동일한 양상을 드러낸다고 할 수 있는데, 그녀는 "직업적인 여성 탐정"(12)이 된 후에 수사와 관련된 모든 사항에서 남성 탐정인 존슨의 지시에 따라 움직인다. 그녀는 자신이 확인하고 결정한 사항에 대해서 존슨이 변경할 것을 요구하면, 그의 요구를 전적으로 수용하고 이행하는 모습을 보임으로써 순종적인 보조자의 역할에서 한치도 벗어나지 않는다. 존슨이 은퇴하고 난 후에도 도카스는 수사에 있어서 독립성을 추구하기보다는 남편인 폴의 지시에 따라 움직인다. 밤중에 홀로 범죄자를 감시하기 위해 집을 나서려던 순간에 남편이 "버클리 광장의 가로등 아래서 밤 11시 45분에 친구이자 극작가인 색슨 씨(Mr. Saxon)를 만나서 동행하라"(69)는 매우 구체적인 지시 사항을 전달하자, 도카스가 "여보, 당신이 원한다면 물론이지요."(69)라며 기꺼이 남편의 요구에 따르는 장면은 그녀의 순종적인 면모를 극명하게 드러낸다. 여성 탐정이 자신의 독립성과 판단, 욕구마저 유보하는 순종적인 여성으로 설정된 또 다른 사례로는 세이어즈의 소설에 등장하는 여성 탐정 베인(Harriet Vane)을 들 수 있다. 대학을 졸업한 지적이고 강인하며 독립적인 여성인 베인조차도 수사에서의 주도권을 행사하지 않고 윔지 경의 보조자 역할만을 충실하게 수행한다. 젠더에 따른 역할 분리는 여성 탐정 추리소설에서도 동일하게 유지되는 것이다.

여성 탐정 추리소설이 시도한 두 번째 타협의 양상으로는 젠더에 따른 공간 분리를 수용한 것을 들 수 있다. 여성의 영역은 가정 내부에 한정되기 때문에, 여성 탐정은 가정 내에서 여성이 지닌 가사와 관련된 지식과 경험을 이용해 사건을 해결하는 것이다. 브룩이 범죄를 수사할 때 남성 탐정인 다이어(Ebenezer Dyer)는 그녀에게 "집 안에서 그녀의 일을 진행하라"(62)고 지시한다. 런던 경찰국의 수사관인 베이츠(Jeremiah Bates) 역시 브룩에게 "저택 담장 안"(inside the castle walls)(5)에만 신경 쓸 것을 요구한다. 그녀는 집 안의 상태를 점검하다가 자신이 소유한 가사 노동과 관련된 지식을 바탕으로 사건을 해결한다. 상속녀로 자처하는 먼로 양(Miss Monroe)의 침실을 살펴본 후 브룩은 먼로 양이 가짜 상속녀라는 사실을 밝혀낸다. "브룩의 주의를 가장 강하게 끈 것은 그 방의 극단적인 깔끔함—눈으로 보기에 편안하고 또 편리하게 통제된, 일급 하녀의 손에 의해서만 가능한 깔끔함—이었다."(137) 그 방이 다른 사람의 도움 없이 먼로 양 본인에 의해서 정돈되었다는 정보를 입수한 후 브룩은 먼로 양이 지금까지 하녀에게 침실 정돈을 맡겨온 상속녀와는 거리가 먼 인물이라고 결론짓는다.

> 방을 정돈하는 데는 숙녀의 깔끔함이 있고 하녀의 깔끔함이 있어요. 그 두 가지는 아주 다르지요. 내 말을 믿으세요. … 다음에 그 방을 사용할 때 편리하게 사용되도록 모든 것들이 배치되어 있었어요. 이것은 여주인을 위해 방을 정돈하는 데 익숙한 하녀가 기계적으로 행한 것이

> 에요. 자신이 먼로 양이라고 주장하는 여성이 쓰는 방의 깔끔함은 숙녀의 깔끔함이 아니라 하녀의 깔끔함이에요. (63-64)

여성 탐정은 가정 내부의 영역에서 가사 전문가라는 여성의 특성을 이용하여 사건을 해결하는 것으로 처리됨으로써, 여성 탐정 추리소설은 젠더 규범과의 충돌이나 마찰을 회피하는 것이다.

여성 탐정의 추리 서사가 결혼 서사로 귀결되는 세 번째 방식은 여성 탐정 추리소설에서 시도된 젠더 이데올로기와의 협상의 핵심이 된다고 할 수 있다. 홀시(Harlan P. Halsey)의 『여류 탐정』(*The Lady Detective*)은 이러한 협상 방식이 효과적으로 사용된 사례이다. 여성 탐정으로 등장하는 골렛(Kate Goelet)은 채권 도난 사건을 수사하면서 절도범 혐의를 받고 있는 윌버(Henry Wilbur)와 만나게 되는데, 수사 과정에서 그녀는 윌버와 "그녀 일생의 진실한 사랑"(67)에 빠지는 것으로 재현된다.

> 그녀가 윌버를 처음으로 만난 그 밤 이후 그녀는 새로운 동기로 끓어오르게 되었다. 어두운 구석을 갑작스럽게 비추는 한줄기 햇빛처럼 찬란한 소망이 그녀의 가슴 가운데에서 밝혀졌다. 그녀는 한낱 여자에 불과했고, 여자는 사랑과 관련해서는 이상한 존재인 것이다. (67)

수사를 통해 사랑하는 남자의 무죄를 밝혀낸 후 골렛은 윌버의 "든든하고 용맹한 팔에 안겨 뜨겁게 포옹한다."(138) "가장 경험이 풍부한 탐정들의 과감성, 교활함, 인내력, 지구력, 명민함"(6)을 지녔던 여성 탐정 골렛이 윌버의 아내가 되어 수사 현장을 떠나는 것으로 소설이 종결됨으로써 결혼은 여성의 궁극적인 지향점으로 재규정된다.

헤론-맥스웰(Beatrice Heron-Maxwell)의 『여류 진주 중개상의 모험』(*The Adventures of a Lady Pearl-Broker*)에서 델라미어(Mollie Delamere)는 범죄에 얽힌 미스터리를 풀면서 성취감과 희열을 느끼는 여성 탐정으로 등장한다. 그녀는 "나는 항상 쉽게 해결할 수 있는 문제는 싫어했어—그런 일을 해결하는 데에는 아무런 만족감이 없어"(11)라고 말할 정도로 범죄 수사에 있어서 적극적이고 도전적인 태도를 보인다. "탐정으로서의 감수성을 지녔고 범죄 수사를 하고 싶어 하는 격렬한 충동"(154)을 드러내던 델라미어 역시 핑크색 진주 도난 사건을 수사하면서 만난 오스트레일리아 출신 백만장자 앤더슨 씨(Mr. Anderson)와 사랑하는 사이가 되는 것으로 재현된다. 그녀는 사건을 해결한 후 앤더슨 씨와 결혼하면서 자신의 직업을 포기한다. "되찾은 핑크색 진주는 이제 새롭게 세공되어 내가 앤더슨 부인이 된 기쁜 날에 소유하게 된 결혼선물 중 하나가 되었기 때문에, 나는 해오던 직무를 영원히 포기했다."(164) 도전적이고 열정적인 여성 탐정의 추리 서사는 귀부인으로 급격한 신분 상승을 이룬, 행운의 주인공이 된 여성의 결혼 서사로 마무리되는 것이다.

앨런(Grant Allen)의 『힐다 웨이드』(*Hilda Wade*)는 여성 탐정 추리 서사의 결혼 서사로의 종결을 보여주는 또 다른 사례라 할 수 있다. 웨이드는 아버지가 살인 누명을 쓰고 기소되어 재판을 기다리던 중에 심장마비로 사망하자 아버지의 오명을 씻기 위해 여성 탐정이 된다. 진범이 밝혀짐으로써 아버지의 명예가 회복된 후 웨이드는 자신의 수사를 도와준 젊은 내과의사 컴벌리지(Hubert Cumberledge)의 청혼을 받아들인다. 그녀는 결혼과 함께 탐정업무를 떠나며 "진정한 삶이 이제 온다"(360)라고 선언한다. 여성에게는 한 남자의 아내가 되어 가정의 천사로 살아가는 것만이 이상적인 삶이라는 젠더 규범은 여성 탐정 추리소설 내에서도 충실하게 반복된다.

오치(Emmuska Orczy)의 『런던 경찰국의 몰리 부인』(*Lady Molly of Scotland Yard*)에서 몰리(Molly)는 대부분의 여성 탐정과는 달리 사설탐정이 아닌 런던 경찰국 소속 수사관으로 등장한다. 몰리는 보어 전쟁에서 공훈을 세운 남편 휴버트 대위(Captain Hubert)가 살인자라는 누명을 쓰고 투옥되자, 그의 무죄를 밝히기 위해 런던 경찰국 소속 수사관이 되어 범죄 수사를 시작한다. 남편이 "영웅적인 불굴의 정신으로 견뎌내던 5년간의 유배 생활을 폐하의 사면으로"(343) 끝마치게 되자 몰리는 런던 경찰국을 떠난다. "몰리는 경찰과 자신과의 연결을 끝냈다. 이유는 그녀의 행복이 돌아왔기 때문이었다."(344) 몰리가 수행하던 선구적인 역할—공식적인 수사기관에서 활약하는 여성수사관—은 남편의 석방으로 인한 부부관계의 회복과 가족제도의 정상화로 종결된다. 당대의 일반적인 여성상과 비교했을 때 이례적일 정도로 강인하고 독립적인 여성 탐정 추리소설의 주인공들이 행복한 결혼 혹은 가족의 회복으로 탐정업무를 마감한다는 사실은 추리소설의 젠더 이데올로기를 분쇄하기보다는 승인하는 데 머물고 마는 여성 탐정 추리소설의 근원적인 한계를 노출한 것이다.

4. 여성 탐정 추리소설의 진화?

이번 장에서는 영미 추리소설 연구에서 소홀히 다루어진 여성 탐정 추리소설에 대해 새롭게 주목하고, 추리소설 내 여성 탐정의 출현으로 형성된 전복적 가능성에 대해 검토해보았다. 앞서 살펴본 것처럼, 영미 여성 탐정 추리소설의 불온성은 여성 탐정에 대한 차별적 재현과 추리 서사 내에서의 타협과 협상을 통해 제거되었다고 할 수 있다. 여성 탐정은 사랑하는 남성과의 결합 또는 재결합 이후, 여성에게는 민망하고 어울리지 않는 영역을 벗어나 가정 내에 자신의 활동을 제한함으로써 당대의 젠더 이데올로기에 기꺼이 투항하는 것이다.

초기 영미 추리소설에서 시작된 여성 탐정 추리소설은 이후 노처녀 탐정 추리소설로 변모해 전개되는 양상을 보인다. 그린(Anna Katharine Green)이 탄생시킨 버터워스(Butterworth)와 아가사 크리스티(Agatha Christie)가 창조한 미스 마플(Miss Marple)로 대표되는 노처녀탐정은 그 재현 방식에 있어서 초기 영미 추리소설에서의 여성 탐정과는 극명한 대비를 이룬다. 노처녀탐정은 경제적인 필요에서가 아니라 인간이란 존재에 대한 무한한 호기심 때문에 범죄 수사에 개입하고, 자신의 탐정업무에 대한 강한 자부심을 지니고 독자적인 수사를 수행하는 인물로 재현되기 때문이다. 여성 탐정에게 경제적 자립과 수사적 독립성을 부여한 노처녀 탐정 추리소설은 초기 영미 여성 탐정 추리소설에서의 순치된 전복성을 다시 강화하려는 시도로 간주되기 쉽다. 그러나 노처녀는 결혼제도와 가족제도 외부에 위치한, 젠더의 구속력 바깥에 배치되어 젠더 규범에서 자유로울 수 있는 여성이라는 점을 감안할 때, 노처녀탐정 추리소설 역시 추리소설 내 여성 탐정의 공간을 확보하기 위한 순응과 타협의 시도이지 젠더 이데올로기에 대한 저항은 아닌 것이다.

영미 추리소설의 흐름 속에서 노처녀탐정 추리소설이 가장 대중적인 추리소설 장르의 하나로 자리 잡게 되었다는 사실[28]은 여성 탐정 추리소

---

28 그 대표적인 사례로 미스 마플 시리즈를 들 수 있다. 미스 마플 시리즈는 1926년에 최초로 등장한 이후 40년간 12편의 장편과 20편의 단편으로 출판되었고 21세기에 들어와서도 추리소설 시장의 인기 상품으로 남아있다. “Miss Marple.” *Agatha*

설에서 시도된 타협과 협상이 장르적으로 승인된 결과로 볼 수 있다. 여성 탐정의 지위는 오직 결혼과 더불어 종결되는 한시적 신분으로 부여되거나, 결혼제도 바깥에 위치하여 성적 긴장감에서 자유로운 여성에게만 허용된다는 점은 추리소설 내에 자리 잡은 젠더 규범의 강고한 지배력을 극명하게 보여주고 있을 뿐이다.

Christie. n.p., n.d.. Web. 19 Aug. 2010 〈http//agathachristie.com/story-explorer/characters/miss-marple/〉.

7장 Chapter 07

"거슬리는 늙은 고양이들" —노처녀탐정 추리소설

1. 연구 대상의 성을 전환하기

미국 현대어문학회(MLA)가 1990년 12월에 시카고에서 개최한 연례 학술대회에서는 추리소설을 주제로 세 개의 세션이 구성되었는데, 이는 변화한 영미 추리소설 연구의 위상을 상징적으로 보여주는 사건이었다. 19세기 중엽 이후 1980년대에 이르는 기간 본격적인 문학 연구의 대상에서 제외되었던 추리소설이 소설 문학의 주요 장르로 새롭게 평가된 것이다. 높아진 추리소설의 학문적 위상에도 불구하고, 영미 추리소설에 대한 비평적 관심은 험프리스(Anne Humphreys)의 지적대로 디킨즈, 콜린스, 코난 도일이라는 세 명의 작가에 강박적으로 집착하는(259) 문제점을 드러낸다. 그러나 비평적 관심의 대상이 소수의 정전작가에 국한된다는 사실보다 더욱 심각한 문제는 추리소설 연구가 계급이나 인종이라는 단일한 관점에 집착한다는 사실에 있다고 할 수 있다. 추리소설 연구가 계급과 민족, 인종이라는 협소한 의제를 넘어서지 못한 이유는 상류계급 출신의 백인 '남성' 탐정을 논의의 중심에 놓아온 관행적인 연구 방식에 있다고 판단된다. 남성 탐정을 중심에 두고 사유하는 연구 방식은 이들이 수행하는 두 가지 주요 임무—지배계급의 규범에 도전하는 범죄자의 체포와 식민지 출신 유색인 범죄자들로 인한 위협의 제거—를 통해 추리소설이 당대의 계급, 민족, 인종 이데올로기를 강화하는 과정을 재확인하는 것으로 귀결되기 때문이다.

추리소설 연구가 계급, 민족/인종으로 환원되는 폐쇄적인 궤적을 탈피하기 위해서는 무엇보다도 남성 탐정에서 여성 탐정으로 연구 대상의 성을 전환하는 일이 필요하다. 대부분의 추리소설에서는 탐정이 남성으로 한정되고, 남성 탐정은 비범한 수사 능력, 계급적 품위, 신비로움을 드러내는 영웅적 인물로 재현됨으로써 이상적인 남성성을 극대화한다. 여성의 배제와 남성성의 이상화가 추리소설 서사구조의 핵심적 요소로 기능한다는 점에 비추어볼 때, 여성이 탐정으로 등장하는 추리소설에 대해 새롭게 주목하는 것은 추리소설의 젠더 규범에 대해 근본적으로 다시 돌아보는 계기로 작용할 수 있다.

이미 앞 장에서 확인한 것처럼, 1880년대 영국과 미국에서 새롭게 모습을 드러낸 여성 탐정 추리소설은 추리소설에서의 젠더 이데올로기에 대해 비판적으로 사유할 수 있는 공간을 제공하는 데 실패했다고 판정된다. 여성이 수사의 주체가 되어 합리적 사유와 과학적 분석 능력—흔히 남성적인 덕목으로 분류되는—을 통해 범죄와 관련된 미스터리를 해결한다는 설정은 추리소설의 성 이데올로기에 대한 저항과 도전이 될 수 있다. 그러나 여성 탐정 추리소설은 여성 탐정에 대한 비하적인 재현 방식과 추리 서사에서의 결혼 이데올로기에 대한 집착으로 인해, 추리소설의 젠더 규범에 제동을 걸거나 균열을 일으키지 못하고 기존의 젠더 이데올로기를 재생산하는 데 머무는 양상을 보인다. 에커숔(Mary Anne Ackershoek)의 지적처럼 여성 탐정 추리소설은 "대중의 상상력 속에서 탐정의 원형으로 자리 잡은 셜록 홈즈와 같은 남성 탐정의 위치에 심각한 위협을 제기하지 못한"(120) 것이다.

영미 추리소설의 초기인 1890년대와 영미 추리소설의 황금기인 1930년대 사이에 출판된 노처녀탐정 추리소설은 탐정의 재현 방식과 추리소설 내에서의 위상에 있어서 여성 탐정 추리소설과는 극명한 대조를 보인다. 노처녀탐정은 결혼을 욕망하지 않은 채, 생존을 위해서가 아니라 정의의 실현을 위해 범죄 수사에 개입하고, 자신의 지적 능력에 대한 강한 자신감을 지니며 주체적으로 수사를 진행하는 인물로 재현되기 때문이다. 노처녀탐정 추리소설이 다른 여성 탐정 추리소설과 구별되는 지점은 무엇보다도 그 대중적 인기와 추리소설 내에서의 입지에 있다고 할 수 있다. 대부분의 여성 탐정 추리소설이 대중적 인기를 얻는 데 실패하고 추리소설의 주변부로 사라진 것과는 대조적으로 노처녀탐정 추리소설은 가장 대중적인 장르로 추리소설 내 그 위치를 확고하게 하고 있다.

나는 1890년대와 1930년대 사이에 출판된 노처녀탐정 추리소설 중에서 "추리소설의 어머니"(Hayne 176)로 불린 그린이 창조한 버터워스 시리즈와 "소설에 등장한 여성 탐정 중 가장 유명한"(Bargainnier 66) 아가사 크리스티의 미스 마플 시리즈를 주요 논의 대상으로 선정한다. 버터워스 시리즈와 미스 마플 시리즈에서 노처녀탐정의 재현은 한편으로는 지배적인 성 이데올로기에 도전하는 방식으로 이루어지는 반면에, 다른 한편으로는 당대의 젠더 규범을 적극적으로 옹호하는 양상으로 진행된다. 이번 장의 목적은 모순적이고 분열적인 탐정 재현에 대한 검토를 통해 노처녀탐정 추리소설의 성정치학에 관해 고찰하는 데 있다. 여기에는 여성 탐정 추리소설과 노처녀탐정 추리소설에서의 탐정 재현에 대한 비교와 노처녀탐정 추리소설이 추리소설 내에서 안정적으로 승인받기 위해 시도한 젠더적 봉쇄에 대한 검토가 포함된다. 이 장은 노처녀탐정 추리소설에서의 젠더 이데올로기 작동 방식에 대한 규명을 통해 노처녀탐정 추리소설이 가부장제에 복무하는 보수적인 추리소설 양식임을 밝히는 작업이 된다.

2. 노처녀탐정의 재현

계급적 수월성과 탁월한 지적 능력 그리고 남성적 매력을 소유한 남성이 탐정으로 등장해 활약하는 추리소설은 "현대적 분장을 한 전통적인 영웅 담론의 한 형태"(Porter 126)라고 할 수 있다. 그러나 앞 장에서 살펴본 것처럼 여성 탐정 추리소설에서의 탐정 재현은 남성 탐정의 재현 방식과는 극단적인 차별성을 드러낸다. 상류계급의 기품을 지니고 유한계급의 여유로움을 향유하며 범죄 수사를 지적인 게임으로 즐기는 남성 탐정과는 달리, 여성 탐정은 경제적인 필요성에 의해 어쩔 수 없이 범죄 수사에 참여하는 인물로 규정된다. 여성 탐정 추리소설이 탐정 재현에 있어서 남성 탐정과의 차별성을 가장 극명하게 드러내는 지점은 결혼과 가족제도에 대한 태도에 있다. 남성 탐정이 대개 독신의 자유로운 삶을 향유하는 가족제도 밖에 위치한 인물로 설정된다면, 여성 탐정은 가정 밖에서 일하는 자신을 비하하며 결혼을 욕망하는 인물로 재현된다. 따라서 여성 탐정의 추리 서사는 결혼 서사로 귀결되거나 가정의 복원 서사로 종결되는 양상을 보인다. 여성 탐정이 전통적인 성 역할에 충실하고 결혼/가족 이데올로기에 순응하는 여성으로 재현됨으로써, 여성 탐정 추리소설은 지배적인 젠더 이데올로기에 저항하기보다는 오히려 그것을 지탱하고 강화하는 것이다.

노처녀탐정은 다음과 같은 세 가지 재현 방식에 의해 다른 여성 탐정과는 분명하게 구별된다고 할 수 있다. 첫 번째 방식으로는 노처녀탐정을 상류계급 출신의 경제적 여유를 지닌 여성으로 설정하는 것을 들 수 있다. 두 번째 방식은 노처녀탐정을 수사에서의 주체성과 독립성을 추구하는 합리적이고 대담한 인물로 재현하는 것이다. 세 번째는 노처녀탐정이 범죄의 해결을 통해 사회적 존경과 찬사의 대상이 되는 것으로 처리하는 방식이다.

노처녀탐정을 다른 여성 탐정과 구분 짓는 세 가지 재현 방식에 대해 좀 더 자세하게 살펴보기로 하자. 먼저 노처녀탐정을 상류계급 출신의 부유한 여성으로 설정하는 첫 번째 재현 방식을 살펴보자. 1897년에 발표된 『이웃집의 그 일』(*That Affair Next Door*)에서 최초로 등장하는 여성 탐정 버터워스는 "식민지 시대 선조를 둔, 상류사회에서도 유력한"(19) 가문 출신의 오십 대 여성으로 소개된다. 버터워스는 그래머시 파크(Gramercy Park)라는 "가장 귀족적이고 한적한 지역에서 브라운스톤으로 지은 집"에서 살면서 "최근에 유행이 된 아주 비싼 장식의 일부이며 너무 값비싸서 부유한 여성들만 입을 수 있다"(*The Circular Study* 57, 55)라고 하는 금속 반짝이로 장식된 드레스를 즐겨 입는다.[29] 『목사관의 살인』(*The Murder at the Vicarage*)에서 최초로 등장하는 미스 마플은 세인트 메리 미드(St. Mary Mead)라는 한적한 시골마을에서 경제적으로 유복한 노년을 보내는 여성으로 설정된다. 여성 탐정 추리소설인 미첼의 『신속한 사망』에 등장하는 브래들리 부인이 노년기에도 생계

---

29 이러한 계급적 배경으로 인해 버터워스 시리즈는 "뉴욕과 워싱턴 상류사회 풍속의 재현에 있어서 가장 흥미로운"(Binyon 80) 소설로 평가된다.

를 잇기 위해 범죄를 수사해야 하는 "작고 늙고 주름진"(8) 여성으로 재현된 것과는 대조적으로, 비슷한 연령대인 미스 마플은 품위 있는 노년을 즐기는 "부드럽고 매력적인 태도를 지닌 흰머리의 노부인"(12)으로 재현된다.

생존이나 생계를 고민해야 하는 절박한 상황에서 벗어나기 위해 탐정업무를 수행하는 여성 탐정과는 달리, 노처녀탐정은 명문가 출신으로 재정적으로도 안정되어 있기 때문에 생계에 구애받지 않고 정의를 실현하기 위해 또는 승리감을 맛보기 위해 수사에 참여한다. 버터워스는 "범죄에 대해 내가 가지는 관심은 모두 내가 지닌 정의감에서 비롯된" 것이고 자신은 "정의를 위해서"(『이웃집의 그 일』 62, 27) 범죄를 수사한다고 주장한다. 미스 마플도 범죄 수사에 대해 동일한 태도를 드러낸다. 그녀 역시 범죄의 해결을 통해 "턱뼈 조각 몇 개와 두어 개의 이빨을 가지고 멸종된 동물을 성공적으로 재구성해낸 전문가가 느낄 것 같은 승리감"(*A Pocketful of Rye* 317)을 맛보기 위해 수사에 참여한다고 고백한다.

두 번째 재현 방식으로는 노처녀탐정을 독립적이고 주체적으로 범죄수사를 수행하는, 합리성과 용기를 지닌 인물로 재현하는 것을 들 수 있다. 기존의 여성 탐정이 수사에 있어서 직감이나 예감에 의존하고 주체적으로 수사를 진행하기보다는 순종적인 보조자 역할을 수행하는 데 머무는 것과는 대조적으로, 노처녀탐정은 독립성과 대담성을 드러내면서 과학적인 방식에 의해 수사를 진행한다. 버터워스는 "침착하고 신속하고 단호하게"(*The Circular Study* 89) 범죄와 관련된 단서와 증거를 수집하고 분석하여 그 결과를 근거로 사건을 해결한다. 『이웃집의 그 일』에서 살해된 여성의 시체를 발견했을 때 함께 문을 열고 들어갔던 하녀는 기절하고 경관은 허둥대지만 버터워스는 용기와 판단력을 잃지 않고 의연하게 대처한다. "나는 구토할 것 같았다. 다른 때였다면 나 역시 기절

했을지 모른다. 나는 정신없어하는 남자 앞에서 내 정신을 잃지 않는 것이 현명하다는 것을 깨달았다."(7) 버터워스는 담대하고 이성적인 자세로 수사를 주도한다. 그녀는 경관에게 물을 가져와 기절한 하녀에게 먹이도록 하고, 자신이 시체와 함께 있을 테니 그는 나가서 지원을 요청하라고 지시한다. 버터워스는 범죄와 관련된 의문에 관해 "사고, 자살" "살인"으로 분류해 리스트를 만들고 범죄 현장에서 단서가 될 수 있는 증거를 수집한다. 그녀는 "결론을 끌어낼 수 있는 몇 가지 사실을 발견했다고 생각했기 때문에 주머니에 있던 잡화상 영수증 뒷면에"(24) 자신의 인상과 느낌, 판단을 종합해서 정리한다.

미스 마플 역시 범죄 수사에 있어서 감성적인 방식이 아닌 이성적이고 합리적인 방법을 사용하는 것으로 재현된다. 그녀는 사건과 관련된 인물들을 유형별로 분류하여 수집된 증거자료와의 연관성을 비교하고 검증하는 방식으로 범죄를 해결한다. 그녀는 이러한 자신의 수사방식을 "과학적 태도"(*The Body in the Library* 209)에 근거한 것이라고 자부하고, 자신의 수사방식을 여성 특유의 육감에 의존한 것이라고 폄하하는 주장에 대해 강하게 반발한다. 『그들은 마술로 살인한다』(*They Do It with Mirrors*)에서 미스 마플이 살인사건의 피해자가 아버지에 의해 살해되었을 가능성에 대해 설명하자, 남성 수사관은 "그러면 그날 교회에서 당신은 실제로 예감을 했단 말이오?"라고 묻는다. 미스 마플은 그의 질문에 대해 "나는 그것을 예감이라고 부르지 않겠어요. 그것은 사실에 근거한 것입니다"(518)라고 답하며 자신의 수사가 과학적이고 합리적인 방식으로 이루어졌음을 강변한다.

여성 탐정이 범죄 수사에서 남성 탐정의 보조자 역할을 순종적으로 수행하는 것과는 극명하게 대조적으로, 노처녀탐정은 독립적이고 적극적인 태도로 수사에 참여하는 것으로 재현된다. 『이웃집의 그 일』에서 버터워스는 여성이라는 이유로 자신을 살인사건 수사에서 배제하려는 압력에도 불구하고 수사 현장을 지킨다. 살인이 발생한 저택의 주인인 버남(Silas Van Burnam)이 "도대체 저 여자는 여기서 뭘 하는 거야?"(37)라고 불쾌해하고, 뉴욕경찰청 소속 수사관들이 범죄 수사에 신경을 쓰지 말고 "여자의 일"(59)에나 관심을 가지라고 조롱해도 그녀는 수사 현장에서 떠나지 않는다. 버터워스는 범죄 수사에 개입하는 것에 반대하는 자신의 변호사 앨보드 씨(Mr. Alvord)에게 단호하게 말한다. "내가 말하려는 것은 당신의 사무실을 내가 수사 관련 서신 왕래 장소로 사용한 것이 실수였다는 것입니다."(220) 명성이 높은 수사관인 그라이스 경감(Inspector Ebenezer Gryce) 앞에서도 버터워스는 위축되지 않는다. 오히려 그녀는 사건을 해결하기 위해 자신과 수사를 공조할 것을 그라이스 경감에게 제안한다. 버터워스는 자신이 지닌 "남성의 천직에 대한 특별한 천재성"을 그라이스가 "가장 기괴한 종류의 대담성"(58)으로 취급하는 데 분노한다. 경감이 "여성의 친절한 마음씨는 범죄자를 적절하게 판단하는 데 방해가 된다"(174)라며 버터워스의 제의를 거절하자, 버터워스는 자신은 "당신의 라이벌"로 수사에 참여할 것이고 자신과의 수사 경쟁에서 경감은 "어찌해볼 도리 없이 패할 것"(175)이라고 선언한다.

많은 경우 범죄 해결 과정에서 자신이 세운 공적을 남성에게 양보하는 여성 탐정과는 달리, 노처녀탐정은 자신의 공로가 다른 남성 수사관에게 넘어가는 것을 거부하고 자신의 공적을 적극적으로 홍보하는 것으로 재현된다. 『복수의 여신』(*Nemesis*)에서 미스 마플은 범죄 해결에 있어서 자신의 결정적인 역할과 공헌을 인정받기 위해 남성 수사관과 비타협적으로 대립함으로써 "매우 부드럽고 매우 무자비하다"(222)라는 평가를 받는다. 『이웃집의 그 일』에서 버터워스도 수사의 주도권을 장악하기 위해 분투하는 과정에서, "내가 지금 수행하고 있는 일을 남성 중 한 명과 공유하게 되면 내 승리는 축소된다"(241)라는 이유로 자신이 발견한 증거를 남성 전문가와 공유하라는 지시를 단호하게 거부한다. 그녀는 "자신을 우호적으로 알려주기를 희망"(28)하며 수사에서 자신이 세운 공로를 젊은 남성 기자에게 홍보하는 적극적인 자세를 보인다.

이제 노처녀탐정을 사회적 존중의 대상으로 재현함으로써 다른 여성탐정과 차별화하는 세 번째 방식에 대해 살펴보자. 여성 탐정은 결혼 대신에 범죄 수사라는 여성에게는 부적절한 업무를 선택했다는 이유로 사회적 경멸과 혐오의 대상이 되는 것으로 재현되는 경우가 많다. 반면에 노처녀탐정은 독신 여성이라는 자신의 정체성 때문에 위축되지 않으며 범죄 해결을 통해 사회적 존경과 찬사의 대상이 되는 것으로 그려진다. 노처녀탐정은 수사에서 남성의 보조적인 역할을 거부하는 고집 세고 나이든 독신 여성이라는 이유로 남성 수사관들로부터 무시와 경원의 대상이 되지만, 주도적이고 적극적인 자세로 범죄를 해결해 냄으로써 남성들에게 자신의 우월함을 입증하고 그들의 존경을 이끌어내는 것이다.

미혼여성이라는 자신의 처지에 대해 비하적인 태도를 보이는 여성 탐정과는 달리 버터워스는 결혼을 욕망하지도 않고 나이 들었다는 사실로 위축되지도 않는다. 그녀는 자신에게 청혼하는 남성에게 "나는 당신이 나보다는 결혼하고 싶어서 매우 안달인 여자들에게 주의를 돌리시라고 충고하고 싶어요"(*Last Man's Lane* 343)라는 답변을 들려주며 거절한다. 버터워스는 자신이 나이가 들면서 젊은 여성이었을 때 받았던 관심과 주목에서는 멀어졌지만, 대신에 규범으로부터 자유롭고 독립적인 삶을 살 수 있게 되었다는 사실에 만족한다. "젊었을 때 향유하던 적절한 존중의 표현들"은 사라졌지만 "나이 들어 획득한" "독립성"(『이웃집의 그 일』 312)이 남아있기 때문이다.

『이웃집의 그 일』에서 버터워스는 범죄 수사 과정에서 표출하는 과도한 호기심과 집요함 때문에 “옆구리의 가시 같은” “말 많은 노처녀”(14)로 불리고, 버남의 딸들로부터는 “여자 괴물”(the ogress)(42)로까지 폄하된다. 버터워스의 수사에 대해 관계자들은 불편해하거나 조롱하고, 그라이스 경감은 이러한 상황에 대해 “단지 즐기기만 하는”(60) 태도로 일관한다. 그러나 버터워스는 세탁실에서의 단서를 근거로 살인에 얽힌 미스터리를 풀어내고, 그라이스 경감으로부터 “아주 뛰어난 일격이오! 나도 그것보다 더 잘하지는 못했을 것이요”(317)라는 찬사를 이끌어낸다. “오지랖 넓은 노처녀”(5)라는 비난을 듣던 버터워스는 사건을 해결함으로써 “천재적인 여성”(398)으로 재규정되는 것이다.

『목사관의 살인』에서 최초로 등장하는 미스 마플은 호기심 많고 남의 일에 참견하기 좋아하는 노처녀라는 이유로 “밤 내내 창밖을 지켜보는 일밖에는 할 것이 없는 소문 잘 퍼뜨리는 늙은 고양이”(149) 또는 “거슬리는 늙은 고양이”(18)라고 불린다. 미스 마플은 세인트 메리 미드 마을을 한 번도 떠난 적이 없으며 항상 앉아서 뜨개질만 하며 시간을 보내는 사회적 경험이 없는 노처녀로 인식되기 때문에, 살인사건에 관한 자신의 견해를 말해도 사람들은 그녀의 생각을 쉽게 무시해버린다. “저 시들어버린 노처녀는 자신이 알아야 할 필요가 있는 것은 모두 다 알고 있다고 생각한다. 그런데 그녀는 평생, 이 마을 바깥으로 나가본 적이 없다. 어리석다. 그녀가 삶에 대해 뭘 알겠는가?”(57) 그러나 미스 마플은 인간의 본질에 대한 통찰력과 인간 심리에 대한 이해, 그리고 예리한 관찰력을 통해 살인사건을 해결하는 데 결정적인 역할을 한다.

교구 목사가 인간의 본성은 선하다는 믿음으로 경찰 수사를 혼선에 빠뜨리는 것과는 대조적으로 미스 마플은 사건을 “전적으로 다른 각도”(166)에서 바라본다. 그녀는 교구 목사에게 충고한다. “목사님은 너무 세속적이지 않으세요. 죄송한 얘기지만 나는 줄곧 인간의 본질을 관찰해 왔기 때문에 인간으로부터 많은 것을 기대하지 않습니다."(16) 그녀는 대다수 인간의 외양은 위장된 것으로서 실제 모습과는 무관하다고 주장한다. "모든 이들을 조금 의심해보는 것이 분별 있는 자세지요. … 당신들은 결코 진실을 알 수는 없지요, 안 그래요?"(101) 미스 마플은 수사를 통해 범죄와 연루된 사람들의 위장된 실체를 밝혀낸다. 그녀에 의해 스톤 박사(Dr. Stone)는 고고학자로 위장한 사기범이고, 그리셀다(Griselda)는 "[불륜 사실을] 숨기는 데 능한"(149) 부도덕한 여성임이 드러난다. 『목사관의 살인』에서 미스 마플은 범죄와 관련된 미스터리를 해결함으로써 비가시적이고 주변적인 존재에서 주민들로부터 존경과 찬사를 받는 공동체의 중심인물로 부상한다.

3. 노처녀탐정 추리소설에서의 젠더적 봉쇄

앞에서 살펴본 것처럼 노처녀탐정 추리소설은 탐정에게 경제적 여유와 수사에서의 독립성 그리고 사회적 존경을 부여하는 재현 방식을 채택한다. 다른 여성 탐정 추리소설과는 극명한 대비를 이루는 탐정 재현 방식을 통해 노처녀탐정 추리소설은 기존 추리소설의 젠더 규범에 균열을 일으킬 가능성을 내포한다. 하지만 그 전복적 가능성에도 불구하고 노처녀탐정 추리소설은 추리소설 내에서 안정적으로 자리 잡았다. 노처녀탐정 추리소설이 추리소설의 주요 장르로 승인받을 수 있었던 이유는 이 특정 추리소설 장르에서 시도된 젠더적 봉쇄가 성공적으로 이루어진 데 있다고 볼 수 있다.

여성학자인 제프리스(Sheila Jeffreys)는 『노처녀와 그녀의 적들—1880년에서 1930년 사이의 페미니즘과 섹슈얼리티』(*The Spinster and Her Enemies: Feminism and Sexuality 1880-1930*)에서 노처녀는 가부장제 내에서 무성적인 존재로 존재한다(87-89)고 지적한 바 있다. 젊은 나이의 여성 탐정이 젠더적 위계에 도전하고 저항하는 불온한 존재로 인식된다면, 노처녀탐정은 남성 권위에 대한 위협으로 인지되지 않는다고 할 수 있다. 무성적인 존재로 간주되는 노처녀탐정에게는 젠더 규범에 균열을 일으킬 도발적이고 선동적인 요소가 부재하다고 판정되기 때문이다. 여성 추리소설가인 세이어즈가 "나이 든 독신 여성만이 여성 탐정이 가능한 유일한 부류이다"(Morgan 196)라고 단언한 것도 이러한 점을 지적한 것으로 볼 수 있다.

지금부터는 노처녀탐정 추리소설에서 젠더적 봉쇄가 어떻게 이루어지는가에 대해 살펴보겠다. 노처녀탐정 추리소설이 시도한 첫 번째 봉쇄 방식으로는 노처녀가 가부장제에서 차지한 주변적 위치를 이용하여 젠더 이데올로기와의 충돌을 효과적으로 차단한 것을 들 수 있다. 노처녀는 가부장제가 "여성에게 허락한 유일한 행복의 통로"(Oram 425)인 결혼제도 외부에 위치하기 때문에 여성의 정상적인 삶에 대한 기대치 바깥에 놓여있는 존재라고 할 수 있다[30]. 따라서 가부장제가 여성의 정상적인 삶 바깥에 위치한 존재로 규정한 노처녀탐정은 젠더 규범에 대한 심각한 위협이 되지 않는 것이다. 두 번째 방식으로는 노처녀탐정을 독립성과 대담성에도 불구하고 젠더 이데올로기에 대해 보수적인 입장을 견지하는 인

---

30 19세기 중반 이래 노처녀는 영국에서 "잉여 여성"(surplus women)으로 규정되어 사회문제가 되었다. 1920년대에 들어와서는 잉여 여성의 수가 200만에 가까웠고 인구 1000명당 43명이 노처녀였다(Shaw 38). 노처녀탐정 추리소설의 전성기라고 할 수 있는 영국의 1920년대는 "노처녀의 시대"(Adam 100)로 기록된다.

물로 재현하는 것을 들 수 있다. 노처녀탐정이 드러내는 사회적 무관심과 여성 문제에 대한 보수적인 태도로 인해 노처녀탐정 추리소설은 당대의 젠더 규범에 균열을 일으키기보다는 젠더 이데올로기를 옹호하는 기능을 수행하는 것이다.

미스 마플은 노처녀탐정 추리소설의 첫 번째 봉쇄 방식을 잘 보여주는 사례라고 할 수 있다. 미스 마플은 클레멘트 목사(Rev. Clement)로부터 "정말로 할머니다"(『목사관의 살인』 223)라는 평가를 들을 정도로 품위 있게 나이 든 여성으로 재현된다. "흰머리의 나이 많은 여성"(『목사관의 살인』 9)으로 그려지는 미스 마플의 수사행위는 젠더 규범의 위반으로 다가오지 않는 것이다. 이러한 측면에 주목하여 바기니어(Earl Bargainnier)는 미스 마플의 "나이든 독신 여성이라는 이미지"를 타인을 무장해제 시키려는 그녀의 "위장술"(71)이라고까지 주장한다. 버터워스 역시 성적인 긴장감에서 자유로워진 오십 대의 독신 여성으로 설정된다. 젊고 성적으로 매력적인 여성 탐정의 범죄 수사가 젠더 이데올로기에 대한 위협이나 가부장제에 대한 저항과 도전으로 간주된다면, 버터워스의 수사행위는 그러한 경계와 의혹의 시선으로부터 벗어날 수 있는 것이다.

노처녀탐정 추리소설의 두 번째 봉쇄 방식으로는 노처녀탐정을 여성 문제를 포함한 정치적, 사회적 의제에 대해 보수적인 입장을 피력하는 여성으로 재현하는 것을 들 수 있다. 영국과 미국에서 노처녀탐정 추리소설이 등장한 시기는 여성참정권을 둘러싼 투쟁이 격화된 시기였다. "세기 변환기의 젠더 위기"(Pyket 15)라고 할 수 있는 시대적 상황에도 불구하고 그린과 아가사 크리스티는 시대적 요구에 무관심했고 여성 문제에 대해서 반동적, 보수적 견해를 피력했다. 그린은 여성에게 투표권을 주는 것에 공개적으로 반대해서 동시대의 여성 참정권자들로부터 거센 비판을 받았다(Catt 271).[31] 아가사 크리스티 역시 당대의 여성 문제를 포함한 사회적 의제에 대해 반동적인 견해를 피력했다.[32] 그녀는 "직업을 가진 여성에 대한 혐오"(Shaw 43)를 공개적으로 표명했고 이로 인해 "유명해질 정도로 보수적인"(Priestman 107) 인물이라는 평가를 받았다.

여성 문제에 대한 그린과 아가사 크리스티의 보수적인 시각은 노처녀탐정의 재현에 그대로 투영되었다고 할 수 있다. 버터워스는 어래민타(Araminta)라는 아버지가 지어준 이름이 "구식의 감상적인 여자"(『이웃집의 그 일』 23)에게나 어울릴 뿐, 자신과 같은 현대적인 여성[33]과는 맞지 않는다는 이유로 어밀리아(Amelia)로 개명한다. 이처럼 개인적인 차원에서는 주체적인 성향을 보이며 관습에 구애받지 않고 자유롭게 행동하던 버터워스는 전체 여성의 권리를 상승시키기 위한 노력과 시도에 대해서는 상반된 입장을 드러내는 것으로 재현된다. 버터워스는 젊은 여성들의 진보적인 사회의식이나 정치의식을 수용하지 않는다. "나는 현대 여성에 대해서는 인내심을 전혀 발휘할 수 없어. 현대 여성은 무모함과 방종으로 구성되어 있어."(『이웃집의 그 일』 64) 특히 버터워스가 여성의 참정권 투쟁에 대해 드러내는 부정적인 시각은 여성 문제에 대한 그녀의 보수적인

---

31 여성 참정권자였던 캐트(Carrie Chapman Catt)는 그린과 같은 여성들이 보여주는 태도가 그들이 소유한 부와 특권적 지위에 근거한다고 주장했다. "대개 이들은 유복하게 살면서 세심하게 보호받는데, 그들과 같은 경제적 계급에서는 일반적인 대중에 대한 불신을 즐긴다."(271)

32 아가사 크리스티는 범죄와 연관된 사회적 배경보다는 범죄와 관련된 수수께끼를 만들어내는 데 골몰하는 작가라는 평가를 받는다. 미스 마플 시리즈에서 드러나는 사회적 의식의 결여에 대해 주목한 퍼넥(LeRoy Panek)은 미스 마플 시리즈에서는 당대의 여성 문제를 포함한 사회변화에 관한 관심이 보이지 않는다(38)고 지적한다. 하트(Anne Hart)는 영국 농촌에서 발생했던 사회경제적 변화가 미스 마플 시리즈에는 제대로 반영되지 않았다(50)고 주장한다.

33 성장환경과 교육에 있어서 그린은 당대 여성의 일반적인 수준과는 현격한 차이를 보인다. 그린의 아버지는 형사 전문 변호사였고 뉴욕지방에서 정치적인 영향력을 행사하는 인물이었다. 그린은 1860년대에 대학 교육을 받았고 이후 작가의 길을 선택했다(Hayne 162-66). 그린의 자전적 요소는 버터워스의 재현에 투영되었다고 볼 수 있다.

태도를 보여주는 대표적인 경우라고 할 수 있을 것이다. "우리는 우리의 독립성을 차지하기 위해 우리의 예의범절을 잃어버렸는데, 이것은 후회하게 될 중요한 사실입니다."(『이웃집의 그 일』 312)

미스 마플 또한 "매우 사랑스럽지만 절망적일 정도로 시대에 뒤떨어진" "뼛속까지 빅토리아풍인 완벽한 구시대 인물"(*Sleeping Murder* 22)로 재현된다. 그녀는 당대 영국 사회의 변화를 인정하지 않으며 여성 문제를 개선하려는 움직임에 대해서는 반동적인 입장을 취한다. 미스 마플이 여성 지위의 향상을 위한 투쟁을 폄하한 후 천진무구한 태도로 구체제에 대한 지지를 공개적으로 선언하는 『버트램 호텔에서』(*At Bertram's Hotel*)의 장면은 그녀의 시대착오적이고 퇴행적인 여성관을 극명하게 드러낸다고 할 수 있다. "변하지 않는 것은 멋진 일이에요. 아시지요. 애정을 가지고 즐겁게 지내던 과거로 되돌아가는 일처럼."(129)

미스 마플의 범죄 해결 과정 역시 "전통적인 젠더 구획이 옹호되는" "매우 보수적인 과정"(Shaw 5)이라고 할 수 있다. 미스 마플 시리즈의 지리적 배경인 세인트 메리 미드는 여성이 "이성에 대해 언급하는 것"이 "마치 야생동물의 한 종에 대해 말하는 것"(*The Body in the Library* 114) 같은 부적절한 행위로 취급되는, 여성에게 엄격한 성도덕이 강요되는 가부장제의 지배 아래 놓인 전통적인 영국의 마을이다. 이곳에는 다른 가족 성원이 사라지기를 혹은 살해당하기를 원하는 전제적이고 억압적인 아버지 혹은 남편이 존재한다. 『목사관의 살인』에 등장하는 프로세로 대령(Colonel Protheroe)은 그 대표적인 인물이라고 할 수 있는데, 교구 목사마저도 "프로세로 대령을 살해하는 사람은 크게 봐서 세상에 봉사하는 것"(5)이라고 단언한다. 교구 목사의 서재에서 프로세로 대령은 의문의 죽임을 당하고, 미스 마플은 포악한 가부장을 살해한 범인을 밝혀내는 데 성공한다. 범죄 해결을 통해 가부장적 질서를 복원하고 가부장적 정의를 구현하는 역할을 수행함으로써 미스 마플은 마을 공동체와 가정의 전근대적인 젠더 규범을 공고히 하는 것이다.

미스 마플과 버터워스는 모두 퇴행적이고 수구적인 젠더관을 견지하는 여성으로 재현된다. 이들의 범죄 수사 역시 젠더적 위계에 대한 도전이 아니라 전통적인 젠더 구조에 대한 수호로 기능한다. '나이 든' '독신' 여성 탐정들의 전통적, 인습적 여성관의 표명과 가부장적 질서의 옹호는 이들을 젠더 이데올로기에 위협이 되지 않는 존재로 만들고, 노처녀탐정 추리소설이 추리소설 내 주요 장르로 안착하도록 하는 것이다.

4. 노처녀탐정 추리소설에 내려진 보상

노처녀탐정 추리소설의 탐정은 기존의 젠더 규범과 배치되는 독립적이고 주체적인 여성인 동시에 성 이데올로기를 적극적으로 옹호하는 보수적인 여성으로 재현된다. 분열적이고 모순적으로 드러나는 노처녀탐정의 재현 양상은 이 특정 추리소설 장르에서 시도된 젠더적 봉쇄의 결과라고 할 수 있다. 기존의 여성 탐정 재현과는 극명하게 구별되는 노처녀탐정의 재현으로 인해 발생하는 젠더 이데올로기에 대한 위협은, 노처녀탐정의 입을 통해 흘러나오는 가부장제를 지지하는 발언 속에서 봉쇄되는 것이다. 작가인 그린과 아가사 크리스티가 표명한 반여성주의적인 입장까지 감안할 때 노처녀탐정 추리소설은 근원적으로 보수적인 장르라 할 수 있다.

노처녀탐정 추리소설이 시도한 젠더적 봉쇄에 대한 보상은 이 특정 장르의 대표적 작가인 그린과 아가사 크리스티 그리고 이들의 소설이 추리소설 내에서 차지한 확고한 입지로도 확인된다. 그린은 미국 추리소설에서 "논란의 여지가 없는 영예로운 자리"(Haycraft 41)를 확보하고 있을 뿐 아니라, 비평가들에 의해 미국의 포, 불란서의 가보리오(Emile Gaboriau), 영국의 코난 도일 등과 더불어 초기 추리소설을 대표하는 작가로 평가된다(Murch 160). 그녀의 버터워스 시리즈는 비평적 관심과 대중적 호응을 동시에 받았고, 연극으로 각색되어 무대에서 공연된 후 예일대에서 범죄학 교재로 사용되었다(Sussex 165). 아가사 크리스티 역시 "가장 교묘한 범죄 미스터리 플롯"(Knepper 60)을 사용한 영국 추리소설의 황금기를 대표하는 작가로 평가된다. 미스 마플 시리즈는 다수가 영화로 상영되거나 텔레비전 연속물로 방영되었고, 21세기에도 여전히 추리소설 애호가들의 필독서로 남아있다("Miss Marple" n.p.).

노처녀탐정 추리소설이 가장 대중적인 추리소설 장르의 하나로 안착했다는 사실은 노처녀탐정 추리소설 내에서 시도된 봉쇄 작업이 성공적으로 수행되었음을 보여준다. 흰머리와 온화함으로 상징되는 무성성과 젠더 규범에 대한 전통적이고 인습적인 견해를 통해 노처녀탐정은 안전한 존재로 자리 잡은 것이다. 노처녀탐정 추리소설의 확고한 위상은 추리소설에서의 젠더 이데올로기의 지배력을 확인시켜준다. 탐정의 안정적 지위가 결혼제도 바깥에 위치하고 여성 문제에 대해 보수적 태도를 표명하는 나이 든 여성에게만 부여된다는 사실은 젠더 이데올로기가 추리소설 내에서 행사하는 막강한 영향력을 분명하게 입증하기 때문이다.

3부

추리소설의 장르적 탈주와 하드보일드 추리소설의 탄생

8장 Chapter 08

콘래드의 장르적 해체 —『비밀요원』

1.『비밀요원』의 장르는?

콘래드의 『비밀요원』은 단일한 장르로 분류되지 않는다. 소설 속에는 다양한 장르적 특성이 혼재하고 있기 때문이다. 『비밀요원』은 "무정부주의자에 의해 귀신 들린 런던"(Eagleton 23)과 "무정부주의의 혁명적 꿈"(Eagleton 24)을 다룬 자명할 정도의 정치적인 소설로 볼 수 있다. 또한 『비밀요원』에는 가정소설이나 멜로드라마로 읽도록 만드는 불행한 결혼, 가정 내 폭력, 여주인공의 죽음 등과 같은 요소가 등장한다(Moffat 46-67).

『비밀요원』에서 뚜렷하게 나타나는 또 다른 장르적 특성을 꼽는다면 스파이소설(Spy Fiction)이 될 것이다. 스파이소설 장르는 그 발생단계인 19세기 말엽부터 "비밀-요원 소설"(Secret-Agent Fiction)(Sauerberg 1)로 호명되었다는 사실을 기억할 때, 『비밀요원』은 제목에서부터 스파이소설임을 표방한다고 볼 수 있다. 스파이소설은 "일간 뉴스의 표제 기사로부터" 소재를 가져와 "그늘진 세계의 음모"로 재구성한다는 이유에서 "커버 스토리"(cover stories)(Dennig 1)로 불리기도 했다. 『비밀요원』은 세기말 영국에서 발생한 그리니치 천문대 폭파 미수사건의 표제 기사[34]에서 아이디어를 얻었다는 점에서 스파이소설의 정의에 부합한다고 할 수 있다.

『비밀요원』에는 추리소설의 장르적 설정도 존재한다. 추리소설에서 사회는 합리적 구성물로 전제되고, 범죄는 이성적으로 작동되는 사회체제를 파괴하려는 야만적이고 불순한 시도로 간주된다. 따라서 탐정의 범죄 수사는 무질서와 비합리성에 의해 위협받던 사회적 질서와 합리성을 복원시키려는 행위로 규정된다. 『비밀요원』에는 과학기술과 합리성의 상징인 그리니치 천문대를 폭파하려는 범죄가 시도되며, 경찰 부국장(Assistant Commissioner of Police)과 특수범죄 수사부 히트 경감(Chief Inspector Heat of Special Crimes Department)이 등장하여 폭파 사건을 수사한다. 『비밀요원』은 추리소설의 서사 구도를 지닌다고 볼 수 있는 것이다.

『비밀요원』은 정치소설, 가정소설, 스파이소설, 추리소설의 구성요소가 공존하는 장르의 혼합물로 읽을 수 있다. 그와 동시에 『비밀요원』에는 개별 장르의 문법을 해체하고 위반하거나 파괴시켜버리는 탈장르적이고 반장르적 실험의 양상도 분명하게 나타난다. 앞으로 자세히 살펴보겠지만 『비밀요원』을 어떤 장르에 귀속시킬 것인가의 문제는, 이 소설이 어느 장르의 관습을 전복하거나 어느 장르의 관습으로부터 이탈하고 있는

---

34 1894년 2월 19일 자 『스타』(*Star*)는 영국에서 발생한 그리니치 천문대 폭파 미수사건에 관한 기사를 게재했다. 이 사건이 국제적 연계망을 지닌 무정부주의자의 공격이라는 공식적인 견해에 대해, 기사에서는 폭탄을 운반하다가 실수로 폭파시켜 중태에 빠진 보르딘(Martial Bourdin)이라는 인물이 조직의 도움 없이 단독적으로 테러를 수행하기에는 "조금 멍청하다"라며 "음모는 국제적인 것인가?"(Melchiori 74)라는 의문을 제기하고 있다.

지를 확인하는 작업으로 귀결된다.

먼저 무정부주의에 관한 정치소설로 『비밀요원』을 읽는 경우를 상정해보자. 오래지 않아 무정부주의자들로 등장하는 인물들은 서로를 경멸하고 무시하고 혐오하고 있으며, 이들 사이에 동지애나 형제애는 존재하지 않는다는 사실을 발견하게 된다. 이들은 정치적 이상을 함께 추구하는 활동가들이 아니라 외부 세계로부터 고립되어 무력감에 사로잡힌 채 기생적인 삶을 살아가는 "어찌할 도리가 없을 정도로 쓸모없는"(41) 자들 또는 "사악한 재능"(39)을 지닌 이상성격자들로 재현된다. 이들은 혁명가이기보다는 자신들이 타도하려는 지배계급의 지원에 의존해 살아가는 사기꾼에 가까운 자들로 그려진다. 무정부주의자들의 비전형성(untypicality)이 강조된다(Eagleton 25-26)는 점에서 『비밀요원』은 오히려 반정치소설로 읽히는 것이다.

『비밀요원』에는 가족의 안전을 지키려고 애쓰던 한 여성이 기구한 운명의 희생자가 된다는 빅토리아 시대 멜로드라마의 서사가 존재한다. 그러나 성은애가 「『비밀요원』의 멜로드라마 실험」에서 지적한 것처럼, 이 소설은 오히려 멜로드라마의 관습적 구도와 인물을 해체하고 전복시키는 효과를 생산한다. 『비밀요원』은 소설의 여주인공 위니(Winnie Verloc)를 성적 매력을 이용해 주변 남성에 대한 통제력과 장악력을 확보하는 팜므 파탈의 이미지로 재현함으로써 멜로드라마의 기본전제를 뒤집는다. 또한 『비밀요원』은 멜로드라마에 등장하는 전통적인 선악 구도나 선인과 악한의 이분법적 설정을 분쇄한다. 멜로드라마의 필수 요소인 선한 주인공이나 선한 의지로 가득한 인물은 등장하지 않으며, 모든 인물은 속물성과 내면의 어둠을 지닌 인물로 재현될 뿐이다. 『비밀요원』은 "19세기적 멜로드라마 양식을 실험적으로 해체"(성은애 143)시키는 방향으로 작동한다.

『비밀요원』은 정치소설과 멜로드라마의 특성 외에도 스파이소설과 추리소설의 관습과 양식도 드러낸다고 할 수 있다. 『비밀요원』에서의 정치소설과 멜로드라마와 관련된 탈장르적, 반장르적 시도에 대해서는 기존 연구에서 필요한 논의가 이루어졌다고 판단하기 때문에, 상대적으로 검토가 빈약한 스파이소설과 추리소설 문법을 중심으로 『비밀요원』에서의 장르적 이탈과 해체, 전복에 관해 살펴보려고 한다. 이번 장은 『비밀요원』을 스파이소설 양식을 파괴한 반스파이소설인 동시에 추리소설의 보수적인 정치학을 비판하고 전복시킨 반추리소설이자 하드보일드 추리소설의 도래를 암시하는 묵시론적 추리소설로 새롭게 읽는 작업이 될 것이다.

2. 『비밀요원』은 스파이소설?

스파이소설을 구성하는 핵심 요소로는 국제관계, 정보요원, 은밀성, 음모 등을 지목할 수 있는데, 스파이소설에 대한 정의는 이들 요소 중 하나를 부각시키는 방식으로 이루어지는 경우가 많다. 국제관계를 강조하는 쪽에서는 스파이소설의 등장이 19세기 말엽의 요동치던 국제관계와 직접적인 관련성을 가진다고 주장한다. 급변하는 국제관계 속에서 자국의 운명에 대한 불안이 스파이소설의 부상을 가져왔다는 것이다(Stafford 497). 반면에 정보요원에 집중하는 입장에서는 스파이소설을 "외국 정보요원"과 "자국 정보요원"의 "위반행위"와 "활약"(Bloom 2)에 편집증적으로 집착하는 장르로 규정한다. 비밀 첩보 활동을 강조하는 편에서는 스파이소설을 "가장 과도하게 음모적"(Roth 226)인 "은밀한 정치적인 갈등의 문학"(Furst viii)으로 정의한다.

『비밀요원』은 스파이소설에 필수적인 요건을 모두 충족시키고 있는 것처럼 보인다. 『비밀요원』에는 러시아와 영국으로 대표되는 국제 세력 간의 암투와 음모가 등장하고, 양국 비밀요원의 은밀한 공작 활동이 전개되기 때문이다. 러시아 대사관과 영국 경찰의 이중 첩자로 활동하는 벌록(Adolf Verlock)이 소설의 주요 인물로 설정되고, 외국인 혁명가들에 대한 영국인들의 경계심과 반감을 극대화시키기 위한 러시아 대사관의 음모가 진행된다. 폭파 사건의 혐의가 영국에 거주하는 외국인 급진혁명주의자나 무정부주의자에게 돌아갈 것으로 판단한 러시아 대사관은, 벌록에게 영국 기술 과학 문명의 상징인 그리니치 천문대를 폭파하라는 지시를 내린다.

『비밀요원』은 장르적 구성요소를 모두 구비한 스파이소설로 간주되기가 쉽다. 『비밀요원』이 제국주의가 확장되던 19세기 말과 20세기 초에 인기를 끌던 스파이소설의 전형(37)이라는 데닝(Michael Dennig)의 주장은 이를 잘 보여준다. 그러나 『비밀요원』을 전형적인 스파이소설로 보는 것은 성급한 판단이라고 할 수 있다. 소설 속에서 스파이 행위, 이중첩자 행위, 정치적 음모, 국제 세력 간의 암투와 같은 스파이소설의 필수요소는 간헐적이고 단편적으로 등장할 뿐 아니라, 전체 소설에서 차지하는 비중도 매우 빈약하기 때문이다. 벌록의 경우를 보더라도 그가 매우 뛰어난 스파이였다는 과거의 사실이 간략하게 언급될 뿐, 국제관계라는 배경 속에서 그의 첩보 활동에 대한 서술이나 그가 참가했던 첩보전에 대한 상세한 묘사는 소설 속에 나타나지 않는다. 『비밀요원』은 국제적 음모나 스파이 행위에 초점을 맞추기보다는, 가족과 부부관계 등에 대한 세밀한 묘사나 범죄와 권력에 대한 전복적인 재현에 집중하는 양상을 보이는 것이다.

『비밀요원』이 전형적인 스파이소설로 규정될 수 없다는 사실은 스파이 재현에서 가장 분명하게 드러난다. 스파이소설에서는 첩보원과 첩보행위가 극도로 호의적으로 재현된다. 스파이는 젊고, 잘생기고, 신체 능력이 우수하고 신사적인 인물로, 그의 첩보행위는 숭고한 애국심이 반영된 영웅적인 것으로 그려진다. 스파이소설의 "민족주의적인 형태"(Knight 173)는 스파이 재현을 통해 가장 노골적으로 드러나는 것이다.

『비밀요원』에서 스파이와 첩보활동에 대한 재현은 오히려 반스파이소설적 효과를 발생시킨다. 『비밀요원』에서는 첩보 행위에 참가하는 자들이 조국에 헌신하려는 고귀한 외모의 소유자들이 아니라, 정의와는 무관하게 권력을 추구하거나 사욕을 채우려는 비열함과 저속함이 외모에 투영된 인간들로 재현된다. 이런 경향은 벌록의 재현에 있어서 가장 두드러지는데, 그는 이상적인 스파이상과는 극단적인 차별성을 보이는 인물로 설정됨으로써 『비밀요원』이 반스파이소설로 읽히도록 한다.

벌록은 외모에 있어서 이성의 호감을 즉각적으로 유발하는 스파이의 전형과는 거리가 먼 인물이다. 그는 여성으로부터 찬탄을 자아내는 강렬한 눈빛도 소유하지 못하고 매력적인 신체도 지니고 있지 않다. 벌록은 "두터운 눈꺼풀 아래 튀어나온 기력이 없는 눈"(6)과 "살찐 짐승"(11)의 몸을 지닌 인물로 설정된다. 그는 스파이가 보이는 활력이나 민첩함, 강렬함 등과는 무관한, "옷을 다 입고 엉망인 침대에서 하루 종일 누워 뒹군"(4) 인상을 준다. 벌록은 스파이가 전시하는 이상적인 남성성과는 극단에 위치한, 혐오감을 유발하는 인물로 재현된다.

예전의 벌록은 수많은 첩보전을 승리로 이끌어 "훌륭하고 믿음직한 비밀요원"이라는 평가를 받던 "유명한 요원"(celebrated agent)(22)으로 기억된다. 지배계급의 신뢰도 매우 강해서 그의 의견이나 경고는 "왕실이나 제국의 대공의 여행 계획과 일자를 바꾸고 때로는 그것들을 전적으로 연기하게 만드는 힘"(22)을 지녔었다. 그러나 현재의 벌록은 첩보활동에는 의욕과 관심을 잃은 지 오래인, 결혼생활의 편안함에 매몰된 중년 남자의 모습을 보인다.

> 그는 철저하게 가정적이 되어버렸다. 영적으로나 정신적으로나 육체적으로나 그는 집 밖으로 나갈 필요를 많이 느끼지 못했다. 벌록 부인의 아내다운 관심과 장모의 존중 섞인 배려를 함께 받으며 그는 가정에서 육체적인 편안함과 양심의 평화를 찾았다. (5)

"녹이 슬어버린"(10) 벌록은 더 이상 젊고 유능하고 강인한 스파이가 아니라, "직업에 필요한 체격조차 갖추지 못하고" "바보도 속여 넘기지 못할 것이라는"(17) 평가를 받는 퇴물로 재현되고 있다.

벌록은 여전히 첩보활동을 통해 금전적 보상을 받고는 있지만, 첩보활동은 그의 삶에 있어서 지극히 부차적이고 미미한 부분을 구성한다. 그의 정체성은 "외국인의 반제국주의적 간계를 분쇄"(Knight 173)하는 비밀요원보다는 외설물을 판매해 수익을 남기는, 아래와 같은 작고 수상한 상점의 주인에 가까운 것으로 그려진다.

> 가게는 작았다. … 낮에는 문이 닫혀있었고 저녁에는 문이 조심스럽게, 하지만 수상쩍게 조금 열려있었다. … 창문 안에는 거의 옷을 벗은 무용수들의 사진들 … 부도덕함을 암시하는 제목을 지닌 몇 권의 책들이 있었다. (3)

벌록이 스파이라기보다는 "돈을 쉽게 벌 수 있는 은밀한 거래"(43)에 종사하는 소상인으로 재현되기 때문에, 스파이소설 특유의 음모적이고 비밀스러운 분위기는 국제무대에서 펼쳐지는 첩보활동을 통해서가 아니라 가게 안팎에서 진행되는 음란물 판매를 둘러싸고 형성된다. 외설물을 사러 온 손님들은 "창문 근처에서 한동안 서성대다가 갑자기 가게로 들키지 않게 들어가거나" "코트 깃을 콧수염까지 올려 얼굴을 가리고" "재빨리 몸을 옆으로 해서 어깨 한쪽부터 먼저 들어갔다."(4) 벌록은 "희미한 불빛의 의심스러운 조각이 흘러나오는"(120) 곳으로 스며들어온 손님들을 "단호하고 침착한 눈길"(4)로 훑어본 후 물건을 건네는 것으로 그려진다. 은밀함이나 신속함, 비밀스러움과 같은 스파이소설의 핵심적 요소가 외설물 판매에 동원됨으로써 『비밀 요원』은 스파이소설의 장르적 특성을 비하적으로 패러디하는 효과를 생산한다.

스파이소설은 국제관계에서 자국의 이득을 도모하기 위한 비밀요원들의 첩보행위를 쉴 틈 없이 긴박감 넘치게 풀어놓기 때문에 스파이 스릴러(spy thriller)로도 불린다. 그러나 앞에서 지적한 대로 『비밀요원』에서 스파이 서사는 중심적 위치를 점유하지 못한 채 주변적인 역할만을 담당한다. 텍스트 내에서 간헐적으로 등장하는 스파이 서사 역시 긴박감보다는 실소를 자아내는 수준에서 전개되는 양상을 보인다. 국제 세력 간 암투의 산물인 그리니치 천문대 폭파 임무가 정신지체아인 벌록의 처남 스티비(Stevie)에 의해 수행되는 것은 그 대표적인 경우이다.

스티비는 자극을 받으면 "우리에 갇힌 흥분한 짐승"(44)같은 상태로 변하는, "정신박약하고 대책 없는" "단지 정신병원에나 적합한"(168) 젊은이로 등장한다. "자기 주소도 잊어버리는"(8) 심신미약자를 천문대 파괴 공작에 동원하는 벌록의 어처구니없는 결정—경찰 부국장의 표현을 빌자면 "가장 기이한 짓"(101)—은, 임무의 완수가 불가능하리라는 예측을 낳게 함으로써 긴장감을 조성하는 데 실패한다. 예상대로 스티비는 임무를 완수하지 못한다. 그는 폭탄을 운반하던 중 나무뿌리에 걸려 넘어지고 폭탄이 터져서 사망하게 된다. "매우 기상천외하고" "표독스러운 농담으로 간주될"(173) 천문대 폭파 기도는 미수에 그치고, 스티비가 입었던 코트에 달아놓은 주소가 적힌 꼬리표(label)로 인해 벌록은 살해당한다. 스파이 활동의 성패가 부주의와 판단 착오, 우연과 사고에 의해 결정되는 것으로 처리됨으로써 『비밀요원』은 첩보 스릴러의 기능을 수행해 내지 못한다.

3. 『비밀요원』은 추리소설?

추리소설은 본질적으로 체제수호적인 문학이다. 추리소설에서 범죄란 계급적 위반행위로 비판되고, 법률은 계급적 혼란을 제거하여 사회의 질서와 안전을 수호하는 필수적인 국가 장치로 옹호된다. 추리소설의 보수성은 탐정의 재현 양상에서 극명하게 드러난다. 탐정은 하류계급 출신 범죄자에 의해 야기된 계급적 혼란을 제거하고, 여성을 범죄의 위협으로부터 보호한다. 또한 그는 과학적 관찰과 분석, 첨단과학기술을 통해 범죄와 관련된 미스터리를 해결함으로써 서구과학 문명의 수월성을 입증한다. 탐정은 기존의 계급적, 인종적, 젠더적 지배체제를 공고히 하는 "영웅의 전형"(Berglund 139)으로 그려지는 것이다.

『비밀요원』은 추리소설의 서사 구도와 장르적 외양을 보여준다고 할 수 있다. 『비밀요원』에는 무정부주의자들로 대표되는 외국인 범죄자집단과 범죄 수사관 사이의 대립 구도가 형성된다. 범죄 수사는 고문이나 자백 같은 전근대적 방식을 통해 수행되지 않으며, 범죄성을 규정하는 방식

역시 과학 담론에 근거하여 이루어진다. 또한 『비밀요원』에는 범죄의 위협에 노출된 여성이 등장한다.

추리소설과의 표면적인 유사성에도 불구하고 『비밀요원』에서는 추리소설이 이상화하고 수호하던 가치가 의문시되거나 부정되는 양상을 보인다. 『비밀요원』에서는 추리소설이 보이던 법률과 법률의 집행자에 대한 절대적인 신뢰가 무너지고 있고, 과학적 범죄 담론에 대한 이상화는 거부되고 있으며, 보호해야 할 이상적인 여성과 가정은 애초부터 존재하지 않는 것으로 재현된다. 『비밀요원』은 추리소설이라기보다는 추리소설의 이데올로기를 뒤집는 반추리소설로 읽히는 것이다.

『비밀요원』은 추리소설이 드러내는 법률과 범죄에 대한 시각에 근원적인 의문을 제기한다. 추리소설에서 법률은 사회적 질서를 교란하는 범죄에 맞서 사회체제를 수호하는 필수 불가결한 제도로 옹호된다. 그러나 『비밀요원』에서 법률은 계급 지배구도를 공고히 하는 데 동원되는 억압의 도구로 부정된다. 소설 속에서 법률에 대한 전복적인 견해는 무정부주의자들의 입을 통해 표출되는데, 윤트(Karl Yundt)의 주장은 그 대표적인 사례이다. 그는 법률을 "과도하게 배를 채운 자들이 가난한 자들로부터 자신들을 보호하기 위해 발명한 낙인을 찍는 예쁘장한 도구"(38)라고 비난한다.

『비밀요원』에서는 범죄성 역시 객관성이나 정당성과는 무관하게 지배계급의 이해관계에 따라 자의적으로 구성되는 것으로 규정된다. 무정부주의자 그룹의 과학기술 전문가로 등장하는 교수(The Professor)는 범죄와 범죄자라는 개념 자체에 대해 회의적인 시각을 드러낸다. "범죄자라니! 그게 뭐지? 대체 무엇이 범죄라는 거지? 그런 주장의 의미는 무엇일 수 있을까?"(57) 범죄와 범죄자는 객관적인 의미나 근거를 찾을 수 없는, "사회의 끔찍한 불의를 보호하는 법률개념들"(64)에 의거해 판정될 뿐이라는 것이다.

『비밀요원』에서는 법률과 범죄에 대한 급진적인 시각을 통해서뿐만 아니라 법률의 집행자에 대한 전복적인 재현에 의해서도 추리소설의 문법을 해체한다. 『비밀요원』에는 사회정의를 위해 범죄 수사에 헌신하는 숭고한 법률의 집행자는 존재하지 않는다. 『비밀요원』에 등장하는 법률의 수호자는 도덕성이나 행위에 있어서 범죄자와 구분이 어려울 정도의 인물로 그려지는 것이다. "특수범죄 수사부를 책임지고 있는"(94) 경찰 부국장은 그 대표적 인물인데, 그는 극도로 부도덕한 품성을 지니고 자신의 이익만을 고려해 행동하기 때문에 "마치 그가 범죄자 계급의 일원인 것 같은"(120) 인물로 재현된다.

『비밀요원』에 등장하는 법률의 대리인들은 추리소설의 탐정과는 달리 범죄를 사회질서의 수호를 위해 박멸해야 할 대상으로 보지 않고 부지런한 노동의 한 형태로 간주하기까지 한다. 폭파 사건 수사에서 핵심적 역할을 담당하는 특수범죄 수사부 히트 경감은 이를 잘 보여주는 인물인데, 그는 범죄를 죄악이 아니라 위험의 성격이 다른 노동으로 규정한다.

> 그것은 인간이 지닌 부지런함의 한 형태였고, 참으로 병적인, 하지만 여전히 부지런한 세상에서 실행되는 하나의 부지런함이었다. … 그것은 노동이었고 다른 형태의 노동과의 실질적인 차이는 그것이 지닌 위험성의 본질에 있었다. (73)

그는 경찰업무와 범죄행위, 범죄자와 경찰관을 궁극적으로 동일하다고 간주한다. "하나는 유용하다고 분류되고 다른 하나는 유해하다고 분류되지만 같은 기계에서 만들어진 물품"(74)이라는 것이다. 범죄자와 범죄를 수사하는 자 사이의 유사점에 대한 강조를 통해 『비밀요원』의 반추리 소설적인 효과는 극대화된다.

시몬즈(Julian Symons)가 『피투성이 살인』(*Bloody Murder*)에서 주장한 것처럼 19세기 중반 이후 추리소설의 부상은 산업혁명 이후 가속화된 과학적 발명과 기술적인 발전에 긴밀하게 연관된다(259). 추리소설에서 드러나는 첨단적인 과학수사에 대한 강박적인 이상화는 이를 잘 보여준다. 추리소설은 당대 범죄학의 발견을 범죄성의 재현에 즉각적으로 원용했다. 범죄인류학을 창시한 이태리의 롬브로소나 영국 최초의 수사과학서 『범죄자』를 출판한 엘리스로 대표되는 범죄학자들은 범죄자에 대한 해부학적 분류를 시도했는데, 이들의 주장은 추리소설의 범죄자 재현에 즉시 반영되었다.

『비밀요원』에서도 당대 추리소설에서와 마찬가지로 범죄인류학의 첨단이론이 원용되는 양상이 드러난다. 소설 속에서 롬브로소 범죄학의 신봉자로 등장하는, 의사(the Doctor)라는 별명으로 불리는 무정부주의자 오시폰(Alexander Ossipon)은 그 대표적 사례이다. 그는 정신지체인인 스티비의 귀의 해부학적 구조가 롬브로소가 묘사한 퇴화한 범죄자형과 완벽하게 들어맞는다고 주장한다. "아주 좋아. 아주 특징적이야. 완벽하게 전형적이야. … 그의 귓불을 한번 보는 것만으로도 충분해. 만일 당신이 롬브로소를 읽었다면."(37)

오시폰의 사례에도 불구하고, 『비밀요원』은 범죄학 이론에 대해 궁극적인 의문을 제기하고 부정적인 입장을 표명한다는 점에서 추리소설에서의 전면적 수용과는 분명한 차별성을 드러낸다. 소설 속에서 범죄자의 신체에서 해부학적인 퇴화를 읽을 수 있다는 롬브로소의 이론은 과학을 가장한 정치적 억압의 사례로 규정되는 것이다. 당대의 추리소설이 승인한 롬브로소의 범죄형에 관한 견해는 윤트에 의해 통렬하게 반박된다.

> 롬브로소는 바보요. … 당신들은 그런 천치를 전에 본 적이 있으시오? … 범죄란 무엇이오? 많은 가난하고 불운한 자들의 귀와 치아를 조사해 배불리 먹어대는 바보들의 세계에서 유명해진 이 천치가 범죄를 안다고? 귀와 치아가 범죄자의 표식이라고? 그러한가? … 당신들이 말하는 롬브로소 같은 자들은 그런 식으로 어처구니없는 이야기를 쓰고 있는 거라고. (38)

『비밀요원』은 추리소설이 수용한 범죄학 이론을 부정할 뿐 아니라, 범죄학 이론 신봉자의 모순적인 행태에 대한 묘사를 통해 그것을 조롱하고 풍자한다. 위니에게 성적인 매력을 느낀 오시폰은 "내가 지닌 사랑과 같은 사랑을 당신과 같은 여성으로부터 숨길 수 없었다"(217)라고 그녀에게 열정적으로 구애한다. 하지만 그녀가 남동생 스티비의 복수를 위해 남편을 죽였다는 사실을 알게 되었을 때 위니를 향한 성적인 매혹은 그에게서 사라져버린다. 오시폰은 즉각적으로 위니의 신체가 범죄자 유형이라는 "과학적인" 진단을 내린다.

> 그는 과학적인 사람이었기에, 퇴화한 남동생의 누이이며 그녀 또한 퇴화 동물이자 살인자 유형인 그녀를 과학적으로 바라보았다. 그는 그녀를 응시하며 마치 이탈리아 농부가 가장 숭배하는 성인에게 자신을 맡기듯이 롬브로소에게 호소했다. 그는 과학적으로 응시했다. 그는 그녀의 뺨과 코, 눈, 귀를 바라보았다. … 나쁜! … 섬뜩한! … 그는 그녀의 이빨들을 바라보았다. … 의심의 여지없이 … 그녀는 살인자 유형이었다. (235)

롬브로소 범죄학의 신봉자인 오시폰의 극적인 태도 변화는 추리소설이 신뢰한 과학적 범죄 담론이 공정하고 객관적인 지식체계이기보다는 가변적이고 임의적인, 불안정한 구성물임을 풍자적으로 보여주는 것이다.

많은 경우 추리소설에서의 범죄는 이상적인 여성과 행복한 가정을 대상으로 하고, 탐정은 범죄의 위협으로부터 여성과 가정을 보호하기 위해 분투한다. 또한 추리소설에서 추리 서사는 로맨스 서사와 병행되어 진행되고, 범죄의 해결은 로맨스의 완성으로 귀결되는 경향을 보인다. 결혼과 행복한 가정의 복원은 추리소설의 자연스러운 종결이라 할 수 있는데, 『비밀요원』은 이 지점에서 추리소설의 관습에서 이탈한다고 할 수 있다.

『비밀요원』에는 추리소설이 보호하고자 했던 이상적인 여성과 행복한 가정은 존재하지 않는다. 소설의 여주인공 위니는 추리소설에 등장하는 이상적인 여성상과는 무관한 여성으로 재현된다. 그녀는 무성적(asexual)인 가정의 천사가 아니라 강렬한 섹슈얼리티를 소유한, 그리고 "자신의 매력이 지닌 힘을 확신하는"(151) "젊은 여인"(4)으로 등장한다. 위니는 "풍만한 가슴"과 "커다란 엉덩이"(4)로 구성된 "풍만한"(ample)(141) 육체를 지녔을 뿐 아니라 "꽉 조이는 조끼"(4)로 자신의 성적 매력을 부각시키는 것으로 그려진다.

『비밀요원』에서 가족은 무조건적인 사랑의 공동체가 아니라 복잡한 이해관계와 계산에 근거해 구성되고 운영되는 집단으로 재현된다. "협상할 줄 아는 여인"(206)인 위니는 늙은 어머니와 지적장애를 지닌 동생 스티비를 의탁하기 위해 "정육점에서 일하던 젊은이와의 로맨스"(218)를 포기하고 벌록과 결혼한다. "벌록 씨가 자기 아내의 어머니와 가구들과 함께 그[스티비]를 인수할 준비가 된 것처럼"(8) 보였기 때문이다. 벌록은 "그녀의 젊음, 그녀의 풍만하고 곡선 모양의 몸, 그녀의 깨끗한 피부색, 그녀의 불가해한 말 없음이 주는 도발적 매력"(5)을 차지하기 위해 위니 식구들의 보호자 역할을 승인한다. 위니와 벌록 사이에서 아이가 생기지 않지만 위니의 어머니는 자신만의 계산법으로 그 사실을 안타깝게 여기지 않는다.

> 그녀의 마음 깊숙한 곳에서는 벌록 부부에게 아이가 없다는 것이 아마도 불쾌하지 않았다. … 위니는 남동생을 유사 모성적인 애정의 대상으로 여겼기 때문에 아마도 이런 상황이 불쌍한 스티비를 위해서도 똑같이 좋았다. (7)

『비밀요원』에서 가정은 사랑과 공감으로 가득한 공간으로 그려지지 않는다. 가정은 무관심과 학대와 범죄가 발생하는 장소이고 끔찍한 살인 범죄의 온상이 되는 곳으로 재현된다. 위니는 스티비를 죽음으로 몰아놓은 벌록을 집안에서, 식탁에 놓인 고기 저미는 나이프를 사용해 응징한다.

> 그녀는 즉시 앞으로 나아갔다. … 그녀의 오른손이 식탁의 끝부분을 가볍게 스치듯 지나갔고 그녀가 소파를 향해 지나갔을 때 고기 저미는 칼은 접시 옆에서 조금의 소리도 없이 사라졌다. 벌록 씨는 마루의 널빤지가 삐걱대는 소리를 들었고, 만족했다. … 벌록 부인이 오고 있었다. … 칼은 이미 그의 가슴에 박혀있었다. 칼은 도중에 아무런 저항도 만나지 않았다. (207-8)

행복한 가정을 상징하는 저녁 식사 자리는 살인 범죄의 현장이 되고, 가족을 위한 요리를 만드는 데 사용되어야 할 나이프는 살인 범죄의 도구가 되는 것이다. 로맨스의 완성 혹은 결혼이 아니라 배우자 살인으로 종결된다는 점에서 『비밀요원』은 추리소설의 문법을 분쇄한다고 볼 수 있다.

추리소설은 과학과 이성을 통한 인류와 문명의 진보에 대해 강한 신넘을 지닌 낙관적이고 긍정적인 세계관의 장르이다. 그러나 『비밀요원』에서 세계를 바라보는 시선은 그와는 정반대의 방향을 가리킨다. 질서, 합리성, 근대성 등의 상징인 그리니치 천문대에 대한 위협의 제거가 질서와 이성적 체계의 회복이 아니라, 남녀주인공의 살해와 자살이라는 파국으로 이어진다는 점에서 『비밀요원』은 추리소설의 세계관을 전복시킨다.

『비밀요원』에서의 이성과 합리성에 대한 불신과 비관적인 세계관은 이 소설이 반추리소설을 넘어서서, 하드보일드 추리소설의 비극적이고 염세적인 세계관과 겹치고 있음을 보여준다. 1차 세계대전의 악몽을 경험한 후 등장한 하드보일드 추리소설은 극도로 염세적인 세계관을 표출했다. 하드보일드 추리소설에서 인간의 이성과 합리성에 의한 진보라는 근대적 신념은 사라진 것으로, "이성적으로 인식 가능한 세계"(Grella 111)는 붕괴된 것으로 그려진다. 『비밀요원』이 드러내는 비극적인 세계 인식은 콘래드가 추리소설을 대상으로 장르적 실험에만 몰두한 것만은 아니었음을 보여준다. 그는 1차 세계대전이라는 파국을 향해 걸어가고 있는 인류의 미래와 그 참상을 예견한 것이다.

4. 미리 바라본 비극적인 세계

『비밀요원』의 장르적 양식의 해체에 관한 논의는 주로 정치소설이나 가정소설과 연관되어 이루어졌다. 이번 장에서는 상대적으로 논의가 적었던 스파이소설과 추리소설을 중심으로 『비밀요원』이 어떻게 장르적 규범을 위반하고 전복시키는지에 대해 살펴보았다. 콘래드의 장르적 탈주

시도는 형식적인 차원에서 장르적 관습을 변주시키는 데 머물지 않고 스파이소설과 추리소설의 이데올로기를 전복시키는 데까지 나아갔다.

스파이소설은 영웅적으로 재현된 스파이를 통해 제국주의를 찬양하고 민족주의를 고취하는 역할을 담당한다고 할 수 있다. 그러나 『비밀요원』은 추하고 무능한 스파이 캐릭터를 통해 스파이소설의 이데올로기를 뒤틀고 조롱하는 양상을 보인다. 『비밀요원』은 스파이 재현을 통해 민족주의적 신화에 균열을 일으키고, 탐욕스럽고 추악하게 재현된 첩보활동을 통해 제국주의적 경합에 대한 혐오를 야기함으로써 반스파이소설적 효과를 생산한다.

『비밀요원』은 범죄성, 계급, 법률에 관한 재현에서 추리소설과 차별적인 방식을 사용한다. 『비밀요원』의 반추리소설적 경향은 추리소설에서의 보수적인 법률, 계급, 정치 담론에 대한 전복적인 재현에서뿐 아니라, 세계를 바라보는 시선에서도 분명하게 드러난다. 특히 『비밀요원』의 종결부는 추리소설의 가치체계에 대한 회의와 불신을 넘어서는, 극도로 비관적인 하드보일드 추리소설의 세계관을 드러낸다. 소설의 마지막 문단은 "파멸과 파괴"(246)의 상징인 교수에 대한 묘사에 전적으로 할당되고, 그가 "의심받지 않고 치명적인 상태로 페스트처럼"(246) 거리를 거니는 것으로 소설은 종결된다. 하드보일드 추리소설 작가들이 1차 대전의 상흔 속에서 깨닫게 될 비극적인 세계관을 묵시론적으로 보여준다는 점에서, 『비밀요원』은 콘래드의 선구적 통찰력이 음울하게 빛나는 소설이다.

9장 Chapter 09

계급, 남성성, 범죄 —하드보일드 추리소설의 사회학

1. 추리소설에 대한 저속한 모방?

1920년대 초반 미국에 등장한 이후 하드보일드 추리소설은 고전 추리소설에 폭력적 요소와 성적 자극을 추가하여 상업성을 극대화한 추리소설의 저급한 아류로 평가되어왔다. 하드보일드 추리소설이 "고전 추리소설 장르에 대한 곡해에 기반을 둔 추리소설에 대한 모방"(30)에 불과하다는 매컬리어(John McAleer)의 견해와, 하드보일드 추리소설은 독자들에게 "새로운 전율"을 주기 위해 "셜록 홈즈의 오래된 공식에 지하 세계의 냉정한 잔혹성"(235)을 덧입힌 고전 추리소설의 유사 장르라는 윌슨(Edmund Wilson)의 주장은 이러한 시각을 대표한다. 특히 하드보일드 추리소설이 게재되었던 매체가 권위 있는 문학지가 아닌 선정적이고 자극적인 펄프 픽션(Pulp Fiction)을 게재하던 펄프 잡지(Pulp

Magazine)였다는 사실은,[35] 하드보일드 추리소설이 저속하고 부도덕한 문학이라는 부정적 인식을 강화시켰다고 할 수 있다.

나는 하드보일드 추리소설이 고전 추리소설에 대한 저속한 모방이 아니라, 이 시기 미국 사회의 해체 현상과 그로 인한 세계를 인식하는 방식의 전환을 반영한 '새로운' 형태의 추리소설이라고 규정한다. 추리소설은 인간의 이성에 의해 운영되는 세계를 전제로 한다. 범죄는 합리적으로 작동되는 사회체제를 파괴하려는 불순한 시도로 간주되고, 탐정은 기존체제를 위협하는 범죄자를 체포함으로써 무질서와 비합리성을 질서와 합리성으로 대치시킨다. 그러나 하드보일드 추리소설에서 외부 세계는 무질서와 불확실, 부패와 혼돈으로 가득한 임의적인 공간으로 재현된다. 인간의 이성과 역사의 진보에 대한 근대적 신뢰는 1차 세계대전 이후 붕괴되었고, 세계는 합리성이 아닌 우연성에 의해 지배되는 곳으로 인식되었다. 전지적이고 오류를 범하지 않는 탐정에 의한 범죄의 논리적인 해결이라는 고전 추리소설의 편리한 공식은 하드보일드 추리소설의 세계에는 적용할 수 없게 된 것이다.

이번 장에서는 하드보일드 추리소설의 "공인된 창시자"(Haycraft 168)인 해밋(Dashiell Hammett)의 소설과 하드보일드 추리소설의 전범을 확립한 챈들러(Raymond Chandler)의 말로(Philip Marlowe) 시리즈를 중심으로 하드보일드 추리소설에서의 범죄, 계급, 젠더, 경제, 노동 담

---

35 "펄프 픽션"은 1920년에서 1955년 사이에 값싼 펄프 종이에 인쇄되어 간행되던 대중소설을 지칭한다. 하드보일드 추리소설은 1920년대 초반『블랙 마스크』(*Black Mask*)를 통해 최초로 등장했는데, 대표적인 펄프 잡지였던『블랙 마스크』는 선정적이고 자극적인 표지로 대중의 흥미를 자극했고 잡지의 상당 부분을 광고로 채웠다. 태생적으로 하드보일드 추리소설은 폭력과 섹스를 통해 판매 부수를 늘려 광고효과를 극대화하려는, 저급한 잡지에 실린 부도덕한 싸구려 소설로 인식되었다고 할 수 있다. 자세한 내용은 Lee Server, *Danger Is My Business: An Illustrated History of the Fabulous Pulp Magazines* (San Francisco: Chronicle, 1993)를 참조할 것.

론의 작동 방식에 대해 고찰하려고 한다. 하드보일드 추리소설에서의 범죄, 계급, 남성성 담론에 대한 검토는 하드보일드 추리소설이 고전 추리소설의 저급한 아류가 아니라, 고전 추리소설의 보수적인 담론 형성 체계에 균열을 일으켰던 전복적인 수정 추리소설이었다는 재평가로 귀결될 것이다.

하드보일드 추리소설이 등장한 시기는 자본가계급이 공권력과 결탁해 노동운동을 극심하게 탄압하던 "미국 자본주의의 식인풍습"(Cochran 40)이 절정에 달하던 때였다. 또한 이 시기는 "움직이는 조립공정에 근거한 노동 양식"(Jessop 253)인 포드주의(Fordism)의 도입으로 인해 노동자의 자율성이 급속히 위축되던 때이기도 했다. 하드보일드 추리소설은 노동자계급의 좌절과 분노를 이전의 추리소설과는 분명하게 구분되는 범죄와 탐정에 대한 재현을 통해 반영했다.

추리소설을 다루면서 확인한 것처럼, 추리소설에서는 많은 경우 범죄가 계급적 지배규범에서 벗어난 위반행위로 규정되고, 탐정이 범죄자를 제거함으로써 계급적 질서가 회복되는 것으로 재현된다. 상류계급 출신 탐정이 하류계급 출신 범죄자를 체포한다는 고전 추리소설에서의 일반적인 설정은 이러한 경향을 잘 보여준다. 추리소설은 지배계급의 규범을 거스른 자는 체포되어 처벌받는다는 사실을 보여줌으로써 기존의 지배체제를 안정시키는 것이다. 하드보일드 추리소설에서도 범죄성은 계급에 의해 구성된다. 그러나 하드보일드 추리소설에서는 지배계급과 자본가계급이 범죄성을 구현하며, 노동계급과 하위계급은 범죄의 피해자로 재현된다. 하드보일드 추리소설에서는 법률과 법률의 대리기구인 경찰마저도 사회정의의 수호자가 아니라, 지배계급을 보호하거나 그들과 결탁하는 것으로 재현된다는 사실은 하드보일드 추리소설의 계급적 전복성을 극명하게 드러낸다고 할 수 있다.

하드보일드 추리소설에서는 탐정에 의해 개별 범죄가 해결되거나 특정 범죄자가 체포되어도 질서는 회복되지 않는다. 개별 탐정의 분투에 의해 해결되기에는 하드보일드 추리소설에서의 범죄는 사회적, 경제적, 정치적으로 구조화되어 있기 때문이다. 따라서 하드보일드 추리소설의 탐정은 고전 추리소설의 탐정처럼 "세상의 도덕적 확실성을 회복시키는" "전지적이고 편재적인(omnipresent)"(Haltunnen 132) 영웅으로는 결코 재현되지 않는다. 이들은 사회정의와 질서의 회복과 같은 고결한 명분을 위해 헌신하는 영웅이 아니라 생계를 위해 범죄를 수사하는 직업인이나, 의뢰된 사건의 해결을 통해 수익을 창출하려는 사업가로 재현될 뿐이다.

고전 추리소설의 탐정이 합리적 사유와 과학적 분석을 통해 범죄를 해결하는 지적이고 귀족적인 남성으로 재현된다면, 하드보일드 추리소설의 탐정은 "무식과 뚝심, 야수적인 민첩성, 육체적인 힘, 폭력적 기세"(Belton 195)에 의존해 범죄를 수사하는 거친 사내로 재현된다. 하드보일드 추리소설의 거칠고 폭력적인 남성성은 많은 경우 여성의 사회진출로 인해 남성의 헤게모니가 위협받는 상황에 대한 문학적 응전으로 해석된다.[36] 그러나 나는 하드보일드 추리소설의 폭력적인 남성성은 노동계급이라는 특정 계급의 남성성에 국한된 것으로 간주하고, 노동계급 남성

---

36 페이(Jennifer Fay)와 닐랜드(Justus Nieland)는 하드보일드 추리소설의 거친 남성성이 남성들의 참전으로 인해 부족해진 노동력을 보충하기 위해 동원된 여성들이 종전 이후에도 전통적인 여성의 영역에서 벗어나 사회적 성취 욕구를 드러내는 것을 견제하기 위해 구성된 것으로 본다(148). 하드보일드 추리소설에서의 야수적인 남성 탐정을 "공격적이고 독립적인 여성"(130)에 대항하기 위해 창조된 인물로 간주한 호슬리(Lee Horsley)와 "여성 권력에 대한 두려움"(5)으로 해석한 그로스만(Julie Grossman) 역시 이러한 경향을 대표하는 연구자이다. 그러나 오클리(Ronald Oakley)의 지적처럼 직장에서 일하는 미국 여성의 숫자가 본격적으로 증가한 것은 2차 대전 이후(298)이기 때문에, 하드보일드 추리소설의 거친 남성성은 여성의 사회진출에 대한 반발이 아니라, 1920년대 이후 본격화된 노동의 통제와 관리로 위기에 처한 노동계급의 남성성을 수호하기 위해 구성된 것으로 본다.

성에 대한 강조는 노동계급 남성의 위기감과 좌절감을 역설적으로 드러내는 징후로 해석한다. 이번 장은 폭력과 섹스를 통해 대중적인 호기심을 자극하는 저급한 통속소설로 분류된 이후 본격적인 문학 연구의 대상에서 제외되었던 하드보일드 추리소설[37]을 주요 연구대상으로 재배치하는 작업인 동시에, 계급과 남성성을 하드보일드 추리소설 연구의 핵심적 의제로 설정하는 작업이라고 할 수 있다.

---

37 이러한 상황은 하드보일드 추리소설을 각색한 누아르 영화(Film Noir)가 2차 대전 이후 프랑스 영화이론가들에 의해 새롭게 발견되기 전까지 지속되었다고 할 수 있다. 그러나 누아르 영화의 재발견은 하드보일드 추리소설에 대한 본격적인 연구를 촉진시키는 데까지는 나아가지 못했다. 1960년대와 1980년대에 이르는 기간 하드보일드 추리소설에 대한 연구는 하드보일드 추리소설을 직접 다루기보다는 정전 작가의 소설에 나타난 하드보일드적인 스타일에 관해 언급하는 데 머무는 양상을 보인다. 헤밍웨이(Ernest Hemingway)의 소설 텍스트에서 발견되는 하드보일드 추리소설의 스타일에 관해 검토한 깁슨(Walker Gibson)의 『거친, 달콤한, 딱딱한』(*Tough, Sweet, and Stuffy*)과 시몬즈의 『피투성이 살인』, 워폴(Ken Worpole)의 『부두 노동자와 탐정』(*Dockers and Detectives*)은 이러한 경향을 잘 보여준다고 할 수 있다.
1990년대 이후 진행된 하드보일드 추리소설 연구는 하드보일드 추리소설에 집중하기보다는 소설의 영화적 수용에 치중하는 방향으로 전개되었다고 할 수 있다. 1990년대 중반에 말링(William Marling)이 시도한 해밋과 챈들러와 같은 하드보일드 추리소설가에 대한 논의는 그 대표적 경우라 할 수 있는데, 그는 하드보일드 추리소설 텍스트를 단독적으로 분석하기보다는 소설의 영화화 과정과 영상물에 대한 논의에 더 비중을 두는 양상을 보인다. 2000년대에 들어와 하드보일드 추리소설 연구에서 누아르 영화를 중심으로 논의하는 경향은 더 심화되는 모습을 보인다. 필립스(Gene D. Phillips)는 챈들러에 대한 연구에서 그의 하드보일드 추리소설에 대한 문학적 평가보다는, 챈들러의 원작을 영화화하거나 그가 시나리오 작가로 함께했던 와일더(Billy Wilder)나 히치콕(Alfred Hitchcock) 같은 영화감독과의 인터뷰를 중심으로 챈들러에 대해 평가하는 양상을 보인다. 이 시기 하드보일드 추리소설에 대한 누아르 영화연구의 영향력은 변화된 장르명을 통해서도 확인된다고 할 수 있다. 말링은 하드보일드 추리소설 대신 "미국 누아르 소설"(American roman noir)(ix)이라는 명칭을 사용했고, 호슬리는 하드보일드 추리소설을 "누아르 범죄소설"(noir crime fiction)(6), "문학적 누아르"(literary noir)(6), "누아르 서사"(noir narrative)(11), "누아르 스릴러"(noir thriller)(12) 등으로 호칭했다.

2. 범죄와 계급

하드보일드 추리소설은 범죄성을 계급적으로 재현하는 방식을 통해 범죄에 대한 전복적 시각을 극명하게 드러낸다. 하드보일드 추리소설에서 범죄는 지배계급이 노동계급과 하위계급에게 가하는 폭력으로 규정된다. 자본가는 자본의 증식만을 목표로 불법적인 수단을 동원해 노동자를 착취하는 "일하는 것 말고는 모든 것을 할 수 있는"(Chandler, *Farewell, My Lovely* 49) 자들로, 공권력은 사적 이익을 위해 자본가계급과 결탁해 사회적 약자에게 다양한 형태의 폭력과 억압을 자행하는 부패하고 타락한 권력으로 재현된다. 하드보일드 추리소설이 드러내는 범죄에 관한 전복적인 재현은 금주법 시행 이후 조직범죄의 증가와 정치적 부패로 인해 미국 사회에서 형성된, 범죄성을 인식하는 방식의 급격한 변화를 반영한다고 할 수 있다.

하드보일드 추리소설은 자본가계급을 흡혈귀적인 존재로 재현함으로써 이들 계급의 수탈적이고 기생적인 삶의 방식을 우의적으로 폭로한다. 자본가계급이 노동자계급의 노동력과 생명력을 빨아먹으면서 생존하는 흡혈귀와 같은 존재로 재현된 대표적인 경우로는 챈들러의 『깊은 잠』(*The Big Sleep*)을 들 수 있다. 유전 사업으로 거부가 된 스턴우드 장군(General Sternwood)은 소박하고 정직한 노동자들의 "생명의 기운"을 흡입함으로써 연명하는 "앙상하고 핏기없는 손"(7)을 지닌 시체와 같은 노인으로 묘사된다. 그의 딸 카르멘(Carmen Sternwood) 역시 "작고도 날카로운 육식동물의 이빨"과 "혈색 없는 얼굴"(5)을 지닌 흡혈귀의 이미지로 재현된다. 도박장 불법영업을 통해 자산가가 된 마즈(Eddie Mars)는 가난한 사람들을 "창백해질 때까지 피를 흘리게 하고 … 빨아

먹음"(138)으로써 부를 축적하는 경제적 흡혈귀로 재현된다. 이들의 흡혈적인 생존방식과 기괴한 삶의 양태를 목격한 말로는, "부자들을 타도하자. 그들은 나를 역겹게 한다"(39)라는 선언을 통해 자본가계급에 대한 혐오와 적대의 감정을 노골적으로 표출한다.

하드보일드 추리소설에서 법과 권력은 사회구성원의 안전과 평화를 수호하고 사회정의를 실현하는 국가기관이 아니라, 자본가와 결탁하여 노동계급과 하위계급을 탄압하는 정의롭지 못한 지배기구로 재현된다. 착취당하고 억압받는 사회적 약자가 기댈 수 있는 정의로운 권력은 존재하지 않는다는 전복적 시각은 "최초의 장편 하드보일드 추리소설"(Porter 176)인 『피의 수확』(*Red Harvest*)에서부터 분명하게 드러난다. 퍼슨빌(Personville) 시의 광산 노동자 파업을 진압해달라는 기업주 윌슨(Elihu Wilson)의 청탁을 받고 주지사는 파업 현장에 경찰과 주 방위군을 동원한다. 공적 권력의 표상인 주지사가 악덕 자본가의 이익을 보호하기 위해 군대와 경찰을 동원하고, 여기에 범죄조직이 가세해 노동운동에 대한 폭력적인 진압을 시도한다는 설정은 공적 부문과 사적 부문의 범죄적 공모를 극명하게 보여준다.

자본가계급과의 유착을 통한 공적 권력 기구의 범죄 집단화로 인해 야기되는 법률과 공권력에 대한 적개심은 하드보일드 추리소설의 보편적인 정서로 작동한다고 할 수 있다. 『누이동생』(*The Little Sister*)에서 말로가 레녹스(Lennox)에게 건네는 "우리는 법을 적으로 생각한다. 우리는 경찰을 증오하는 자들로 구성된 민족이다"(227)라는 진술은 이를 잘 드러낸다. 갱단과 경찰조직 사이의 살육을 유발시켜 양자를 모두 제거해 버리는 『피의 수확』의 결말 역시, 국가 권력을 부패한 범죄 집단과 동일하게 간주하고 양자 모두에 대해 적개심을 표출하는 하드보일드 추리소설의 무정부적 입장을 잘 보여준다. 콘티넨털 탐정 회사에 소속된 오프(the

Continental Op)는 퍼슨빌 시를 정화하기 위해 경찰과 갱단 간의 분쟁을 유발한다. 분쟁의 와중에서 끊임없이 살인사건이 발생하지만 오프는 조금도 죄책감을 느끼지 않는다. 그는 계속해서 분쟁을 조장해 폭력 사태를 더욱 극단적으로 진행시킨다. 오프는 적대적인 조직들 간의 평화회의를 소집하지만, 폭력행위를 종식하기보다는 오히려 적대감을 고조시키는 방향으로 회담을 이끈다. 도시의 살육 행위는 증가하고, 갱단의 두목들에 뒤이어 결국은 경찰서장마저 살해되는 것으로 분쟁은 끝이 난다.

합법적인 조직과 비합법적인 조직, 공적인 법률의 대행자와 조직범죄단의 구성원 모두를 타락한 범죄자로 규정하고 양자 모두를 제거해버리는 『피의 수확』의 결말은 하드보일드 추리소설의 범죄관을 충격적으로 형상화한다고 할 수 있다. 그러나 그 충격적인 결말에도 불구하고 도시는 정화되지 않는다. 범죄 집단의 조직원들과 부패한 공무원이 제거된 퍼슨빌 시는 이제 기업주 윌슨의 지배하에 놓이게 되는 것으로 소설은 종결된다. 하드보일드 추리소설의 세계에서는 범죄가 개인적 차원에서의 위반이나 일시적 탈선이 아닌 계급 구조적인 현상으로 인식되기 때문에 개인의 노력으로 개별 범죄가 해결된다고 하더라도 "순전한 근육과 돈의 정부"(Slotkin 99)인 자본가계급의 지배체제는 동요하거나 붕괴하지 않는다.

3. 영웅에서 사업가로

범죄에 대한 계급적 재현을 통해 하드보일드 추리소설이 드러내는 고전 추리소설과의 차별성은 탐정의 재현 방식을 통해 더욱 강화된다고 할 수 있다. 고전 추리소설에서 탐정이 취미나 지적인 게임의 일환으로 범죄 수사에 참여하는 것으로 설정된다면, 하드보일드 추리소설에서 탐정은 범죄 수사라는 위험한 직무를 담당하는 노동자로 재현된다. 이러한 탐정 재현 양상의 급격한 변모는 범죄를 인식하는 방식의 근원적인 변화를 반영하는 것으로 볼 수 있다. 앞서 지적한 것처럼 범죄가 개인의 해결 범위 밖에 위치한다고 인식하는 하드보일드 추리소설의 세계에서는 탐정이 특정 범죄자를 체포한다고 해도 공동선의 회복은 이루어지지 않는다. 하드보일드 추리소설에서 탐정은 사회질서를 복원시키는 초인적 존재가 아니라 생계를 위해서 범죄를 수사하는 "보잘것없고 얄팍한"(MacShane 70) 직업인으로 왜소화되는 것이다.

하드보일드 추리소설에서 탐정은 "돈도 없고" "전망도 없고 가진 게 아무것도 없는"(Chandler, *Long Goodbye* 60) 상태에서 생존을 위해 또는 생계를 유지하기 위해 탐정업무를 수행하는 생활인으로 재현된다. 이들에게 범죄 수사는 수익을 얻기 위한 사업일 뿐이고, 이들이 여러 난관을 극복하고 범죄를 해결하려는 것은 고전 추리소설에서처럼 위기에 처한 사회체제를 구하기 위해서나 해체된 가족공동체를 복원하기 위해서가 아니라 물질적인 보상을 얻기 위한 것으로 재현된다. 탐정 오프는 자신을 "사람들을 감옥에 처넣으려는 목표를 지니고 그에 따른 대가를 받는"(*The Dain Curse* 22) 것이 직업인 사람으로 소개한다. "20년간 범죄와 씨름한" 오프에게 있어서 "모든 종류의 살인"이란 지적 호기심을 자극하는 수수께끼가 아니라 "단지 내가 먹을 빵과 버터"를 제공하는 "그 날의 일거리"(『피의 수확』 142)로 다가오는 것이다. 말로 또한 셜록 홈즈를 직접 거명하면서, 자신은 여가를 이용해 범죄를 수사하고 물질적인 보상과는 무관하게 지적 수월성을 입증하는 데서 만족감을 얻는 고전 추리소설의 아마추어 탐정과는 다르다는 점을 분명히 한다.

> 나는 셜록 홈즈가 아니오. … 만일 당신이 탐정 중에 그런 식으로 먹고 사는 사람이 있다고 생각한다면 당신은 수사에 대해 전혀 모르고 있다는 얘기가 되오. (『깊은 잠』 127)

해밋 역시 "탐정이라는 사업"은 "영웅적인 체하는 것이 아니라 악당을 체포하는 것"에 불과하다고 주장하면서, 자신이 창조한 탐정 오프는 "어떤 종류의 소설에 나오는 중절모를 쓴 오지랖 넓은" "전지적이고 오류가 없는 천재"(Layman 46)가 아니라고 강조한다.

하드보일드 추리소설의 대표적인 작가라고 할 수 있는 챈들러는 「살인이라는 단순한 기술」("The Simple Art of Murder")에서 고전 추리소설은 탐정을 "불가능할 정도로 세련됨과 우아함을 지닌"(232) 인물로 재현했다고 비판한다. 챈들러는 냉소적인 어조로 자신이 창조한 탐정 말로는 고전 추리소설의 탐정과는 극단적으로 다른, "말 정도의 사회적 양심을 가지고 있는"(*Selected Letters* 43) 인물이라고 주장한다. 말로는 간헐적으로 노동계급과 하류계급을 착취하고 억압하는 지배계급에 대한 분노를 드러내기는 한다. 그러나 그는 자신을 정의의 사도가 아니라 하루에 25달러의 수당과 기타 경비를 받고 일하는 노동자로 규정하고, 그 역할에만 충실해지고자 한다.

> 한밤중에 비명을 듣고 나는 가서 무슨 일인가 살펴본다. 그렇게 해서는 한 푼도 벌지 못한다. 분별력이 있다면 창문을 닫고 텔레비전 볼륨을 높여라. … 다른 사람들의 성가신 일에 끼지 마라. 그래 봐야 오점만 남는다. (*Long Goodbye* 229)

말로의 독백은 하드보일드 추리소설의 탐정이 느끼는 무력감과 좌절감의 냉소적 표현으로 볼 수 있는 것이다.

해밋이 창조한 스페이드(Sam Spade)는 고전 추리소설과는 극단에 위치한 하드보일드 추리소설에서의 탐정 재현 방식을 잘 보여주는 또 다른 사례라 할 수 있다. 그는 수익을 창출할 수 있는지만을 수사의 기준으로 삼고, 오직 그 기준에 의해 행동함으로써 "비정하면서도 머리가 잘 돌아가는 녀석"(*The Maltese Falcon* 317)이라는 평판을 얻는다. 그가 동료의 복수를 하는 이유는 개인적인 우정 혹은 의리와는 전혀 무관하게 복수를 하지 않으면 "사업상 좋지 않다"(*The Maltese Falcon* 438)라는 판단 때문이다. 스페이드가 자기 연인이었던 오쇼네시(Brigid O'Shauhnessy)를 살인범으로 체포해 경찰에 넘기는 것도 그렇게 하지 않으면 자신이 경찰에 체포되어 사업에 차질이 생길지도 모르기 때문이다. 스페이드는 사업상 손실을 방지하기 위해서라면 돈을 숨겼다고 의심되는 여성 용의자를 나체가 되게 한 후에 그녀가 벗어놓은 옷을 수색하는 것도 주저하지 않는다.

귀족적인 기품과 숭고한 도덕성을 소유한 영웅으로 재현되는 고전 추리소설의 탐정과는 달리, 하드보일드 추리소설의 탐정은 냉소적인 노동자나 비정한 사업가로 재현된다. 앞서 지적한 것처럼 하드보일드 추리소설의 세계에서 범죄는 사회구조적인 현상이기 때문에 탐정의 개인적 헌신과 희생으로도 범죄의 근원적 해결은 불가능하다. 하드보일드 추리소설의 탐정이 "멈춤과 진행을 알려주는 표지판 정도의 도덕적 고매함을 지닌"(MacShane 70) 존재로 축소되고 왜소화된 것은 그 좌절감과 무력감의 반영으로 볼 수 있다.

4. 고독한 터프가이와 노동계급 남성성의 수호

토도로프(Tzvetan Todorov)는 『산문의 시학』(*The Poetics of Prose*)에서 하드보일드 추리소설이 "상처를 입기 쉬운 탐정에 관한 이야기"(51)라고 주장한다. 그러나 그의 주장과는 달리 하드보일드 추리소설은 거칠고 강한 탐정에 관한 이야기로 구성된다. 고전 추리소설에서의 탐정이 교양과 문화적 세련됨을 지닌 존재라면 하드보일드 추리소설에서의 탐정은 지적인 면모를 결여한 거칠고 폭력적인 인물로 재현된다. 합리적인 추론에 의존하는 고전 추리소설에서의 탐정과는 달리 하드보일드 추리소설의 탐정은 육감과 본능, 그리고 완력을 사용하여 범죄를 해결하는 것이다.

1920년대 미국에서 진행되었던 포드주의로 대표되는 노동의 재구성은 그람시(Antonio Gramsci)의 지적대로 "새로운 형태의 노동자와 인간을 창조하려는 가장 거대한 집단적인 노력"(302)으로 기록된다. 노동계급 남성에게는 오랜 기간 그들의 계급적 정체성을 형성했던 외향성, 적극성, 공격성 대신에 수동성, 유연성, 순종성 등이 강요된 것이다. 이러한 시대적 상황 속에서 하드보일드 추리소설의 탐정이 "무산계급 출신의 거친 사내"(Belton 194)로 재현된 것은 노동계급 남성의 야성을 제거하려는 "가장 거대한 집단적인 노력"에 맞서 노동계급의 전통적인 남성성을 수호하려는 문학적 시도로 볼 수 있다.

하드보일드 추리소설은 탐정의 재현을 통해 폭력성 외에도 자율성과 독립성을 남성성의 주요 덕목으로 규정한다. 고전 추리소설의 탐정이 체제의 수호자로 재현된 것과는 달리, 하드보일드 추리소설의 탐정은 체제에 냉소적이고 반항적인 단독자로 재현된다. 하드보일드 추리소설의 탐정이 많은 경우 수직적인 의사결정 구조를 지닌 경찰조직에서 이탈한 전직 경찰로 설정된 것은 이를 잘 드러낸다고 할 수 있다. 하드보일드 추리소설의 탐정은 특정 단체나 조직에 속하기를 거부하고, 자신의 독자적인 판단에 따라 사건의뢰를 수락하거나 거절하며, 자신의 독립적인 행동 규범에 입각해 범죄를 수사하는 것으로 재현된다.

『개발도상국으로서의 미국』(*The United States as a Developing Country*)에서 스클라(Martin Sklar)는 미국에서 소기업 자본주의(entrepreneurial capitalism)로부터 독점자본주의(corporate capitalism) 체제로의 이행이 이루어진 시기가 1920년대라고 주장한다(20-30).[38] 앞서 지적한 것처럼 이 시기는 하드보일드 추리소설이 등장한 시기와 일치한다. 하드보일드 추리소설은 노동에 대한 관리와 통제의 증가로 인해 노동의 자율성이 급속도로 위축되던 시절에 그 모습을 드러낸 것이다. 코버(Robert Corber)는 하드보일드 추리소설에서의 남성성은 독점자본주의의 부상에 따른 기존 남성성의 헤게모니가 위협당하는 것에 대한 반작용이라고 주장한다(23-27). 그러나 코버의 주장은 하드보일드 추리소설에서의 남성성에 대해 계급적인 구분을 시도하지 않는다는 한계를 지닌다. 하드보일드 추리소설에서의 남성성은 모든 계급이 아닌 노동계급이라는 특정 계급의 남성성에 국한된 것으로 보아야 한다. 노동의 표준화로 인해 위기에 처한 것은 자본가나 중간관리자가 아니라, 노동자계급 남성이었기 때문이다. 하드보일드 추리소설에서의 독립적인 남성성에 대한 강조는 "자치적인 숙련공 노동자"(Montgomery 14)라는 노동계급 남성의 이상이 소멸의 위기에 처했음을 역설적으로 드러내는 징

---

38 『민주주의의 불만』(*Democracy's Discontent*)에서 샌델(Michael Sandel)은 "인민 간의 계약으로부터 관리로"(118)라는 미국 사회의 대전환이 일어난 시기가 양차 대전 사이라고 주장한다.

후라 할 수 있다.

고전 추리소설의 탐정은 관찰이나 측정과 같은 정교한 수사방식을 통해 과학적이고 합리적으로 범죄에 접근한다. 그러나 하드보일드 추리소설의 탐정은 증거를 수집하고 관찰을 통해 범죄를 해결하는 방식에는 별다른 신뢰를 갖지 않는다. 고전 추리소설의 대표적 탐정인 셜록 홈즈가 114가지의 담뱃재 형태에 관한 지식을 자랑하는 것과는 대조적으로, 하드보일드 추리소설의 탐정 윌리엄스(Race Williams)는 "나에게 있어 타버린 담뱃재는 누군가 담배를 피웠다는 사실을 말할 뿐, 그 이상은 아니다"(Daly 24)라고 단언한다. 대신 하드보일드 추리소설의 탐정은 육체를 사용해 범죄와 관련된 대상과 직접 충돌하는 방식으로 사건을 해결한다. 『피의 수확』에서 오프는 "마구 휘젓고 다니는 것도 괜찮다. 만일 당신이 살아남기에 충분할 정도로 거칠다면. 눈을 계속 크게 뜨고 있다가 당신이 원하는 것이 맨 위에 떠 오르면 그것을 볼 수 있을 것이다"(85)라고 진술한다. 그의 진술은 하드보일드 추리소설에서 탐정이 수행하는 범죄 수사방식을 잘 요약한다. 스페이드 역시 "거칠게 그리고 아무도 예상하지 못한 상태"에서 "스패너를 기계 안에 집어 던지는"(*The Maltese Falcon* 351) 돌발적이고 난폭한 방식으로 수사를 진행한다. 하드보일드 추리소설의 대표적 탐정인 말로가 뛰어나다는 평가를 받는 이유도 그가 합리적이거나 이성적이어서가 아니라 "거칠고 용감하다"(Parker 286)라는 점 때문이다.

하드보일드 추리소설에서의 "터프함에 대한 찬양"(Nolan 7)은 탐정이 빈번하게 사용하는 거친 언어와 폭력의 정당화를 통해 잘 드러난다. 고전 추리소설의 탐정이 사용하던 예의 바르고 지적이며 문법적으로 정확한 언어는 하드보일드 추리소설에서는 "여성적인"(Chandler, *Selected Letters* 200) 것으로 경멸된다. 대신 하드보일드 추리소설의 탐정은 저속한 말투와 은어, 속어와 욕설 같은 투박하고 공격적인 언어를 구사하며 자신의 남성성을 과시한다. 탐정이 수사에서 사용하는 공갈과 위협, 폭행 같은 불법적인 행위는 범죄의 진실에 접근하는 데 필요한 것으로, 총으로 사람을 살해하는 행위마저도 수사를 위해서는 불가피한 것으로 긍정된다. 『피의 수확』에서 오프는 이러한 경향을 잘 보여주는데, 그는 협박을 통해 그리고 폭력을 유발해 자신이 원하는 것을 성취하는 것을 부끄러워하지 않는다. 오프는 자신의 멈추라는 경고를 무시하고 도망가는 여성에게 총을 쏘는 것도 주저하지 않으며 오히려 총을 사용할 적절한 시기는 대화가 실패로 끝난 후라고 강변한다. 그에게 "살인"은 "많이 하다 보면 염증을 내게 되는 혹은 즐기게 되는" "게임"(155)인 것이다.

하드보일드 추리소설에서 탐정은 독립적인 행동규범을 지닌 단독자로 재현됨으로써 자율적인 남성성을 부각시킨다. 자신의 자율성을 침해하는 모든 형태의 권위와 압력에 저항하는 "자족적이고 자신감 가득한, 통제할 수 없는"(*Long Goodbye* 298) 인물로 재현되는 말로는 그 대표적 사례라 할 수 있다. 그는 지방 검사 밑에서 일하던 시절에 자신의 독립적인 행동을 용납하지 않으려는 상관에 맞서다가 명령 불복종으로 해고된다. 사설탐정이 된 후에 말로는 스스로를 "독립성에 의해 망가진"(*Long Goodbye* 298) 사내라고 자조적으로 규정하지만, 그럼에도 불구하고 그는 독자적인 직업윤리와 행동규범을 결코 포기하지 않는다. 『깊은 잠』에서 거액을 제시하며 자신이 범죄에 연루되었다는 사실을 은폐시켜달라는 마즈의 청탁을 말로가 거절하는 장면은 이를 잘 드러낸다. 말로는 그러한 요구가 최초의 사건 의뢰인인 스턴우드 장군의 이해관계와 배치된다는 이유로 거절한다. "나는 내 일의 대가를 이미 지불받았소. 한 번에 한 의뢰인만 상대한다는 것은 훌륭한 원칙이오."(123)

하드보일드 추리소설에서 독립적인 남성성의 수호는 여성의 유혹에 대해 탐정이 실천하는 자기통제를 통해서도 잘 드러난다. 탐정은 자신의 독자적인 직업윤리를 지키기 위해 성적인 유혹을 거부하는데, 『깊은 잠』에서 말로가 실행하는 자기 억제는 그 대표적인 경우이다. 직무에 충실하기 위해, 의뢰인과의 신뢰를 지키기 위해 말로는 자매인 비비안(Vivian Sternwood)과 카르멘의 계속되는 유혹을 물리친다. 말로는 비비안에게 "당신의 아버지는 당신하고 자라고 내게 돈을 주지 않았소. … 나는 일을 하오. 나는 노는 게 아니오."(141)라고 말한다. 그는 카르멘에게도 "이것은 직업적 자부심의 문제요. 직업적 자부심 말이오. 나는 당신의 아버지를 위해 일하오. … 그는 내가 딴짓을 하지 않으리라고 믿는 것 같소"(146)라고 말한 후 그녀를 자기 방에서 쫓아낸다.

독립성과 자율성에 대한 강조는 하드보일드 추리소설이 채택한 화자 시점에 의해서도 확인된다. 홈즈가 아니라 왓슨이 화자로 등장하는 셜록 홈즈 시리즈의 경우에서 잘 드러나듯이, 고전 추리소설에서는 대개의 경우 탐정 본인이 아니라 주변 인물이 화자가 되어 서사가 진행된다. 그러나 이와는 달리 하드보일드 추리소설에서는 탐정 자신이 화자가 되어 직접 사건을 서술할 뿐, 범죄와의 안전한 거리를 유지한 채 탐정의 활약을 기록하고 찬미하는 다른 화자는 존재하지 않는다. 『피의 수확』은 "내가 최초로 퍼슨빌(Personville)이 포이즌빌(Poisonville)로 불리는 것을 들은 것은"(3)이라는 오프의 서술로 시작해서 "나는 상사로부터 혼이 났다"(216)라는 본인의 말로 끝을 맺는다. 『깊은 잠』 역시 말로가 자기 의상을 묘사하는, "나는 진한 푸른색 셔츠와 타이에 손수건이 꽂인 담청색 양복을 입고 있었고, 검정 구두와 진한 푸른색 수가 놓인 검은색 모직 양말을 신고 있었다"(3)라는 서술로 시작해서 "나는 그녀를 다시는 보지 못했다"(231)라는 말로 본인의 목소리로 종결된다. 탐정이 화자가 되어 그의 시점에서 서사를 전개하는 하드보일드 추리소설의 서술 방식은 탐정의 독립성을 부각시키기 위해 선택된 장치라고 할 수 있다.

고전 추리소설에서의 체제 지향적이고 귀족적인 남성성을 거칠고 독립적인 노동계급의 남성성으로 대체한 것은 하드보일드 추리소설이 고전 추리소설과의 차별성을 가장 뚜렷하게 드러내는 지점이 된다. 하드보일드 추리소설에서 탐정의 재현을 통해 부각되는 폭력적이고 자율적인 남성성은 앞서 언급한 것처럼 통제되고 표준화된 노동으로 훼손되고 위축된 노동계급의 남성성을 수호하기 위해 구성되었다. 하드보일드 추리소설에서의 거칠고 독립적인 남성성에 대한 강조는 독점자본주의 체제하에서 노동계급 남성이 느끼는 위기의식을 징후적으로 드러내는 것이다.

5. 다시 타락할 준비가 된 세계

1차 세계대전 이후 미국 사회에서 발생한 정치적 부패와 타락, 조직범죄의 증가, 독점자본주의의 등장과 노동 통제의 강화로 인해 세계는 합리적 이성에 의해 해석되고 예측될 수 있다는 고전 추리소설의 인식론은 효력을 상실했다. 세계는 단지 임의적이고 가변적인 구성물에 불과한 것으로 인식되었고, 계급적, 법률적, 정치적 권위와 정당성은 사라졌다고 간주되었다. 이 시기에 등장한 하드보일드 추리소설은 세계를 인식하는 방식의 전환을 잘 보여준다.

하드보일드 추리소설에서 탐정의 재현은 세계관의 변화를 반영한다. 하드보일드 추리소설의 탐정은 돌발적이고 직접적인 폭력을 통해 범죄에 즉각적으로 반응하고 수사에서의 주도권과 독립성을 쟁취하기 위해 치열하게 경합한다. 하지만 과학적 합리성으로 범죄와 관련된 미스터리를 풀어내는 고전 추리소설의 탐정과는 달리 이들은 범죄의 근원에 도달하는 데 실패하는 것으로 처리된다. 하드보일드 추리소설의 탐정은 "어두운 방 안에서 그곳에 없는 검정색 모자를 찾는 시각장애인"(Hammett, "The Black Hat That Wasn't There" 140)처럼 수사의 통제력과 방향성을 상실한 무력한 존재로 재현되는 것이다.

세계를 인식하는 방식의 급격한 전환은 사회질서와 정의의 회복과는 거리가 먼 하드보일드 추리소설의 결말을 통해 더욱 뚜렷하게 드러난다. 탐정의 개입에 의해 혼란과 불의로부터 질서와 정의로의 이행으로 서사가 종결되는 고전 추리소설과는 달리, 하드보일드 추리소설에서는 탐정의 분투에 의해 개별 범죄가 해결된 경우라 하더라도 미래에 대한 낙관과 희망이 아니라, 다가올 더 거대한 불의와 혼돈에 대한 불안으로 서사가 종결되는 양상을 보인다. 오프가 의뢰받은 사건을 해결한 후에도 승리감을 맛보지 못하는 『피의 수확』의 결말은 이를 잘 보여준다. 사람들은 퍼슨빌 시가 다시 "달콤한 향기를 풍기는 가시 없는 장미정원"(190)으로 변할 것이라고 말하지만, 오프는 여기에 대해 극도로 회의적인 태도를 보인다. "모든 것이 좋아지고, 깨끗해진"(203) 도시가 오프에게는 다시 타락할 준비를 마친 곳으로 다가오는 것이다.

하드보일드 추리소설의 세계에는 범죄의 해결을 통한 사회적 통합과 화해의 가능성은 존재하지 않는다. 개인은 범죄성의 근원에 가닿기에는 극도로 무력한 존재가 되었고, 노동의 자율성은 수호할 수 없게 된 것이다. 하드보일드 추리소설은 이제 회복해야 할 사회적, 정치적, 계급적 이상과 질서는 더 이상 존재하지 않음을 보여줄 뿐이다.

10장 Chapter 10

"위험한 동결자본" —팜므 파탈의 경제학

1. 거미 여인 혹은 주체적 여성?

1920년대 초반 미국에 등장한 이후 하드보일드 추리소설은 저급한 통속소설로 분류되어 본격적인 연구대상에서 배제되었다. 하드보일드 추리소설에 대한 인식의 전환은 이를 각색한 누아르 영화(Film Noir)에 대해 새롭게 조명한 프랑스 영화연구자들에 의해 시작되었다고 할 수 있다. 특히 여성주의 영화이론가들은 성적 매력을 사용해 남성을 파멸로 이끄는 팜므 파탈의 존재에 주목했고, 팜므 파탈에 관한 논의는 누아르 영화 연구의 중심에 자리 잡게 되었다.

후기 빅토리아 시대이후 팜므 파탈은 성적 쾌락을 위해 남성을 유혹해 죽음에 빠뜨리는 "성적 식인종"(Stott 16)이나 "남성을 유혹해 파멸케 하는" "거미 여인"(spider woman)(Place 48)으로 규정되었다.[39] 그러나

---

39 스테이블즈(Kate Stables)는 "여성=섹스=죽음"(167)이라는 등식이 팜므 파탈과 관련해 관행적으로 사용되었다고 주장한다. 팜므 파탈은 성적 유혹을 통해 남성에게 파멸과 죽음을 가져오는 여성으로서 남성에게는 공포와 불안의 대상으로 존재했다는 것이다.

누아르 영화 연구에서의 팜므 파탈에 대한 접근방식은 위험한 섹슈얼리티에 집중하여 팜므 파탈을 정의하던 전통적인 방식과는 분명하게 구분된다. 누아르 영화 연구에서 팜므 파탈은 위험한 섹슈얼리티를 지닌 색정광이나 거미 여인이 아니라, 여성에게 가해지는 젠더 규범에 저항하고 사회적 성취를 지향하는 독립적인 여성으로 정의된다. 팜므 파탈은 "여성의 힘, 저항 혹은 독립성"(Britton 214)을 구현하는 존재로 새롭게 규정된 것이다.[40]

하드보일드 추리소설 연구에서 팜므 파탈에 대한 접근은 1990년대 초반과 그 이후로 나뉘진다고 할 수 있다. 초기의 팜므 파탈 연구가 젠더적 전복성에 집중하는 방식으로 이루어진 반면,[41] 1990년대 후반 이후 최근까지 진행된 하드보일드 추리소설 연구는 팜므 파탈의 성적 욕망에 집중하는 양상을 보인다. 1990년대 초반까지 하드보일드 추리소설 연구에서 팜므 파탈이 "20세기의 여성운동이 가져온 가부장제에 대한 도전"(Cranny-Francis 157)을 상징하는 주체적인 여성으로 정의되었다면, 1990년대 후반 이후 진행된 하드보일드 추리소설 연구에서 팜므 파탈은 "노골적으로 성적인 도상"(explicitly sexual iconography)(Horsley 130)으로 재정의 된다.

---

40 카플란(Ann Kaplan)이 편집해 1978년에 출판한 팜므 파탈에 관한 선도적 연구서라고 할 수 있는 『누아르 영화의 여성들』(*Women in Film Noir*)과 1996년에 출판된 맥스필드(James Maxfiled)의 『치명적 여성—미국 누아르 영화에서의 남성 불안의 원인』(*The Fatal Woman: Sources of Male Anxiety in American Film Noir*), 그리고 2010년에 출판된 페이와 닐랜드의 『누아르 영화—하드보일드 근대성과 세계화의 문화』(*Film Noir: Hard-Boiled Modernity and the Cultures of Globalization*)는 모두 팜므 파탈을 젠더적 억압에 대한 여성의 저항을 구현하는 인물로 규정한다.

41 하드보일드 추리소설 연구는 1990년대 초반까지는 독자적 영역과 방법론을 확보하지 못한 채 누아르 영화 연구의 영향권 내에 머물렀다고 할 수 있다. 이 시기에 이루어진 하드보일드 추리소설 연구가 누아르 영화이론가들의 연구 방식을 추수하는 방향으로 진행되었다는 사실은 하드보일드 추리소설 연구가 팜므 파탈의 젠더적 전복성을 중심으로 진행된 점으로도 확인된다.

팜므 파탈은 남성의 혐오와 공포의 대상으로 재현된다. 누아르 영화 연구자들은 팜므 파탈에 대한 남성의 공포를 "가정화되지 않은 여성성"(Dyer 127)과 "페미니즘"(Doane 3)에 대한 남성의 두려움으로 규정한다.[42] 하드보일드 추리소설 연구는 팜므 파탈에 대한 남성의 공포를 해석하는 방식에 있어서도 시기에 따라 차이를 드러낸다. 초기에는 팜므 파탈에 대한 불안을 "개인적 성취의 추구로 인해 여성이 담당해야할 역할을 노골적으로 포기한"(Hamilton 68) 전후 미국 여성에 대한 남성의 위기감이 반영된 것으로 해석한 반면, 최근의 연구에서는 팜므 파탈에 대한 공포를 "성적인 포식동물"(sexual predator)(Horsley 130)에 대한 남성의 공포로 해석하는 경향을 보인다.

팜므 파탈에 관한 누아르 영화 연구와 하드보일드 추리소설 연구는 이와 같이 젠더와 섹슈얼리티에 집중하는 양상을 보인다. 그러나 하드보일드 추리소설이 자본가계급의 부당한 자본 축적 및 권력의 사유화 등이 극심했던 대공황기 전후를 주된 시대적 배경으로 한다는 사실을 고려할 때 팜므 파탈에 대한 기존의 접근방식은 계급과 자본이라는 주요 지점을 간과하는 결과를 낳는다. 하드보일드 추리소설에서 팜므 파탈의 재현은 자본가계급과의 유사성을 극명하게 드러내는 방식으로 이루어지기 때문에 젠더나 섹슈얼리티라는 관점을 통해서만 팜므 파탈을 논의하는 방식은 명백한 한계를 지닌다.

하드보일드 추리소설에는 로맨스나 결혼 서사가 부재한다고 할 수 있

---

42 맥스필드가 팜므 파탈에 대한 남성의 불안을 1920년에 제19차 미국 헌법 수정조항(the Nineteenth Amendment)이 통과되어 완전한 투표권이 여성에게 부여된 이후 증가한, 여성의 사회진출 욕구에 대해 남성이 느끼는 두려움의 반영(7-16)으로 해석한 사례는 이러한 경향을 잘 보여준다.

다.[43] 대신 하드보일드 추리소설에는 응징과 처벌의 서사가 등장하고, 응징과 처벌은 팜므 파탈에게 집중되는 양상을 보인다. 기존 하드보일드 추리소설 연구에서 팜므 파탈은 젠더 규범을 위반하는 여성 또는 성적 향유를 욕망하는 존재로 규정되기 때문에, 이들에 대한 응징은 전통적인 여성의 역할과 영역을 벗어나 "모성의 안티테제"(the antithesis of the maternal) (Doane 2)로 작용하는 여성 또는 "성적 극치의 장"(Copjec 199)으로 작동하는 여성에 대한 남성의 좌절과 분노가 투영된 것으로 해석되는 경향을 보인다. 그러나 하드보일드 추리소설에서 팜므 파탈은 젠더적 독립성이나 성적 극치에 대한 욕망이 아니라 물질적 풍요를 향한 경제적 욕망에 의해 추동되는 것으로 재현되는 양상을 보이기 때문에, 이들에 대한 공포와 불안, 응징과 처벌 역시 기존 연구에서와는 다르게 해석되어야 한다. 자본 증식의 열망을 통해 자본가계급과의 유사성을 밀접하게 드러내는 것으로 재현되는 팜므 파탈에 대한 공포와 처벌은 지배적 젠더 이데올로기를 수호하려는 시도가 아니라 부패하고 탐욕스러운 자본가계급을 향한 대중적 혐오감과 적대감의 반영으로 간주되어야 하는 것이다.

이번 장에서는 해밋의 소설과 챈들러의 말로 시리즈를 중심으로 하드보일드 추리소설에서의 팜므 파탈의 재현에 관해 살피려고 한다. 팜므 파탈 재현의 검토는 팜므 파탈과 자본가계급의 재현적 유사성을 드러내고, 팜므 파탈에 대한 불안과 처벌이 당대 자본가계급의 탐욕에 대한 대중적 공포와 적개심의 투영임을 밝히는 작업이 된다. 이번 장의 목적은 자본과 계급을 팜므 파탈연구의 중심 의제로 설정함으로써 하드보일드 추리소설 연구의 새로운 방향을 제시하는 데 있다.

---

43 이러한 하드보일드 추리소설의 특징은 관습적인 로맨스와 결혼 서사가 재생산되는 전통적인 추리소설(Porter 146-52)과의 차별성을 극명하게 드러내는 지점이라 할 것이다.

2. "돈에 미친" 흡혈 인간—팜므 파탈과 자본가

앞서 거론한 것처럼 최근에 진행되는 하드보일드 추리소설 연구는 팜므 파탈의 섹슈얼리티에 집중하는 양상을 보인다. 그러나 하드보일드 추리소설에서 팜므 파탈의 재현은 성적 욕망이 아니라 물질적 욕망을 부각하는 방식으로 이루어진다. 팜므 파탈은 성적 향유를 욕망하는 여성이 아니라 자본 증식의 욕망을 추구하는 여성으로 그려지는 것이다. 하드보일드 추리소설에서 팜므 파탈이 드러내는 자본에 대한 끝없는 욕망은 당대 자본가계급이 표출한 자본의 무한 증식을 향한 욕망과 매우 흡사한 것으로 재현되며, 이러한 재현 방식을 통해 하드보일드 추리소설에서의 팜므 파탈과 자본가계급은 밀접한 유사성을 드러낸다.

하드보일드 추리소설에서 팜므 파탈은 뛰어난 성적 매력으로 남성을 유혹하는 여성으로 등장한다. 『안녕 내 사랑』(*Farewell, My Lovely*)에서 "주교가 스테인드글라스 창문을 발로 차 구멍을 내게 만들 금발 미인"(93)으로 등장하는 벨마(Velma Valento)는 그 대표적인 경우라 할 수 있다. 그녀는 "누구도 더 낫게 만들 수 없을 정도의 완전한 모양새인 몸의 곡선"(123)을 지닌, "육감적인 입술"로 "엉덩이 주머니 속에서도 느낄 수 있는 … 미소"(124)를 짓는 여성으로 그려진다. 이들 팜므 파탈은 성적으로 남성을 지배하는 것으로 재현된다. 『피의 수확』에서 다이너(Dinah Brand)가 "원하는 남자는 모두 소유하고"(29), "아무 포이즌빌 남자나 찍으면 넘어오게 만드는"(32) 여성으로 설정된 것은 이를 잘 보여주는 사례라 할 수 있다.

하드보일드 추리소설에서 팜므 파탈이 드러내는 강렬한 섹슈얼리티에도 불구하고, 팜므 파탈의 섹슈얼리티는 기존 하드보일드 추리소설 연구에서 주장하는 것처럼 쾌락의 도구로 간주되어서는 안 된다. 팜므 파탈은 성적 쾌락의 향유가 아니라 수익 창출을 목적으로 섹슈얼리티를 사용하기 때문이다. 캐인(James M. Cain)의 『이중 배상』(*Double Indemnity*)에서 젊은 보험 세일즈맨 네프(Walter Neff)를 유혹하는 디트릭슨(Phyllis Dietrichson)은 성적 욕망의 충족을 위해 남성을 유혹하지 않는다. 그녀는 철저하게 경제적 동기에 근거해 행동하며, 네프와 성행위를 하는 이유도 보험금을 손에 넣어 경제적 욕망을 충족하기 위해서인 것으로 재현된다. 해밋의 『몰타의 매』(*The Maltese Falcon*)에 팜므 파탈로 등장하는 오쇼네시는 스페이드를 성적 매력을 사용해 유혹한다. 그러나 오쇼네시가 스페이드와 성관계를 갖는 것은 성적 향락을 위해서가 아니다. 그녀는 매의 조각상을 찾아내 “어마어마하게 많은 돈”(a hell of a lot of dough)(129)을 차지하기 위해 “스페이드의 침대로 들어온”(212) 것이다.

하드보일드 추리소설에서 팜므 파탈의 육체는 거래와 교환을 위한 매개물로 기능하고 섹슈얼리티 역시 성적 향유의 장이 아닌 교환경제의 장으로 작동하는 것으로 재현된다. 이들의 섹슈얼리티가 쾌락의 도구가 아니라 자본증식의 수단으로 간주되어야 한다는 점은 팜므 파탈이 자신의 섹슈얼리티를 교환가치로 사용할 뿐 성적 쾌락 자체에는 관심을 드러내지 않는다는 사실에 의해 더욱 분명해진다. 『피의 수확』에서 다이너는 성적인 만족을 위해 남성을 편력하는 것이 아니라 경제적 이득을 확보하기 위해 남성을 유혹하는, “돈에 미친”(money-mad) “너무도 철저하게 돈 버는 데만 집착하는”(so thoroughly mercenary) “너무도 노골적으로 탐욕스러운”(so frankly greedy)(27) 여성으로 재현된다. 자신의 성적 매력에 끌리는 남성과 성행위를 하는 것은 성적 욕망을 만족시키기 위해서가 아니라 경제적 이익을 취하기 위해서라는 자신의 “원칙”에 대해 다이너는 당당하게 천명한다.

> "돈이요," 그녀가 설명했다. "더 많을수록 더 좋은. 나는 돈이 좋아요. … 그것이 사물의 원칙이거든요. 만일 대단한 남자에게 가치가 있는 중요한 것을 소유하고 있는 여자가 대가를 얻지 않는다면 그 여자는 멍청이고요." (33, 35)

『안녕 내 사랑』에 등장하는 벨마 역시 성적 쾌락의 향유를 위해서가 아니라 경제적 도약을 위한 수단으로 섹슈얼리티를 사용한다. 그레일(Grayle)이 성적으로 무능력한 "병자"(136)임에도 불구하고 "엄청나게 돈이 많은"(92-3) 투자 은행가라는 이유로 벨마는 그를 유혹한다. 그녀가 욕망하는 것은 성적 쾌락이 아니라 "르윈 로크리지 그레일 부인"(Mrs. Lewin Lockridge Grayle)(92)이 되어 자본가계급에 편입하는 것이기 때문이다.

하드보일드 추리소설에서 팜므 파탈의 재현이 자본가적 속성을 드러내는 방식으로 이루어진다는 점은 팜므 파탈의 재현이 섹슈얼리티 담론이 아니라 경제 담론과 긴밀하게 결부되어 있다는 사실을 통해서 명확하게 드러난다. 『안녕, 내 사랑』에서 벨마는 "돈을 얻기 위해서 활동하는" "사업가"(254)의 기질을 드러내는, 주식 투자에 탁월한 재능을 보이는 "동결 자본"(232)으로 재현된다. 『피의 수확』에 등장하는 다이너 역시 "1달러 은화처럼 단단한 얼굴"(a face hard as a silver dollar)(105)을 지닌 "최상위의 황금광"(22)으로 그려진다. 소설 속에서 최초로 모습을 보일 때 다이너는 성적 매력을 발산하는 여성이 아니라 금융이나 증권과 관련된 서류 더미 속에서 사업에 몰두하는 투자자의 모습으로 등장함으로써 팜므 파탈에게 부여된 자본가적 속성을 분명하게 드러낸다.

> 나는 집 안으로 들어가 일층 방 안으로 갔는데 그곳에는 젊은 여자가 많은 서류가 놓인 책상 앞에 앉아 있었다. … 금융서비스 회보와 증권과 주식 예상표였다. 경마 예상표도 하나 있었다. (31)

팜므 파탈과 자본가 재현의 유사성은 자본가계급이 불법적인 수단을 동원해 이윤 추구와 자본증식을 극대화하려는 것처럼, 팜므 파탈 역시 합법적으로는 성취가 불가능한 경제적인 성공을 위해 범죄와 같은 불법적인 방식에 의존하는 것으로 재현된다는 사실을 통해 극명하게 드러난다. 자본가계급의 탐욕과 불법성은 "최초의 장편 하드보일드 추리소설"(Porter 176)인 해밋의 『피의 수확』에 등장하는 윌슨(Elihu Willsson)의 재현을 통해 분명하게 드러난다. 그는 "상원의원 한 명과 하원의원 두 명, 주지사, 시장, 그리고 주의원 대부분"(8)을 매수해 다양한 사업 부문에 진출하고 범죄조직을 이용해서 퍼슨빌의 이권을 독점한다. 윌슨은 광산회사와 은행의 사장이자 대주주가 되고, "그 도시의 유일한 신문"과 "그 밖의 중요한 사업체 대부분"(8)을 소유하게 됨으로써 퍼슨빌의 지배자로 자리 잡는다. "윌슨은 퍼슨빌을, 마음과 영혼과 피부와 내장을 소유했다. … 윌슨이 퍼슨빌이었고 그가 거의 주 전체였다."(8) 그의 불법성과 폭력성은 공권력과 범죄조직을 동원해 노동자들의 정당한 권리행사를 탄압하는 행위를 통해 가장 극명하게 드러난다. 퍼슨빌의 광산 노동자들이 생계보장과 노동권의 허용이라는 요구사항을 내걸고 파업을 일으켰을 때, 그는 주지사와 결탁해 경찰과 주 방위군을 동원하고 갱단을 가세시켜 파업을 잔인하게 진압한다.

> 파업은 8개월 동안 계속되었다. … 조합원들은 자기들의 피를 흘려야만 했다. 윌슨은 총잡이와 파업 분쇄자, 국가방위군 그리고 심지어는 정규군의 일부를 고용했다. … 마지막 두개골이 박살 나고 마지막 갈

비뼈가 부러졌을 때 퍼슨빌의 노동조직은 이미 사용되어 터지지 않는 폭죽이었다. (9)

자본가계급의 불법과 도덕적 타락이 강조된 다른 사례로는 챈들러의 『안녕 내 사랑』을 들 수 있다. 『안녕 내 사랑』에서도 자본가계급은 공권력과 결탁하고 범죄조직과 연계해 사적 이익을 극대화하는 자들로 재현된다. 이들의 불법적 행위는 공권력에 의해 규제되거나 처벌되지 않고 오히려 비호를 받는다. 경찰은 이들을 "귀찮게 하지 않으며", 이들이 "만일 특별하게 원하는 것이 있으면" "그것을 제공"(253)하는 것으로 그려진다. 자본가계급은 "도시를 지배하고 시장을 당선시키고 경찰을 부패시키고 마약을 밀거래하고 악당들을 숨겨주는"(268), "일하는 것 말고는 모든 것"(49)을 할 수 있는 자들로 규정된다.

하드보일드 추리소설에서 자본가계급은 동시대 기층계급의 열악하고 비참한 생존과는 극단적인 대조를 이루는 풍요로운 삶을 즐기는 자들로 재현된다. 『안녕 내 사랑』에서 자본가계급은 국가의 공용 재산을 횡령해 "오직 상류계급을 위한 컨테이너"(120)에 축적함으로써, 정원에 "백만 송이의 꽃"이 피어 있는 "버킹검 궁전보다는 작은"(122) 집에 살면서 "거대한 푸르른 폴로 경기장과 그 옆에 똑같이 거대한 연습장"(145)에서 여가를 즐긴다. 자본가계급은 햇볕마저도 그들만을 위한 "특별한 상표의 햇볕"(120)으로 사유화하는 부패하고 타락한 경제 권력으로 묘사된다.

하드보일드 추리소설에서 팜므 파탈의 재현이 자본가계급과의 유사성을 가장 분명하게 드러내는 지점은 팜므 파탈이 회유와 협박, 살인, 그리고 권력자와의 결탁과 같은 불법적인 수단을 동원해 부를 축적하는 것으로 그려지는 데 있다. 『안녕, 내 사랑』에 등장하는 벨마는 경제적 이득을 위해 살인도 서슴지 않는 인물로 그려진다. 그녀는 애인인 멀로이(Malloy)를 "현상금을 타기 위해 경찰에 밀고"(286)했다가, 그가 6년 후에 출소하자 자신의 경제적 기득권을 지키기 위해 "다섯 발의 총탄을 그의 몸속에 욱여넣어"(286) 살해한다. 『깊은 잠』에 등장하는 비비안 역시 불법도박장 업주인 마즈와 사전에 모의하고 사기도박에 참가함으로써 큰돈을 챙기는 것으로 묘사된다. 팜므 파탈이 구현하는 자본가의 불법적이고 타락한 속성을 가장 적나라하게 보여주는 인물은 『피의 수확』의 다이너라고 할 수 있다. 그녀는 자본증식을 위해서라면 "필요한 것은 무엇이든지 하는"(76) 여성으로 재현된다. 다이너는 퍼슨빌 지역의 유력자들에게 성적 매력을 앞세워 접근해 투자 정보를 빼내서 막대한 이익을 남긴다. 퀸트(Bill Quint)를 유혹해 파업에 관한 내부 정보를 미리 알아내어 아나콘다(Anaconda) 주식에 투자해 막대한 수익을 챙기는 것은 그 대표적 경우이다.

> 만일 당신이 어떤 회사의 노동자들이 언제 파업에 들어가는지를 미리 알고 그리고 나서는 언제 파업을 마칠지를 한참 먼저 안다고 가정해보세요. 그 정보와 어느 정도의 자본을 가지고 주식시장에 가서 그 회사의 주식으로 돈벌이를 잘할 수 있겠지요? 확실히 그렇지요! (35)

또한 다이너는 추문에 관한 정보를 불법적인 방식으로 입수해 윌슨(Donald Willsson)에게 팔아넘김으로써 부를 증식한다.

> 그는 스캔들을 찾아요. 나는 몇 개를 갖고 있고요. … 그가 사냥에 나섰을 때 내가 돈 받고 팔 스캔들 몇 개가 있다는 것을 알게 해요. 나는 그가 이것들이 좋은 것임을 알 때까지 충분히 보게 해요. 그리고 그것들은 좋아요. 그다음에 우리는 가격에 관해 이야기해요. (37)

다이너는 복싱경기의 승부를 조작해 막대한 배당금을 챙기고, 은행원인 앨버리(Robert Albury)를 유혹해 탈세를 돕게 함으로써 "호화로운 사기꾼"(21)의 삶을 살아가는 것으로 재현된다.

『개혁의 종말—경기후퇴와 전시에 있어서의 뉴딜 자유주의』(*The End Of Reform: New Deal Liberalism in Recession and War*)에서 브링클리(Alan Brinkley)는 대공황이후 시행되었던 뉴딜정책(New Deal)으로 대변되는 경제 부흥 정책은 독점 기업가들로 인한 경쟁의 제한과 자본가계급에 의한 공공자산의 부당한 사유화로 인해 실효를 거두지 못했다고 지적한다. 경제 규모의 확대는 평등한 기회의 보장으로 나아가지 못했으며 미국 사회의 저성장과 실업 사태는 지속되었다는 것이다(131-33). 하드보일드 추리소설에서 자본가계급이 권력과의 부당거래와 노동력 착취를 통해 증식한 부로 호화스러운 생활을 즐기는 자들로 재현된 것은 이러한 시대 상황의 반영이다.

하드보일드 추리소설에서의 자본가계급에 대한 적대적인 시각은 이들을 경제적 흡혈귀로 재현하는 것을 통해 가장 분명하게 표출되었다고 할 수 있다. 하드보일드 추리소설에서 자본가계급이 흡혈귀적인 존재로 재현된 대표적인 경우로는 챈들러의 『깊은 잠』을 들 수 있다. "고양이보다 더 나은 도덕 관념을 지니고 있지 않다"(13)고 평가되는 스턴우드 가문의 스턴우드 장군은 피고용자의 노동력을 착취하여 유전 사업에서 거부가 된 인물로 등장한다. 스턴우드 장군은 "덩치 큰 곱슬머리 아일랜드계 남성"인 리건(Rusty Regan)으로부터 "생명의 숨결"을 "그[리건]의 목숨이 지속되는 동안"(11) 빨아들이는, "납빛 얼굴과 핏기없는 입술"(8)과 "앙상하고 핏기없는 손"(11)을 지닌 흡혈귀의 이미지로 재현된다. 『깊은 잠』에서 자본가가 경제적 흡혈귀로 재현되는 또 다른 사례로는, "금주법 시기 내내 매일 밤 … 손님들이 나이트클럽 안으로 술을 가지고 들어오지 못하도록 … 로비에서 제복을 입은 경관 두 명"(147)이 감시하게 함으로써 클럽 내 주류 판매를 통해 거부가 된 마즈가 있다. 주류 판매와 불법도박장 영업을 통해 막대한 부를 축적했음에도 불구하고, 마즈는 "다른 사람들을 창백해질 때까지 피를 흘리게 하고 … 빨아먹는"(138) 흡혈귀적인 존재로 살아간다. 자본의 증식만을 목표로 기층계급에 대한 다양한 형태의 착취를 자행하는 자본가계급의 기생적이고 수탈적인 삶의 방식은 하드보일드 추리소설 내에서 경제적 흡혈 행위로 재현되는 것이다.

하드보일드 추리소설에서 자본가계급의 재현에 부여된 흡혈귀적 이미지는 팜므 파탈의 재현에도 사용됨으로써 팜므 파탈과 자본가계급과의 유사성을 더욱 강화시킨다고 할 수 있다. 『깊은 잠』에 자매로 등장하는 비비안과 카르멘은 팜므 파탈의 흡혈귀적 재현의 대표적인 사례라 할 수 있다. 카르멘은 "작고 날카로운 육식동물의 이빨"과 "가늘고 지나치게 긴장된 입술", "핏기없는 얼굴"을 지니고 "쉭쉭 대는 소리"를 내는 흡혈귀의 이미지로 그려진다.

> 그녀는 내게 다가와 입으로 미소를 지었는데 그녀는 오렌지 안쪽 껍질처럼 하얗고 도자기처럼 빛나는 작고 날카로운 육식동물의 이빨을 가지고 있었다. 그녀의 이빨들은 가늘고 지나치게 긴장된 입술 사이에서 빛났다. 그녀의 얼굴은 핏기가 없었고 매우 건강해 보이지는 않았다. … 그녀의 이가 딱딱 부딪히고 쉭쉭 대는 소리는 날카롭고 동물적이었다. (5, 158)

비비안 역시 외모와 행태에 있어서 흡혈귀적인 특징을 잘 보여주는 인물로 재현된다. 그녀는 "어두운 밤의 일부"를 이루는 "반으로 갈라 빗은 검은 머리카락"과 "붉고 가혹한" 입술과 "사악한 눈"과 "창백하고 경직된"(147) 얼굴을 지닌, 불쾌해지면 "이빨을 딱딱 부딪치고"(152) 화가 나면 이빨로 손수건을 갈기갈기 찢어버리는 여성으로 설정된다. "그녀는 가방을 뒤져 손수건을 꺼내 이빨로 물었다. … 손수건이 찢어지는 소리가 내게 다가왔다. 그녀는 이빨로 손수건을 천천히 되풀이하여 찢었다."(152) 특히 비비안이 "단지 목덜미 바깥으로 무엇이 흘러나올지 보기 위해"(152) 목을 물어뜯겠다고 말로를 위협하는 장면은, 팜므 파탈의 흡혈귀적 속성을 극명하게 드러냄으로써 팜므 파탈과 자본가계급의 유사성을 부각시킨다.

3. 팜므 파탈의 처벌과 협상의 제안

하드보일드 추리소설에서는 로맨스와 결혼 서사가 아니라 응징과 처벌의 서사가 생산된다. 하드보일드 추리소설에는 보호의 대상인 이상적인 여성이 아니라 혐오와 공포의 대상인 팜므 파탈이 등장하기 때문이다. 기존 연구에서는 하드보일드 추리소설에서의 팜므 파탈에 대한 처벌을 여성이 새롭게 획득한 정치적, 성적 자유에 대한 남성의 공포와 적대감이 반영된 것으로 본다. 팜므 파탈에 대한 응징을 "여성 권력에 대한 두려움"(Grossman 5)에 기인한다고 판단한 것이나 여성의 사회적 성취 욕구에 대한 젠더적 견제(Jennifer and Nieland 148)로 파악한 것, "순수하게 사악한 섹슈얼리티"(Rich 8)에 대한 억압으로 정의한 것은 이러한 시각을 대표한다고 할 수 있다.

팜므 파탈에게 가해지는 처벌을 여성의 사회진출이나 여성 권력의 확장 또는 여성의 성적 향유에 대한 두려움의 표출로 해석하는 것은 팜므 파탈과 자본가계급의 재현적 유사성을 간과한 독법이라고 할 수 있다. 이 둘 사이의 재현적 유사성에 주목할 때 팜므 파탈에 대한 공포는 자본가계급의 탐욕에 대한 대중의 공포가 투사된 것으로, 그리고 팜므 파탈에 대한 처벌은 자본가계급에 대한 대중의 분노를 부패하고 탐욕스러운 자본가의 이미지로 재현된 여성에게로 대리 투사시키는 행위로 읽게 되는 것이다.

앞에서 살펴본 것처럼 대공황 시기에 자본가계급은 공공의 권리를 침해하여 사적인 부를 축적함으로써 당대 기층계급의 적대감과 분노를 샀다. 하드보일드 추리소설에서 빈번하게 표출되는 자본가계급의 탐욕과 불법성에 대한 적개심은 이러한 시대적 상황의 반영이다. 『깊은 잠』에서 말로가 자본가계급의 흡혈적인 생존방식과 기괴한 삶의 양태에 경악해 이들을 "역겨운"(39) 존재로 규정하고, "부자들은 뒈져버려라"(64)라고 극단적인 분노를 표시하는 장면은 그 대표적인 사례라 할 수 있다.

자본가계급에 대한 대중의 분노와 적개심을 감안할 때, 하드보일드 추리소설에서의 응징과 처벌 역시 이들 자본가를 대상으로 삼는 것이 자연스러운 귀결이 될 것이다. 그러나 하드보일드 추리소설에서 처벌은 자본가계급이 아니라 자본가계급의 이미지로 재현된 팜므 파탈을 향하는 양상을 보인다. 자본가계급이 어떤 피해도 입지 않고 건재한 것과는 극히 대조적으로 팜므 파탈은 가혹한 응징을 당하거나 비참한 처지로 전락하는 것이다. 『피의 수확』에서 처벌의 대상이 악명 높은 자본가 윌슨이 아니라 팜므 파탈인 다이너로 설정된 것은 이를 잘 보여준다. 『피의 수확』은 윌슨의 지위를 위협하던 자들과 세력들이 모두 제거되었기 때문에 윌슨이 "다시 도시를 돌려받을 것"(202)이라는 오프의 선언으로 종결된다.

> 시장과 주지사는 둘 다 당신의 소유물이오. 그들은 당신이 하라고 말하는 것을 할 것이오. … 그러면 당신은 당신의 도시를 모두 좋고 깨끗한 그리고 다시 엉망이 될 준비가 되어 있는 상태로 돌려받을 것입니다. (203)

자본가계급의 불법성과 폭력성을 대표하는 윌슨이 퍼슨빌에 대한 지배력을 회복하는 것과는 대조적으로, 다이너는 잔인하게 살해당하는 것으로 처리된다. "얼음 깨는 송곳의 날카로운 6인치짜리 날이 다이너의 왼쪽 가슴에 박혀 있었다."(164) 『안녕, 내 사랑』에서도 끔찍한 최후를 맞이하는 인물은, 정치인들과의 친분관계를 이용해 공권력을 우롱하고 마약 거래와 불법도박장 영업을 통해 자본을 증식한 브루넷(Laird Brunette)이 아니라 팜므 파탈인 벨마로 설정된다. 브루넷은 "어떤 혐의도 받지 않은"(288) 채 건재함을 과시하며 살아가는 반면에, 벨마는 총으로 "자기 심장을 정통으로 두 번 관통시켜"(291) 자살함으로써 "머리를 걸레 옆에 늘어뜨린"(290) 비참한 모습으로 삶을 마감한다. 『몰타의 매』에서도 처벌의 대상이 되는 인물은 고미술품 및 골동품 국제 밀거래 산업의 거물인 구트만(Casper Gutman)이 아니라 팜므 파탈로 등장하는 오쇼네시가 된다. 구트만은 원하던 매의 조각상을 손에 쥐고 해외로 떠나지만, 오쇼네시는 경찰에게 체포되어 "샌 퀜틴(San Quentin) 감옥에서 20년 후에 풀려나면 행운이고"(210) 아니면 교수형에 처해질 신세가 되는 것이다.

하드보일드 추리소설은 자본가계급에 대한 적대적인 재현을 통해 계급적 전복성을 드러낸다고 할 수 있다. 그러나 팜므 파탈의 처벌을 통해 살펴본 것처럼 하드보일드 추리소설은 자본가계급에 대한 대중의 적개심을 여성에게 향하도록 유도한다. 팜므 파탈에 대한 응징은 악덕 자본가에 대한 기층계급의 분노를 여성에게 대리 투사하여 집행한, 하드보일드 추리소설이 시도한 타협과 협상으로 볼 수 있다. 하드보일드 추리소설은 자본가계급에 대한 응징을 팜므 파탈에 대한 처벌로 대치하여 전복적인 계급 담론을 희석시킴으로써 지배계급의 우려와 경계를 약화시키기 때문이다.

4. 안전밸브 또는 희생제물

지젝(Slavoj Žižek)은 팜므 파탈을 "자신의 욕망을 포기하지 않는"(63) 여성으로 규정한다. 지금까지 진행된 팜므 파탈에 관한 연구는 여성주의적 입장에서 팜므 파탈의 욕망을 재규정하려는 시도로 읽을 수 있다. 그러나 누아르 영화 연구에서와 같이 젠더 이데올로기에 대한 저항이라는 동일한 명제를 반복하거나, 최근에 진행된 하드보일드 추리소설 연구에서처럼 위험한 섹슈얼리티에 집중하는 전통적인 방식으로 회귀하는 것은 팜므 파탈에 대한 올바른 접근방식이 될 수 없다. 팜므 파탈 연구의 동어반복적 경향이나 퇴행적 움직임에서 벗어나기 위해 나는, 젠더나 섹슈얼리티라는 단일한 관점에 의해 가려졌던 계급과 자본을 소환하고 계급과 자본을 팜므 파탈 연구의 핵심의제로 설정함으로써, 팜므 파탈의 욕망이 여권신장이나 성적 쾌락이 아닌 자본 증식을 향한다는 점과 팜므 파탈 재현에는 자본가계급의 속성이 반영되었다는 사실을 밝혔다.

이번 장에서는 하드보일드 추리소설 연구의 중심축을 젠더와 섹슈얼리티에 대한 논의로부터 계급과 자본에 대한 검토로 이동시키는 동시에,

팜므 파탈에 대한 처벌을 하드보일드 추리소설에서의 타협의 시도로 재규정했다. 팜므 파탈에 대한 처벌을 기존 연구에서처럼 젠더적 견제나 성적 억압으로 해석하는 것은 하드보일드 추리소설이 팜므 파탈의 처벌을 통해 생산하는 정치적 효과를 간과하는 결과를 낳기 때문이다. 하드보일드 추리소설은 자본가계급과 치환 가능하도록 재현된 팜므 파탈을 처벌함으로써 대중의 계급적 적개심을 해소해버리는 것이다.

자본가계급의 재현에 관한 논의에서 살펴본 것처럼, 하드보일드 추리소설에는 계급지배구조에 대한 전복적인 시각이 분명하게 드러난다. 그럼에도 불구하고 하드보일드 추리소설은 거대한 경제 권력에 대한 저항을 시도하지 못한 채 여성에 대한 폭력적인 응징에 머물고 마는 양상을 보인다. 팜므 파탈은 하드보일드 추리소설이 지배 이데올로기와의 협상과 타협의 제단에 바친 번제물인 것이다.

참고문헌 Reference

계정민. 「"거슬리는 늙은 고양이들"—노처녀탐정 추리소설의 성정치학」. 『영어영문학』 59.4 (2013): 511-26.

______. 「계급, 남성성, 범죄—하드보일드 추리소설의 사회학」. 『영어영문학』 58.1 (2012): 3-19.

______. 「계급, 인종, 범죄—빅토리아 시대 영국 추리소설」. 『근대영미소설』 16.3 (2009): 5-22.

______. 「반-스파이소설과 반-추리소설로서의 『비밀요원』」. 『근대영미소설』 24.1 (2017): 5-21.

______. 「범죄라는 질병과 추리소설의 치유—대커리의 『캐더린』과 디킨즈의 『올리버 트위스트』」, 『영어영문학』, 52.4 (2006): 785-806.

______. 「"위험한 동결자본"—하드보일드 추리소설에서의 팜므 파탈의 경제학」. 『근대영미소설』 22.1 (2015): 5-22.

______. 「젠더, 범죄, (여성)탐정—초기 영미추리소설의 성정치학」. 『영어영문학』 56.5 (2010): 931-46.

______. 「초기 빅토리아 시대 소설에서의 범죄 담론: 불워-리튼과 에인즈워드의 범죄 소설을 중심으로」. 『영어영문학』 45.1 (1999): 157-76.

______. 「『황폐한 집』에서의 과도기적 추리서사—버킷의 재현을 중심으로」. 『영어영문학21』 28.2 (2015): 27-43.

______. 「『흰옷 입은 여인』에서의 젠더적 협상—여성탐정 재현을 중심으로」, 『영미문화』 12.2 (2012): 1-18.

김진옥. 「디킨즈의 『황폐한 집』: 에스더 인물과 모성의 중요성」. 『신영어영문학』 19 (2001): 17-33.

백승봉. 「『황폐한 집』에 나타난 빅토리아 시대의 이상적 가족 유형」. 『영어교육연구』 22 (2001): 233-55.

성은애. 「『블리크 하우스』의 이중서술과 이중의 시각」. 『영어영문학』 42.3 (1996): 611-27.

______. 「『비밀요원』의 멜로드라마 실험」. 『근대영미소설』. 16.1 (2009): 133-45.

임순희. 「빅토리아 시대의 중산층 가정의 담론과 찰스 디킨즈의 『황폐한 집』」. 『영어영문학』 46.1 (2000): 45-64.

______. 「19세기 성장의 서사와 성차: 『황폐한 집』과 『미들마치』」. 『영미문학 페미니즘』 12.1 (2004): 151-75.

전승혜. 「『황량한 집』의 서술전략과 디킨즈의 정치학」. 『19세기 영어권 문학』 6.1 (2002): 77-101.

Ackershoek, Mary Anne. "The Daughters of His Manhood: Christie and the Golden Age of Detective Fiction." *Theory and Practice of Classic Detective Fiction*. Ed. Jerome H. Delamere and Ruth Prigozy. Westport: Greenwood, 1997. 119-28.

Adam, Ruth. *A Woman's Place*, 1910-1975. London: Persephone, 2000.

Aiken, Albert W. *The Actress Detective; or, The Invisible Hand: The Romance of an Implacable Mission*. New York: Beadle and Adams, 1889.

______. *The Female Barber Detective: or, Joe Phoenix in Silver City*. New York: Beadle and Adams, 1895.

Ainsworth, William Harrison. *Jack Sheppard*. Philadelphia: Barrie, 1900.

______. *Rookwood*. London: Routledge, 1898.

Allen, Grant. *Hilda Wade*. London: Grant Richards, 1900.

Altick, Richard D. *Victorian Studies in Scarlet*. New York: Norton, 1973.

Anderson, Benedict. *Imagined Communities: Reflections of the Origin and Spread of Nationalism*. London: Verso, 1991.

Arac, Jonathan. "Narrative Form and Social Sense in *Bleak House* and *The French Revolution*." *Impure Worlds: The Institution of Literature in the Age of the Novel*. New York: Fordham UP, 2010. 79-93.

Ardis, Ann. *New Women, New Novels: Feminism and Early Modernism*. New Brunswick: Rutgers UP, 1990.

Bargainnier, Earl. *The Gentle Art of Murder: The Detective Fiction of Agatha Christie*. Bowling Green: Bowling Green State UP, 1980.

Belton, John. *American Cinema/American Culture*. New York: McGraw-Hill, 1994.

Berglund, Brigitta. "Desires and Devices: On Women Detectives in Fiction." Ed. Chernaik Warren. *The Art of Detective Fiction*. New York: St. Martin's, 2000. 138-52.

Binyon T. J. *'Murder Will Out': The Detective in Fiction*. Oxford: Oxford UP, 1989.

Blake, Fay. "Lady Sleuths and Women Detectives." *Turn of the Century Women* 3-4 (1986): 29-42

Bloch, Ernst. *The Utopian Function of Arts and Literature*. Trans. Jack Zipes and Frank Mecklenburg. Cambridge: MIT P, 1989.

Bloom, Clive. "Introduction." *Spy Thrillers: From Buchan to le Carré*. Ed. Clive Bloom. London: Macmillan, 1990. 1-11.

Bondi, Marina and Silvia Cavalieri. "Disadvantage before the Law: *Bleak House*." *TextusESI* 21 (2008): 561-80.

Braddon, Mary E. *Lady Audley's Secret*. Ed. David Skilton. Oxford:

Oxford UP, 1987.

Brantlinger, Patrick. *The Rule of Darkness: British Literature and Imperialism*. Ithaca: Cornell UP, 1988.

Brinkley, Alan. *The End Of Reform: New Deal Liberalism in Recession and War*. Vintage: New York, 1996.

Britton, Andrew. "Betrayed by Rita Hayworth: Misogyny in *The Lady from Shanghai*." *The Book of Film Noir*. Ed. Ian Cameron. New York: Continuum, 1993. 213-21.

Brown, Bill. "Popular Forms II." *The Columbia History of the American Novel*. Ed. Emory Elliott. New York: Columbia UP, 1991. 357-79.

Bulwer-Lytton, Edward. *Eugene Aram. A Tale*. 3 vols. London: Colburn, 1832.

______. *Paul Clifford*. London: Routledge, 1874.

Cain, James M. *Double Indemnity*. New York: Vintage, 1989.

Carens, Timothy L. "The Civilizing Mission at Home: Empire, Gender, and National Reform in *Bleak House*." *Dickens Studies Annual: Essays on Victorian Fiction* 26 (1998): 121-45.

Catt, Carrie Chapman and Nettie Rogers Shuler. *Woman Suffrage and Politics: The Inner Story of The Suffrage Movement*. New York: Hein, 2004.

Cawelti, John. *Adventure, Mystery, and Romance: Formular Stories as Art and Popular Culture*. Chicago: Chicago UP, 1976.

Chandler, Raymond. *The Big Sleep*. New York: Vintage, 1976.

______. *Farewell, My Lovely*. New York: Vintage, 1988.

______. *The Little Sister*. New York: Vintage, 1988.

______. *The Long Goodbye*. New York: Ballantine, 1978.

______. *Selected Letters of Raymond Chandler*. Ed. Frank MacShane. New York: Columbia UP, 1981.

______. "The Simple Art of Murder." *The Art of the Mystery Story*. Ed. Howard Haycraft. New York: Simon, 1946. 222-37.

"The Chartists and Universal Suffrage." *Blackwood's Magazine* 46 (1839): 289-310.

Christie, Aagtha. *At Bertram's Hotel.* New York: Pocket, 1968.

______. *The Body in the Library*. London: Collins, 2002.

______. *The Murder at the Vicarage*. New York: Putnam's, 1995.

______. *Nemesis*. New York: Pocket, 1973.

______. *A Pocketful of Rye*. London: Collins, 1997.

______. *Sleeping Murder*. London: Collins, 1978.

______. *They Do It with Mirrors*. London: Collins, 1997.

Cochran, David. *American Noir: Underground Writers and Filmmakers of the Postwar Era*. Washington, D.C.: Smithsonian Institution P, 2000.

Collins, Philip. *Dickens and Crime*. London: Macmillan, 1994.

Collins, Wilkie. *The Moonstone*. Ed. John Sutherland. Oxford: Oxford UP, 1999.

______. *The Woman in White*. Ed. John Sutherland. New York: Oxford UP, 1996.

Conrad, Joseph. *The Secret Agent: A Simple Tale*. London: Penguin Classics, 2007.

Copjec, Joan. *Read My Desire: Lacan Against the Historicists*. Cambridge: MIT P, 1994.

Corber, Robert. *Homosexuality in Cold War America: Resistance and the Crisis of Masculinity*. Durham: Duke UP, 1997.

Craig, Patricia and Mary Cadogan. *The Lady Investigates: Women Detectives and Spies in Fiction*. London: Gollancz, 1981.

Cranny-Francis, Anne. *Feminist Fiction: Feminist Uses of Generic*

Fiction. London: Polity, 1990.

Crook, G. T., ed. *The Complete Newgate Calendar*. Vol. 3. London: Navarre Society, 1926. 4 vols.

Daly, Carroll John. *The Snarl of the Beast*. New York: Clode, 1927.

Dennig, Michael. *Cover Stories: Narrative and Ideology in the British Spy Thriller*. London: Routledge, 1987.

Dickens, Charles. *Bleak House*. Ed. George Ford and Sylvere Monod. New York: Norton, 1977.

______. *Oliver Twist*. Ed. Kathleen Tillotson. Oxford: Clarendon, 1966.

Doane, Mary Ann. *Femmes Fatales: Feminism, Film Theory, Psychoanalysis*. New York: Routledge, 1991.

Dodds, John. "Thackeray as a Satirist Previous to *Vanity Fair*." *Modern Language Quarterly* 2 (1941): 163-78.

Doyle, Arthur Conan. *Sherlock Holmes: The Complete Novels and Stories*. 2 vols. Ed. Loren Estlerman. New York: Bantam, 1986.

Durey, Jill. "Marrying One's Ward and *Bleak House*." *Notes and Queries* 55 (2008): 39-41.

Dyer, Richard. "Postscript: Queers and Women in Film Noir." *Women in Film Noir*. Ed. Ann Kaplan. Rev. ed. London: BFI, 1998. 123-29.

Eagleton, Terry. *Against the Grain: Essays 1975-1985*. London: Verso, 1986.

Eco, Umberto and Thomas Sebeok, ed. *The Signs of Three: Dupin, Holmes, Peirce*. Bloomington: Indiana UP, 1983.

Eliot, T. S. "Wilkie Collins and Dickens." *Selected Essays*. London: Faber, 1999. 460-70.

Ellis, Havelock. *The Criminal*. Montclair: Patterson Smith, 1973.

Ellis, Stewart Marsh. *William Harrison Ainsworth and His Friends*. Vol. 1. London: Lane, 1911. 2 vols.

Fay, Jennifer and Justus Nieland. *Film Noir: Hard-Boiled Modernity and the Cultures of Globalization*. London: Routledge, 2010.

Fielding, Henry. "An Enquiry into the Causes of the Late Increase of Robbers, &c,. with Some Proposals for Remedying the Growing Evil." *Works*. Vol. 10. London: Strahan, 1874. 10 vols.

Ford, Richard. "*Oliver Twist*." *Quarterly Review* 64 (1839): 83-102.

Foucault, Michel. *Discipline and Punish: The Birth of the Prison*. Trans. Alan Sheridan. New York: Vintage, 1979.

______, ed. *I Pierre Riviere, having slaughtered my mother, my sister, and my brother⋯ A Case of Parricide in the 19th Century*. Harmondsworth: Penguin, 1978.

Fritz, Kathlyn Ann and Natalie Kaufman Hevener. "An Unsuitable Job for a Woman: Female Protagonists in the Detective Novel." *International Journal of Women's Studies* 2 (1979): 105-28.

Furst, Alan. "Introduction." *The Book of Spies: An Anthology of Literary Espionage*. Ed. Alan Furst. New York: Modern Library, 2004. vii-xi.

Gibson, Walker. *Tough, Sweet, and Stuffy: An Essay on Modern American Prose Styles*. Bloomington: Indiana UP, 1966.

Gilbert, Sandra and Susan Gubar. *The Madwoman in the Attic: The Woman Writer and the Nineteenth-Century Literary Imagination*. New Haven: Yale UP, 1979.

Googins, Robert. "*Bleak House* in Law School." *Approaches to Teaching Dickens's* Bleak House. Ed. John O. Jordan and Gordon Bigelow. New York: Modern Language Association of America, 2008. 171-78.

Gramsci, Antonio. *Selections from the Prison Notebooks of Antonio Gramsci*. Ed. Quentin Hoare and Geoffrey Nowell-Smith.

London: Wishart, 1971.

Green, Anna Katharine. *The Circular Study*. New York: Phillips, 1900.

______. *Last Man's Lane*. New York: Putnam's, 1898.

______. *That Affair Next Door*. New York: Putnam's, 1897.

Grella, George. "Murder and Manners: The Formal Detective Novel." *Detective Fiction*. Ed. Robin W. Winks. Englewood Cliff: Prentice-Hall, 1988. 103-20.

Grossman, Julie. *Rethinking the Femme Fatale in Film Noir: Ready for Her Close-Up*. New York: Palgrave, 2009.

Halsey, Harlan P. *The Lady Detective*. New York: Ogilvie, 1895.

Haltunnen, Karen. *Murder Most Foul: The Killer and the American Gothic Imagination*. Cambridge: Harvard UP, 1998.

Hamilton, Cynthia. *Western and Hard-Boiled Fiction in America: From Noon to Midnight*. Iowa City: U of Iowa P, 1987.

Hammett, Dashiell. "The Black Hat That Wasn't There." *Ellery Queen Mystery Magazine* Jun. 1951: 132-46.

______. *The Dain Curse*. New York: Vintage, 1989.

______. *The Maltese Falcon. The Novels of Dashiell Hammett*. New York: Knopf, 1965. 293-440.

______. *Red Harvest*. New York: Vintage, 1989.

Hart, Anne. *The Life and Times of Miss Jane Marple*. New York: Dodd, 1985.

Haycraft, Howard. *Murder for Pleasure: The Life and Times of the Detective Story*. New York: Carroll, 1984.

Hayne, Barrie. "Anna Katharine Green." *10 Women of Mystery*. Ed. Earl F. Bargainnier. Bowling Green: Bowling Green State UP, 1981. 152-78.

Hayward, W. S. *Revelations of a Lady Detective*. London: George

Vickers, 1894.

Heron-Maxwell, Beatrice. *The Adventures of a Lady Pearl-Broker*. London: New Century, 1899.

Hollingsworth, Keith. *The Newgate Novel 1830-1847: Bulwer, Ainsworth, Dickens, and Thackeray*. Detroit: Wayne State UP, 1963.

Horsley, Lee. *The Noir Thriller*. New York: Palgrave, 2001.

Houghton, Walter E. *The Wellesley Index to Victorian Periodicals, 1824-1900*. Vol. 2. Toronto: U of Toronto P, 1966. 5 vols.

Humphreys, Anne. "Who's Doing It? Fifteen Years of Work on Fuller Victorian Detective Fiction." *Dickens Studies Annual* 24 (1996): 259-74.

Hutter, Albert D. "Dreams, Transformations, and Literature: The Implications of Detective Fiction." *The Poetics of Murder: Detective Fiction and Literary Theory*. Ed. Glenn W. Most and William W. Stowe. New York: Harcourt, 1983. 231-50.

Jeffreys, Shelia. *The Spinster and Her Enemies: Feminism and Sexuality 1880-1930*. London: Pandora, 1985.

Jessop, Bob. "Post-Fordism and the State." *Post-Fordism: A Reader*. Ed. Ash Amin. Oxford: Blackwell, 2000. 251-79.

Joyce, Simon. "Resisting Arrest/Arresting Resistance: Crime Fiction, Cultural Studies, and the 'Turn to History'" *Criticism* 37 (1995): 309-35.

Kaplan, E. Ann., ed. *Women in Film Noir*. London: BFI, 1978.

Knepper, Mary. "Agatha Christie." *Great Women Mystery Writers*. Ed. Kathleen G. Klein. Westport: Greenwood, 1994. 52-67.

Knight, Stephen. *Form and Ideology in Crime Fiction*. Bloomington: Indiana UP, 1980.

Lambert, Gavin. *The Dangerous Edge*. London: Barry and Jenkins, 1975.

Lansbury, Coral. *Elizabeth Gaskell: The Novel of Social Crisis*. New York: Noble, 1975.

Layman, Richard. *Shadow Man: The Life of Dashiell Hammett*. New York: Harcourt, 1981.

Lee, William. *Daniel Defoe: His Life and Recently Discovered Writings*. New York: Franklin, 1969.

Leighton, Marie Connor. *Joan Mar, Detective*. London: Ward & Lock, 1910.

Levine, Caroline "Narrative Networks: *Bleak House* and the Affordances of Form." *Novel: A Forum on Fiction* 42 (2009): 517-23.

Liebow, Ely. *Dr. Joe Bell: Model for Sherlock Holmes*. Bowling Green: Bowling Green State UP, 1982.

Linebaugh, Peter. *The London Hanged: Crime and Civil Society in the Eighteenth Century*. Cambridge: Cambridge UP, 1992.

Lombroso, Cæsar and William Ferrero. *The Female Offender, by Cæsar Lombroso and William Ferrero; with an Introduction by W. Douglas Morrison*. Littleton: Rothman, 1980.

Lucas, Alec. "Studies in the Newgate Novel of Early Victorian England, 1830-1845." Diss. Harvard U, 1951.

Lytton, Victor Alexander. *Bulwer-Lytton*. Denver: Swallow, 1948.

MacShane, Frank. *The Life of Raymond Chandler*. London: Hamilton, 1986.

Maginn, William. "A Good Tale Badly Told." Rev. of *Eugene Aram. A Tale*, by Edward Bulwer-Lytton. *Fraser's Magazine* 5 (1832): 107-13.

Mandel, Ernest. *Delightful Murder: A Social History of the Crime Story*. London: Pluto, 1984.

Marcus, Laura, ed. *Twelve Women Detective Stories*. New York: Oxford UP, 1997.

Marling, William. *The American Roman Noir: Hammett, Cain, and Chandler*. Athens: U of Georgia P, 1995.

Maxfiled, James. *The Fatal Woman: Sources of Male Anxiety in American Film Noir*. London: Associated UP, 1996.

McAleer, John. "The Game's Afoot: Detective Fiction in the Present Day." *Kansas Quarterly* 10 (1978): 27-41.

Melchiori, Barbara Arnett. *Terrorism in the Late Victorian Novel*. New York: Routledge, 2016.

Merrick, Leonard. *Mr Bazalette's Angels*. London: Routledge, 1888.

Miller, D. A. "Discipline in Different Voices: Bureaucracy, Police, Family, and *Bleak House*." *The Novel and the Police*. 58-106. Berkeley: U of California P, 1988.

______. *The Novel and the Police*. Berkeley: U of California P, 1988.

"Miss Marple." *Agatha Christie*. n.p., n.d.. Web. 19 Aug. 2010 〈http// agathachristie.com/story-explorer/characters/miss-marple/〉

Mitchell, Gladys. *Speedy Death*. New York: Chivers, 1999.

Moffat, Wendy. "Domestic Violence: The Simple Tale with *The Secret Agent*." *English Literature in Translation* 37 (1994): 465-89.

Montgomery, David. *Worker's Control in America: Studies in the History of Works, Technology, and Labor Struggles*. New York: Cambridge UP, 1992.

Morgan, Janet. *Agatha Christie: A Biography*. London: Collins, 1984.

Morton, H. V. *The Call of England*. London: Methuen, 1950.

Murch, A. E. *The Development of the Detective Novel*. Westport: Greenwood, 1969.

Newman, Beth. "'The Situation of the Looker-On': Gender, Narration and Gaze in *Wuthering Heights*." *PMLA* 105 (1990): 1029-41.

Nolan, William. *Dashiell Hammett: A Casebook*. Santa Barbara: McNally, 1969.

Oakley, Ronald. *God's Country: America in the Fifties*. New York: Norton, 1986.

Oram, Alison. "Repressed and Thwarted, or Bearer of the New World? The Spinster in Inter-War Feminist Discourses." *Women's History Review* 1 (1992): 412-33.

Orczy, Emmuska. *Lady Molly of Scotland Yard*. New York: Arno, 1912.

Ousby, Ian. *Bloodhounds of Heaven: The Detective in English Fiction from Godwin to Doyle*. Cambridge: Harvard UP, 1976.

Panek, LeRoy La. *Watteau's Shepherds: The Detective Novel in Britain, 1914-1940*. Bowling Green: Bowling Green State UP, 1979.

Parker, Robert B. "Raymond Chandler." *Twentieth-Century Crime and Mystery Writers*. Ed. John M. Reilly. New York: St. Martin's, 1980. 276-95.

Phelan, James and Peter Rabinowitz. "Gender and History in Narrative Theory: The Problem of Retrospective Distance in *David Copperfield* and *Bleak House*." *Companion to Narrative Theory*. Ed. James Phelan and Peter Rabinowitz. Oxford: Blackwell, 2005. 312-21.

Phillips, Gene D. *Creatures of Darkness: Raymond Chandler, Detective Fiction, and Film Noir*. Lexington: UP of Kentucky, 2000.

Pirkis, Catherine Louisa. *The Experience of Loveday Brooke, Lady Detective*. New York: Dover, 1986.

Place, Janey. "Women in Film Noir." *Women in Film Noir*. Ed. E. Ann Kaplan. Rev. ed. London: BFI, 1998. 47-68.

Poe, Edgar Allan. "The Murders in the Rue Morgue." *The Complete*

Tales and Poems of Edgar Allan Poe. New York: Vintage, 1975. 141-68.

______. "The South Vindicated from the Treason and the Fanaticism of the Northern Abolitionists." *The Complete Works of Edgar Allan Poe*. Ed. James A. Harrison. Vol. 8. New York: Dumont, 1902. 265-75. 17 vols.

Porter, Dennis. *The Pursuit of Crime: Art and Ideology in Detective Fiction*. New Haven: Yale UP, 1981.

Priestman, Martin. *Crime Fiction: From Poe to the Present*. Plymouth: Northcote, 1998.

Pyket, Lyn. *Engendering Fictions*. London: Arnold, 1995.

Rawlings, William. *A Case for the Yard*. London: John Long, 1961.

Reiner, Robert. *The Politics of the Police*. Hempstead: Wheatsheaf, 1992.

Rev. of *Paul Clifford*, by Edward Bulwer-Lytton. Spectator 3 (1830): 311-12.

Rev. of *Rookwood*, by William Harrison Ainsworth. *Quarterly Review* 51 (1834): 468-83.

Rich, Ruby B. "Dumb Lugs and Femmes Fatales." *Sight and Sound* 5 (1995): 6-11.

Ricks, Beatrice. "Characteristics of the Gothic Historical Novel in the Works of William Harrison Ainsworth." Diss. U of Oklahoma, 1954.

Robinson, Kenneth. *Wilkie Collins, a Biography*. Westport: Greenwood, 1972.

Roth, Marty. *Foul and Fair Play: Reading Genre in Classic Detective Fiction*. Athens: U of Georgia P, 1995.

Sadleir, Michael. *Bulwer: A Panorama: Edward and Rosina, 1803-1836*. Boston: Little, 1931.

Sandel, Michael. *Democracy's Discontent: America in Search of a Public Philosophy*. Cambridge: Harvard UP, 1996.

Sauerberg, Lars Ole. "Secret-Agent Fiction: A Survey of Its Critical Literature with a Bibliography." *Clues* 7 (1986): 1-31.

Sayers, Dorothy L. *Gaudy Night*. New York: Harper, 1986.

Schor, Hilary M. "*Bleak House* and Narrative Theory." *Approaches to Teaching Dickens's* Bleak House. Ed. John O. Jordan and Gordon Bigelow. New York: Modern Language Association of America, 2008. 191-97.

Server, Lee. *Danger Is My Business: An Illustrated History of the Fabulous Pulp Magazines*. San Francisco: Chronicle, 1993.

Shaw, Marion and Sabine Vanacker. *Reflecting on Miss Marple*. London: Routledge, 1991.

Shiro, Yamamoto. "Chancery in *Bleak House*: A Metacritical Analysis." *Studies in English Literature* 60 (1983): 61-73.

Sims, George R. *Dorcas Dene, Detective*. London: Greenhill, 1986.

Sklar, Martin. *The United States as a Developing Country: Studies in US History in the Progressive Era and the 1920s*. Cambridge: Cambridge UP, 1992.

Slotkin, Richard. "The Hard-Boiled Detective Story: From the Open Range to the Mean Streets." *The Sleuth and the Scholar: Origins, Evolution, and Current Trends in Detective Fiction*. Ed. Barbara A. Rader and Howard G. Zettler. New York: Greenwood, 1988. 91-100.

Smart, Carol. *Women, Crime and Criminology: A Feminist Critic*. London: Routledge, 1980.

Stables, Kate. "The Postmodern Always Rings Twice: Constructing the Femme Fatale in 90s Cinema." *Women in Film Noir*. Ed. E. Ann

Kaplan. Rev. ed. London: BFI, 1998. 164-82.

Stafford, David. "Spies and Gentleman: The Birth of the British Spy Novel, 1883-1914." *Victorian Studies* 24 (1981): 497-98.

Stewart, R. F. *And Always a Detective: Chapters on the History of Detective Fiction*. London: David and Charles, 1980.

Stott, Rebecca. *The Fabrication of the Late Victorian Femme Fatale: The Kiss of Death*. Basingstoke: Macmillan, 1992.

Sussex, Lucy. "The Art of Murder and Fine Furniture: The Aesthetic Project of Anna Katharine Green and Charles Rohlfs." *Formal Investigations: Aesthetic Style in Late-Victorian and Edwardian Detective Fiction*. Ed. Paul Fox and Koray Melikoglu. Stuttgart: Ibidem-Verlag, 2007. 159-76.

Sutherland, John. *The Longman Companion to Victorian Fiction*. Harlow: Longman, 1988.

Symons, Julian. *Bloody Murder: From the Detective Story to the Crime Novel: A History*. New York: Viking, 1985.

Thackeray, William Makepeace. *Catherine: A Story*. London: Smith, 1869.

______. "Going to See a Man Hanged." *Fraser's Magazine* 22 (1840): 150-58.

______. "Half-a-Crown's Worth of Cheap Knowledge." *Fraser's Magazine* 17 (1838): 279-90.

______. "Highways and Low-Ways; or Ainsworth's Dictionary, with Notes by Turpin." Rev. of Rookwood, by William Harrison Ainsworth. *Fraser's Magazine* 9 (1834): 724-38.

______. "Horae Catnachiaqnae." *Fraser's Magazine* 19 (1839): 407-24.

______. *Letters and Private Papers of William Makepeace Thackeray*. Ed. Gordon N. Ray. Vol. 1. Cambridge: Harvard UP, 1945-1946. 4 vols.

______. *William Makepeace Thackeray: Contributions to the* Morning Chronicle. Ed. Gordon N. Ray. Urbana: U of Illinois P, 1955.

Thompson, Jon. *Fiction, Crime, and Empire*. Chicago: U of Illinois P, 1993.

Thorwald, Jurgen. *The Century of the Detective*. Trans. Richard and Clara Winston. New York: Harcourt, 1965.

Todorov, Tzvetan. *The Poetics of Prose*. Trans. Richard Howard. Oxford: Blackwell, 1977.

Tracy, Robert. "'The Old Story' and Inside Stories: Modish Fiction and Fictional Modes in *Oliver Twist*." *Dickens Studies Annual* 17 (1988): 1-33.

Wilson, Edmund. *Classics and Commercials: A Literary Chronicle of the Forties*. New York: Wilson, 2007.

Worpole, Ken. *Dockers and Detectives*. London: Verso, 1983.

Yoon, Hye-Joon. "Chancery as Topos in *Bleak House* and Dickens's Originality: A Study of Contemporary Anti-Chancery Pamphlets." *British and American Fiction* 13 (2006): 267-80.

Žižek, Slavoj. *Looking Awry: An Introduction to Jacques Lacan through Popular Culture*. Cambridge: MIT P, 1991.

찾아보기 Index

ㅅ

ㅇ

ㅈ

ㅊ

ㅋ

ㅌ

ㅍ

ㅎ

A~S

저자 소개 About the Author

계정민

서강대학교 영문과에서 학부와 대학원을 마치고 플로리다주립대에서 영문학 박사 학위를 받았다. 지금은 계명대학교에서 영문학을 가르친다. 범죄, 남성성, 소비라는 주제에 관심을 가지고, 불온하거나 저속하다는 이유로 배제된 소설 장르를 재평가하고 비평적 관심의 바깥에 머물던 문학 지형을 탐사하는 작업을 해오고 있다. 주요 저서로는 『범죄소설의 계보학』, 『남성섹슈얼리티의 위계』, 『감히 넘볼 수 없게 하라—패션의 권력학』 등이 있다. 『범죄소설의 계보학』이 〈2018년 문학나눔 평론부문 도서〉로, 『남성섹슈얼리티의 위계』가 〈2020년 한국도서 해외전파사업〉에 선정되었다.